高等学校档案学专业系列教材

会计档案管理

周林兴　编著

WUHAN UNIVERSITY PRESS
武汉大学出版社

图书在版编目(CIP)数据

会计档案管理/周林兴编著.—武汉：武汉大学出版社,2023.6
高等学校档案学专业系列教材
ISBN 978-7-307-22884-9

Ⅰ.会… Ⅱ.周… Ⅲ.会计档案—档案管理—高等学校—教材
Ⅳ.G275.9

中国版本图书馆 CIP 数据核字(2022)第 013534 号

责任编辑:徐胡乡 责任校对:汪欣怡 版式设计:马 佳

出版发行：**武汉大学出版社** (430072 武昌 珞珈山)
       (电子邮箱:cbs22@whu.edu.cn 网址:www.wdp.com.cn)
印刷:武汉中远印务有限公司
开本:720×1000 1/16 印张:17.75 字数:307 千字 插页:1
版次:2023 年 6 月第 1 版 2023 年 6 月第 1 次印刷
ISBN 978-7-307-22884-9 定价:48.00 元

目　　录

第一章 绪 论

☞ **本章概述**

　　本章介绍了会计档案的概念及内涵，会计档案与其他相关概念的联系与区别，会计档案按照不同标准可划分为不同种类及其具体内容，会计档案属性以及会计档案的价值、功能和作用。

☞ **本章重点**

　　1. 会计档案的概念及内涵

　　2. 会计档案的种类及内容

　　3. 会计档案的功能及作用

☞ **本章难点**

　　对会计档案不同划分标准的理解

☞ **学习目标**

　　1. 掌握会计档案的概念及其内涵

　　2. 了解会计档案与会计文件、文书档案的联系与区别

　　3. 掌握会计档案按照来源标准划分为哪些内容

　　4. 掌握会计档案按照文种类型标准划分为哪些内容

　　5. 了解会计档案按照载体类型标准与价值标准划分为哪些内容

　　6. 了解会计档案的独有属性与共有属性

　　7. 掌握会计档案的价值、功能及作用

　　会计档案作为档案资源的重要组成部分，是在会计核算活动中形成的具有一定保存价值的会计记录，包括会计凭证、会计账簿、财务报告等，它是单位在开展经济业务运行中所形成的证据。通过它可以有效了解各项经济业务开展情况与单位经济发展过程，了解单位发展历史，为解决经济纠纷提供有效依据，有效处理遗留的经济事务。无论是在传统会计核算活动中形成的会计档案，还是在现代电算化实践中生成的各种会计档案，都是社会经济活动的客观写照，它在保证机构正常工作秩序、生产秩序、科研秩序等方面具

有十分重要的价值。

第一节 会计档案概念及内涵

一、会计档案概念

会计档案是重要的专门档案。我国对会计档案管理十分重视，并且形成了相当数量的法规和制度。档案界也非常重视会计档案管理理论、原则、技术和方法的研究，形成了许多相关研究成果。在国家有关规章和专业理论研究成果中，对会计档案概念表述主要包括以下几种：

第一，以"材料"或"专业材料"作为定义属概念的会计档案概念，如：

会计档案是企业、事业单位和机关、团体在经济管理和会计核算一系列活动中产生的会计凭证、账簿和报表等材料。

会计档案是各机关、企业、事业单位在各种会计核算活动中直接形成的，作为历史记录保存下来以备查考的会计核算材料。

会计档案是机关、团体、企业、事业单位在经济活动中通过会计核算形成的，经过整理归档保存起来的会计凭证、会计账簿、会计报表等专业材料。

会计档案是机关、企业、事业单位或其他经济组织在经济管理活动中产生的会计凭证、会计账簿和报表等具有保存价值并作为历史记录保存起来的会计核算专业材料。

会计档案是指会计凭证、会计账簿和财务报告等会计核算材料。

第二，以"原始记录"或"历史记录"为属概念的会计档案概念，如：

会计档案是各项经济建设活动中形成的原始记录。

会计档案包括会计凭证、会计账簿和各种会计报表，以及其他财务会计工作应予集中保管的文件，是各项经济活动的历史记录。

第三，直接以各种会计记录的名称为属概念的概念，如：

会计档案是会计工作中的重要历史资料，它包括各种会计凭证、会计账簿、会计报表、财务计划、单位预算和经济合同等。

第四，以"文件资料"为属概念的会计档案概念，如：

会计档案是机关、团体、企业、事业单位以及个人在经济管理和经济建设活动中形成的，经过整理归档保存起来以备查考的各种会计专业文件资料。

《会计档案管理办法》（国家档案局令第79号）则将会计档案概念表述为：本办法所称会计档案是指单位在进行会计核算等过程中接收或形成的，记录和反映单位经济业务事项的，具有保存价值的文字、图表等各种形式的会计资料，包括通过计算机等电子设备形成、传输和存储的电子会计档案。

通过对相关会计档案概念的总结与归纳，会计档案概念可表述为：会计档案是机关、团体、企业、事业单位及个人等各种社会实践主体，在以会计核算为代表的经济管理活动中形成的，记录和反映经济业务事项的，具有保存价值的文字、图表等各种形式与载体的原始会计资料，包括通过计算机等电子设备形成、传输和存储的电子会计记录。

二、会计档案与其他相关概念辨析

（一）会计档案与会计文件

会计档案实质是各种具有一定保存价值的会计记录或会计文件经过鉴定或筛选后留存下来的精华。会计文件与会计档案之间在概念层次上是上位概念和下位概念之间的关系，会计档案是会计文件运动过程中的一个阶段。会计档案是会计文件运动和存在的一种形态。

有的学者认为，会计档案和各种会计核算文件之间存在着"转化"关系，这种认识是带有一定的历史局限性的。因为从一般的哲学意义上讲，凡是相互之间存在"转化"关系的事物之间一定具有不同的质的规定性。但是会计文件和会计档案之间并不存在本质属性方面的不同，会计档案就是对处于保存阶段的会计文件的一种称谓而已。并不是所有的会计文件都会变成会计档案，会计档案是对会计文件进行有条件的筛选与有意识保存的产物，会计文件是会计档案的前身，会计档案是会计文件的归宿。

（二）会计档案与文书档案

（1）形成领域不同。会计档案是资金活动领域形成的，文书档案是行政管理领域形成的。

（2）形式和内在联系不同。会计档案是多种会计核算材料相互联系密切的有机整体，文书档案多数以相对独立的公文形式出现。

（3）组卷方式不同。文书档案的案卷大多是单份文件的集合体，文件与文件之间联系松散，而会计档案的案卷大多是利用原基础，由每册凭证、每本账簿、每册报表组合而成，同一卷内材料之间联系紧密。

（4）组卷时间不同。文书档案的案卷是把本单位同一年度内形成的文

3

件材料加以分类整理后一次装订成册立卷，而会计档案材料在它产生和形成的过程中基本上已陆续成册了，如会计凭证档案材料，经办会计每到当月底或下月初将做账凭证和原始凭证汇集装订成册，会计账簿除活页账簿外，多数会计用的账簿都是一本本的，多数报表也是如此。

三、会计档案的内涵

广义的会计档案即为上述定义中所表述的各种会计档案信息及档案信息载体，狭义的会计档案是指会计档案中单一的一种或者几种专门会计档案的统称，这里讨论的会计档案主要指广义的会计档案，其内涵如下：

（一）会计档案来源广泛

会计档案的形成者既有企业、事业单位，又有各种社会组织、社会团体；既有个体工商户、专业户，又有个人。只要有经济活动的地方，一般就会产生会计核算，从而形成会计档案。从社会现状来看，会计类型是多种多样的，如农业会计、工业会计、商业会计、税务会计、事业单位会计、企业会计、保险会计、交通运输会计等；从会计的专业属性来说，不仅有预算会计、管理会计、决算会计、责任会计，还有成本会计、涉外会计、国际会计等；从形成会计档案的部门与单位来看，凡是具备单独会计核算能力的单位，都会产生会计档案。它们每天都产生大量的会计凭证、会计账簿和财务报告等，所以说会计档案来源广泛。

（二）会计档案的来源途径

以会计核算为代表的经济管理活动是会计档案产生的必经之路，也是会计档案的主要形成领域。会计核算是对会计对象进行连续、系统、完整的记录和计算，需要核算的每一项经济活动，必须严格地以凭证为依据，按规定的手续填制凭证，并按照有关政策和制度的规定审核经济活动是否合理、合法。设置科学的账户体系，对经济活动的内容进行归类，根据账簿记录，对核算资料进行整理汇总，按照规定的指标和格式，制成具有内在联系的报表体系，作为日常核算的集中和概括。会计核算是会计档案区别于其他专门档案的重要指标之一，会计核算的特点及方式有利于定制科学、合理的会计档案管理方案。

（三）会计档案的价值

会计档案的内容要记录和反映单位经济事物，但并不是所有记录和反映单位经济事物的材料、文件都能成为会计档案。有些会计文件只具有一定的现行使用价值，但却不具有历史保存价值，如内容已被其他会计文件所包括的文件，一般性会计文件的非正式件、重份的会计文件等。会计档案主要是指会计凭证、会计账簿和财务报告（会计报表），除此之外一般不应属于会计档案的范围。只有通过会计凭证、会计账簿和财务报告（会计报表）这个统一的会计核算体系，才能对企业、事业单位、机关和团体的资金周转活动进行连续、系统、全面地反映和监督。作为会计档案保存的会计记录或会计文件，必须是经过鉴别和筛选的、具有一定保存价值的文件。

（四）会计档案的原始记录性

会计档案的管理实践表明，有些会计文件是伴随着会计核算专业活动直接形成的，有些会计文件是在一定的会计核算专业活动之后编制或刻录的，不论其记录方式和载体如何，各种会计档案都是会计核算专业活动过程及其结果的有机组成部分，其所承载的会计信息也具有明显的原生性特点。原始记录性是档案的本质属性，会计档案作为专业档案的一种，也必然具备原始记录性。

当然，会计档案的原始记录性并不代表所有的会计档案都是真实的。由于某些特殊原因，有的单位从事非法活动或者为了牟取非法利益，会计档案在内容或形式上都存在造假的情况。但这种假的档案也是一种真实地历史记录，记录了特殊情况下某集体或个人为了牟取非法利益而做出的违法行为。可以通过对假的会计档案的分析，获知真实情况以及做假的原因和动机，这种会计档案虽然是假的，但仍然是原始的历史记录，真实地记录了该单位造假的过程及详细内容。

（五）会计档案的形式多样

会计档案的主要内容是会计凭证、会计账簿和财务报告，还包括在整个会计核算过程中形成的文字、图表等各种形式的会计资料及通过计算机等电子设备形成、传输和存储的电子会计档案，形式呈现出明显的多样性。既有传统纸质文件、胶质文件，也有现代的会计电子文档。当然，无论纸介质、明胶介质，还是磁介质、光磁介质，都只是会计档案的外在形式特征，并不会改变会计档案的本质属性。

第二节　会计档案的种类及内容

会计档案依据不同的标准可划分为不同的种类，包括：来源标准、文件种类标准、载体类型标准、价值标准、是否实现会计电算化标准等。无论采用哪一种标准划分，都必须遵守一定的逻辑划分规则，否则就会造成划分结果混乱。

一、来源标准

按照来源标准会计档案可以划分为：财政总预算会计档案、行政单位会计档案、事业单位会计档案、企业会计档案、税收单位会计档案等。

财政总预算会计档案是财政总预算会计在核算、反映、监督政府一般公共预算资金、政府性基金预算资金、国有资本经营预算资金、社会保险基金预算资金以及财政专户管理资金、专用基金和代管资金等资金活动过程中接收或形成的，记录和反映上述各类经济业务事项的，具有保存价值的属于归档范围的文字、图表等各种形式的会计资料。

行政单位会计档案、事业单位会计档案、企业会计档案、税收单位会计档案等则是根据会计档案来源主体不同所形成的不同会计档案。当会计档案的主要来源是国家权力机关、行政机关、司法机关以及实行预算管理的其他机关、政党组织等行政机关的时候，其形成的就是行政单位会计档案；当会计档案的主要来源是由政府利用国有资产设立的从事教育、科技、文化、卫生等活动的社会服务组织的行政单位时，其形成的会计档案就是事业单位会计档案；当会计档案的主要来源是由以营利为目的，运用各种生产要素（土地、劳动力、资本和技术等），向市场提供商品或服务，实行自主经营、自负盈亏、独立核算的具有法人资格的社会经济组织的企业的时候，其形成的会计档案即为企业单位会计档案。

二、文种类型标准

按照文种类型标准会计档案可以划分为：会计凭证、会计账簿、财务报告及其他等。

（一）会计凭证

会计凭证是用来记录经济业务，明确经济责任，作为经济依据的书面证明文书。包括：原始凭证、记账凭证、汇总凭证和其他会计凭证。

1. 原始凭证

原始凭证是在经济业务发生时取得或填制的，用以记录和证明经济业务发生或完成情况的凭证。原始凭证的种类很多，如发货票、收货单、领料单、银行结算凭证、各种报销单据等。原始凭证的基本内容包括：凭证名称、填制日期、凭证编号、填制和接受凭证的单位名称、业务内容、业务数量和金额、填制单位、填制人、经办人或验收人的签字盖章。原始凭证按来源不同，可分为自制原始凭证和外来原始凭证。

（1）自制原始凭证是由本单位经办业务的部门和人员在执行或完成经济业务时填制的凭证，自制凭证按其反映业务的方法不同，又可分为一次凭证、累计凭证和汇总凭证。

（2）外来原始凭证是经济业务发生时，从其他单位取得的原始凭证，如供应单位的发货单等。

2. 记账凭证

记账凭证是财会部门根据原始凭证填制的记载经济业务简要内容、确定会计分录、作为记账依据的会计凭证。记账凭证亦称分录凭证，又称记账凭单，是由会计部门根据审核无误的原始凭证或原始凭证汇总表编制，按照登记账簿的要求，确定账户名称、记账方向（应借、应贷）和金额的一种记录，是登记明细分类账和总分类账的依据。

（1）专用记账凭证

专用记账凭证是指分类反映经济业务的记账凭证，这种记账凭证按其所反映的经济业务的内容不同，又可以分为收款凭证、付款凭证和转账凭证等。

（2）通用记账凭证

通用记账凭证是由有关部门统一印制、在一定范围内使用的具有统一格式和使用方法的原始凭证。

3. 凭证汇总

凭证汇总也称原始凭证汇总表，是用来汇总一定时期内反映同类经济业务的原始凭证。这种凭证通常根据相同的原始凭证或会计核算资料定期汇总编制。其主要特点是通过对某类经济业务的汇总，可以取得这方面的总量指标，借以了解企业经济活动的某个侧面。汇总原始凭证只能将同类内容的经济业务汇总在一起，填列在一张汇总原始凭证上，不能将两类或两类以上的经济业务汇总在一起，填列在一张汇总原始凭证上。

凭证汇总填制方法：（1）填写记账凭证汇总表的日期、编号和会计科目名称。汇总表的编号一般按年顺序编列，汇总表上会计科目名称的排列与总账科目的序号保持一致。（2）将需要汇总的记账凭证按照相同的会计科目名称进行归类。（3）将相同会计科目的本期借方发生额和贷方发生额分别加总，求出合计金额。（4）将每一会计科目的合计金额填入汇总表的相关栏目。（5）结计汇总表的本期借方发生额和本期贷方发生额合计，双方合计数应相等。

（二）会计账簿

会计账簿是由带有一定格式、相互联系的账页所组成的用来序时、分类地全面记录和反映一个单位经济业务事项的会计簿籍，是会计资料的主要载体之一，也是会计资料的重要组成部分。《中华人民共和国税收征收管理办法实施细则》第二十二条规定："从事生产、经营的纳税人应当自领取营业执照或者发生纳税义务之日起 15 日内，按照国家有关规定设置账簿。前款所称账簿，是指总账、明细账、日记账以及其他辅助性账簿。总账、日记账应当采用订本式。"依法设置会计账簿，是单位进行会计核算的最基本的要求。

1. 总账

总账是指总分类账簿，也称总分类账。是根据总分类科目开设账户，用来登记全部经济业务，进行总分类核算，提供总括核算资料的分类账簿。总分类账户的核算采取货币形式，进行金额核算，提供货币指标。总分类账所提供的核算资料，是编制会计报表的主要依据，所有单位都必须设置总分类账。

2. 明细账

明细账也称明细分类账，是按明细分类账户开设的用来分类登记某类经济业务详细情况并提供明细核算资料的账簿。总分类账和明细分类账统称分类账，是按照账户对经济业务进行分类核算和监督的账簿。明细账是按照二级或明细科目设置的账簿，可采用订本式、活页式、三栏式、多栏式及数量金额式等形式，一般采用活页式账簿。各单位应结合自己的经济业务的特点和经营管理的要求，在总分类账的基础上设置若干明细分类账作为总分类账的补充。明细分类账按账页格式不同可分为三栏式、数量金额式和多栏式。

总分类账户与明细账户的关系可以概括为：

（1）总分类账户与其所属明细分类账户在总金额上应当相等。总分类账户对所属明细分类账户起着控制和统驭作用，是明细分类账户的综合化；明细分类账户对其应属的总分类账户起详细的补充说明作用，是总分类账户的具体化。二者结合构成了完整的账户应用体系。

（2）企业所发生的每项经济业务要以会计凭证为依据，计入有关总分类账户与有关明细分类账户，记录时要以相同方向、相等的金额在同一会计期间分别计入相关的总分类账户和相关明细分类账户。

3. 日记账

日记账又称序时账，是按经济业务发生和完成时间的先后顺序进行登记的账簿。它逐日按照记账凭证（或记账凭证所附的原始凭证）逐笔进行登记。早期的日记账也称分录簿，即把每天发生的经济业务所编制的会计分录全部按时间顺序逐笔登记，也叫普通日记账。由于登记与查阅普通日记账要花费大量的时间和精力，其逐渐被各种特种日记账如现金日记账、银行存款日记账所代替。

4. 固定资产卡片

固定资产卡片是指登记固定资产各种资料的卡片，是对固定资产进行明细分类核算的一种账簿形式，它是每一项固定资产的全部档案记录，是记载单位存放各类固定资产使用地点与增减变化的明细账。固定资产从进入单位开始到退出单位的整个生命周期所发生的全部情况都要在卡片上予以记载。固定资产卡片上的栏目有：类别、编号、名称、规格、型号、建造单位、年月、投产日期、原始价值、预计使用年限、折旧率、存放地点、使用单位、大修理日期和金额，以及停用、出售、转移、报废清理等内容。固定资产卡片属于卡片式账簿，一般都是一式两份的进行保存，第一份由使用部门进行登记并进行保管，第二份由财务部门进行保管。

5. 各种辅助账簿

辅助性账簿简称辅助账簿或备查账，是指对某些在序时账和分类账中未能记载或记载不全的经济业务进行辅助或补充登记的账簿，是会计账簿体系中不可或缺的组成部分。《会计法》第十六条规定："各单位发生的各项经济业务事项应当在依法设置的会计账簿上统一登记、核算，不得违反本法和国家统一的会计制度的规定私设会计账簿登记、核算。"在会计实务中主要包括各种租借设备、物资的辅助登记或有关应收、应付款项的备查簿，担保、抵押备查簿等。各单位可根据自身管理的需要，设置其他辅助账。

（三）财务会计报告

财务会计报告是指单位会计部门根据经过审核的会计账簿和有关资料编制并对外提供的反映单位某一特定日期财务状况和某一会计期间经营成果、现金流量及所有者权益等会计信息的总结性书面文件。《会计法》第二十条规定："财务会计报告应当根据经过审核的会计账簿记录和有关资料编制，并符合本法和国家统一的会计制度关于财务会计报告的编制要求、提供对象和提供期限的规定；其他法律、行政法规另有规定的，从其规定。财务会计报告由会计报表、会计报表附注和财务情况说明书组成。向不同的会计资料使用者提供的财务会计报告，其编制依据应当一致。有关法律、行政法规规定会计报表、会计报表附注和财务情况说明书须经注册会计师审计的，注册会计师及其所在的会计师事务所出具的审计报告应当随同财务会计报告一并提供。"

（1）会计报表

会计报表是指企业以一定的会计方法和程序由会计账簿的数据整理得出的以表格的形式反映企业财务状况、经营成果和现金流量的书面文件，是财务会计报告的主体和核心。企业会计报表按其反映的内容不同，分为资产负债表、利润表、现金流量表和所有者权益（股东权益）变动表以及相关附表。相关附表是反映企业财务状况、经营成果和现金流量的补充报表，主要包括利润分配表以及国家统一会计制度规定的其他附表。会计报表附注是为便于会计报表使用者理解会计报表的内容而对会计报表的编制基础、编制依据、编制原则和方法及主要项目等所作的解释。

会计报表按其服务对象，可分为外部报表和内部报表。①外部报表是单位向外部的会计信息使用者报告经济活动和财务收支情况的会计报表。如资产负债表、利润表、现金流量表和所有者权益变动表。这类报表一般有统一的格式和编制要求。②内部报表是用来反映经济活动和财务收支的具体情况，为管理者进行决策提供信息的会计报表。这类报表无规定的格式和种类。

会计报表按照编制的时间可分为中期报表和年报。①年报是年度终了以后编制的全面反映企业财务状况、经营成果及其分配、现金流量等方面的报表。②中期报表是指短于一年的会计期间编制的会计报表，如半年末报表、季报、月报。半年末报表是指每个会计年度的前六个月结束后对外提供的财务会计报告。季报是季度终了以后编制的报表，种类比年报少一些。月报是月终编制的会计报表，只包括一些主要的报表，如资产负债表、利润表等。

会计报表按其编制单位可分为单位会计报表、汇总会计报表和合并会计报表。①单位会计报表是由独立核算的会计主体编制的用以反映某一会计主体的财务状况、经营成果的会计报表。②汇总报表是由上级主管部门、专业公司根据基层所属企业所编制的报表加以汇总编制的报表，汇总编制时还包括主管部门、专业公司本身的业务。③合并会计报表是控股公司把其本身与其附属公司看作一个统一的经济实体，用一套会计报表来反映其拥有或控制的所有资产和负债，以及其控制范围内的经营成果的会计报表。合并报表反映的是控股公司与其附属公司共同的财务状况和经营成果。

（2）会计报表附注

会计报表附注是对会计报表的编制基础、编制原理和方法及主要项目等所作的解释和进一步说明，以便报表的使用者全面、正确地理解会计报表，它是财务会计报告的一个重要组成部分，它有利于增进会计信息的可理解性，提高会计信息可比性和突出重要的会计信息。

（3）财务情况说明书

财务情况说明书是企业对一定时期（通常为一年）财务、成本等情况进行分析、总结所作的书面文字说明，是会计报表的补充和决算报告的组成部分，是根据有关会计报表和财务资料并通过调查研究后编写的。主要内容有：财务、成本计划的执行情况及存在问题，固定资金、流动资金的使用情况及增减变化的原因，单位改善经营管理、提高经济效益等方面的具体措施等。可为单位主管部门及财政、信贷、工商、税务部门了解和考核企业提供确切的参考资料。

三、载体类型标准

按载体类型，会计档案可以划分为：纸质会计档案、胶片会计档案、磁介质会计档案、光盘会计档案等类型。

（一）纸质会计档案

纸质会计档案是以纸张为主要载体的会计档案，是我国会计档案保管的重要组成部分。我国目前发现最早的会计档案就是殷商时期的甲骨会计刻辞。汉代出土的《居延汉简》和《流省沙简》等汉代简牍文献汇编中含有的会计簿书，是世界上较为珍贵、典型的会计档案史料。随着纸张的发明，到了隋唐时期产生了大量的会计凭证、会计簿籍以及会计报告等，都是国家重要的文书。宋代的以年报会计文献材料为依据，按照国家规定的财计体制和财政项目归类整理的《会计录》，明清朝记载土地、人口、赋税以及赋役的鱼鳞册、黄册等都是重要的纸质会计档案。纸质档案一直沿用至今，凭证、报表等会计档案依然有很大一部分采取纸质会计档案的形式保存。纸质会计档案是我国会计档案的重要组成部分。

（二）胶片会计档案

胶片会计档案是将会计档案利用胶片感光材料，经过一定的理化加工处理形成固定影像的材料存储于胶片之上的档案。其中缩微胶片档案具有存储密度大，造价和管理费用较低，记录效果好，速度快，规格统一，适用范围广，携带方便，易于还原，不易更改等优点，正在成为档案异地异质备份的重要载体之一。会计档案数量较多，因此对于会计档案的保存要求比较高，缩微胶片会计档案能够将大量的会计档案缩微到体积较小的胶片上，大大节省保存空间，缺点是存储与读取需要借助专业的设备，没有良好的设备基础，便无法完成胶片档案的存取。

（三）磁介质会计档案

磁介质会计档案是借助在外磁场中呈磁化状态并能加强或减弱外磁场强度的磁介质为载体，利用外磁场的作用，经过磁化产生剩磁特点的磁介质（如铁磁质）材料进行记录信息的会计档案。磁介质档案的代表是录音带、录像带及磁盘，录音带、录像带会计档案并不多见，磁介质会计档案主要是指磁盘。以磁盘为载体的会计档案与纸质会计档案相比具备易于携带与读取的优点，但磁介质档案存放时间久了会消磁，内容容易丢失，要经常对磁介质档案内容进行备份与迁移，做好磁介质会计档案的防潮、防震、防消磁与备份。

（四）光盘会计档案

光盘是指利用激光进行图像、声音信息写入和读出的具有参考、凭证、艺术价值并归档保存的一种圆盘形记录载体。光盘分为可擦写光盘（如 CD-RW、DVD-RAM 等）与不可擦写光盘（如 CD-ROM、DVD-ROM 等）。光盘会计档案是将会计档案信息记录于光盘载体之上的档案。光盘会计档案具有存储密度高、存储成本低、与计算机联机能力强、还原效果好、运用范围广的特点。

四、价值标准

《会计档案管理办法》第十四条规定："会计档案的保管期限分为永久、定期两类。定期保管期限一般分为 10 年和 30 年。会计档案的保管期限，从会计年度终了后的第一天算起。"对于超过保管期限不具备保存价值的会计档案，应该成立专门的鉴定机构予以鉴定与销毁。在鉴定销毁过程中需严格遵循档案鉴定销毁流程，因为档案不可再生，一旦错误的销毁将造成不可挽回的损失。

第三节 会计档案属性

会计档案的属性是由会计活动的属性决定的。在会计工作实践中，把各个会计核算业务工作环节形成的文件或记录经过加工整序并有意识地保管起来留备日后查考就成了会计档案。会计档案属性主要包括两个方面的内容：一是会计档案同其他门类档案共同具有的性质；二是会计档案自身所具有的独特的性质和特征。

一、共有属性

会计档案同其他门类的档案都是人类社会活动的历史的原始记录，都具有原始记录性、有机联系性、凭证性、信息与知识性等属性和特征。

第一，会计档案是具有历史的原始记录性特征的社会信息资源。它是历史经济发展情况的原始记录，通过分析与研究历史会计档案可以对各个历史朝代的经济情况进行分析，对于研究历史经济发展具有重要参考作用。

第二，会计档案是具有有机历史联系性的社会文化财富。它的发展是一个具有连续性与延续性有机联系的发展过程，历史的经济发展状况以及会计档案本身对后来社会的经济建设与发展具有重要的指导意义与借鉴意义。

第三，会计档案是社会历史的凭证。它是在经济业务发生时所产生的真实的原始记录，其形式与内容都具有证据属性，是经济活动状况的真实记录。经济纠纷及经济案件的发生更加凸显了会计档案的证据性。

第四，会计档案具有信息性与知识性。它具备信息性与知识属性，其内容传达了社会经济发展的水平与社会经济发展中存在的问题，能够反映历史经济发展的水平，例如，明代的赋役黄册详细记载了明代人口和赋役情况，对于研究明代社会经济发展、经济与政治文化的关系，研究明朝的历史等都有重要的意义。

二、独有属性

会计档案作为一种专门性的档案信息资源也具有一些独有属性。主要包括突出的专业属性、形成过程的序时性、承载信息内容的严肃性、数据记录的平衡性、文件格式的规范性等。

（一）突出的专业属性

与文书档案相比，会计档案的产生领域和内容性质都具有明显的专业属性。首先，会计档案的产生领域，它是在单位会计核算活动中形成的，是专业性会计活动的有机组成部分，是经济业务活动的重要依据，也是开展经济活动、进行经济分析、开展经济研究、进行经济决策的重要根据和信息参考材料。其次，会计档案的内容性质，无论是会计凭证、会计账簿，还是会计报告及其他会计文件、会计记录，都具有反映和记录会计核算活动及其结果的特点。突出的专业属性，是会计档案最基本的特征，也是鉴别会计档案和文书档案的一个重要尺度。

【案例】

对会计档案的专业性的理解

2020 年 1 月 7 日，某服装厂会计人员郑某脱产学习一个星期，会计科长指定出纳王某兼管郑某的债权债务账目的登记工作，未办理会计交接手续。请分析出纳王某临时兼管郑某的债权债务账目的登记工作是否符合规定？会计人员郑某脱产学习一个星期是否需要办理会计工作交接手续？

【解析】显然会计科长的做法是不符合规定的，会计档案管理是专业性很强的工作，必须由专人负责会计档案的管理，不得临时决定由出纳兼管会计档案；会计人员郑某脱产学习一个星期是需要办理交接手续的，会计人员临时离职都需要办理交接手续。

（二）形成过程的序时性

会计档案是按照会计年度逐年形成的，具有一定的时间连续性特点。从宏观程序来看，有关单位在会计活动中首先形成的是会计凭证，而后根据会计凭证所提供的数据制作各种会计账簿或按要求生成各种会计账册，最后根据会计账簿或会计账册编制各种会计报表等会计报告。这些环环相扣的工作步骤必需依时间顺序形成，否则就会违背会计法规和有关会计工作制度。

每一项经济活动或财务开支，其业务工作由发生到结束，都是通过连续性的会计数据与信息的记录、加工实现的。在这一工作程序中，会计人员或会计单位就是根据会计法律法规、会计制度、会计计划等，依次形成了会计凭证、会计账簿和会计报告等会计记录和会计文件。这种文件与记录在内容和形成程序上的时间连续性特点，是会计档案区别于其他种类档案的主要特点之一。

（三）信息内容的严肃性

会计档案作为国家和社会经济活动的历史原始记录，所承载信息内容是否严格按照有关会计工作法律和规范来形成直接关系到社会基础的稳定性。如果所保存的会计档案信息缺乏可信性或可靠性，那么据此所制订的社会经济与发展计划、所做出的经济管理决策等都将难以实现，甚至会带来巨大的经济损失。为此，国家通过严格的会计立法建立健全会计管理制度，明确相关责任，加强会计审计工作，强化从业人员的业务培训等措施，保证会计数据和会计活动信息的准确性、可靠性和真实性，保证会计档案所承载信息的严肃性。

（四）数据记录的平衡性

会计档案的三种主要存在形式，会计凭证、会计账簿和会计报告所反映或记录的同一项经济活动或财政开支的记录数据必须相符，不能出现相互矛盾等问题。平衡性要求在会计管理实践中，必须始终注意依法行事，严格执行相关的法规、政策、制度、准则和规范，加强单位内部的有效管理和控制。

（五）会计记录的规范性

为了保证会计核算工作的正常有序进行，各个国家、各个行业和各个地区与单位都详细规定了会计记录、会计文件的具体格式或范式。它们的名称、类型与所记录和反映的会计数据性质高度一致也是会计档案与其他类型档案的主要区别之一。

第四节　会计档案的价值、功能和作用

一、会计档案的价值

会计档案的价值是指会计档案对人类社会的现实实践活动和长远的历史文化建设所具有的积极意义。它产生的根源是各种会计记录、会计文件的形成者以及会计档案管理者等社会活动主体的各种有效付出的凝结，它是由各种有用性和有益性构成的一个概念体，包含了这些社会主体的创造性劳动、智慧、经验和知识等。

（一）会计档案是制订财务计划的重要资源

科学合理的财务计划是一个单位经济稳健发展的基本要求，会计档案是单位经济活动形成的原始文件，是单位经济活动的真实记录，能够准确反映某单位的经济状况及经济发展水平，对于下一年度经济活动有参考作用，能够为财务计划的制定提供良好的依据与参考。

（二）会计档案是科学经济决策的信息源头

经济决策是指政府、企业以及个人在确定行动政策或方案以及选择实施这些政策或方案的有效方法时所进行的一系列活动。科学的经济决策需要确定经济体系的运行模式和经济体制，确定经济增长速度与建设规模，确定短期、中期和长期发展方针与策略，确定消费政策、人口数量及发展趋势，确定社会经济的总量平衡与失衡的协调战略，确定经济结构发展战略，确定科学技术发展方向等。做好科学经济决策需要建立科学的决策系统，确立决策原则和完善决策程序等，这些决策都需要依照真实客观的会计档案进行。

（三）会计档案是维护社会秩序的法定书证

会计档案具有证据性，在执法或司法活动中，执法或司法人员从会计资料中收集的能够反映特定会计事实及因果关系、证明具体利益关系及属性的会计凭证、账簿或财务报告能起到凭证作用。它可以明确表明财产物资的属性（合法拥有者）及数量（或金额）大小，也可以准确地对特定会计事实进行专业描述，说明资产的转化形式、所有者的变换关系等，还能够证明事实是否属经济行为或财产物资关系，证明经济行为或财产物资关系的产生原因（事实起因），证明行为人（包括原始来源的行为人），经济行为或财产物资交易或转化的经办人、填制人和经办人的签章。更可以证明完整经济业务的完成过程、财产或资产形式的转化过程、资产属性的转移过程、财产或资金进入特定主体和退出特定主体的过程等内容。总之，会计档案所记载的这些内容可以起到证明作用，是维护正常经济、工作秩序的法定书证。

（四）会计档案是储备会计知识的知识库

纵观我国会计档案的发展历史与进程可以发现，从最初的以实物、绘画、结绳、刻契等方式来表现经济活动及其所反映的数量关系，到西周国家设立"司会"一职对财务收支活动进行"月计岁会"，利用"单式记账法"到秦汉时期的"三柱结算法""上计簿""朱出墨入记账法"，以及唐宋时期的"四柱结算法"以至明清时期的"龙门记账法"等，直到现代的会计账簿、会计凭证、电子会计档案，会计档案不断朝着更科学、更便捷、更准确的方向发展与进步，与之相伴随的会计管理方法与方式也更加科学与合理。可以说，会计档案是储备会计工作经验、技术、智慧和教训的知识库。

二、会计档案的功能

会计档案的功能就是指它对其形成单位或社会的经济管理活动和历史文化建设等所具有的作用能力。在潜在的条件下，会计档案的功能是中性的，没有利弊、积极与消极之分。但是在显现的条件下，会计档案的功能则会以一定的作用形式表现出来，并且具有一定的倾向性。

（一）原始凭证功能

会计档案的原始凭证功能体现在会计档案是原始的历史记录，它的形成与监督过程都有很严格的要求。原始凭证所填列的经济业务内容和数字，必须真实可靠，符合国家有关政策法规与制度的要求，符合有关经济业务的实际情况；所填列的项目必须逐项填列齐全，不得遗漏和省略；必须符合手续完备的要求，经办业务的有关部门和人员要认真审核，签名盖章。单位自制的原始凭证必须有经办单位领导人或者其他指定人员签名盖章；对外开出的原始凭证必须加盖本单位公章；从外部取得的原始凭证必须盖有填制单位的公章；从个人取得的原始凭证必须有填制人员的签名盖章。并且书写要清楚规范，编号要连续，不得涂改、刮擦、挖补，填制要及时并统一格式。

【案例】

会计档案的原始凭证功能

甲公司收到一张应由甲公司与乙公司共同负担费用支出的原始凭证，甲公司会计人员张某以该凭证及应承担的费用进行账务处理，并保存该原始凭证；同时应乙公司要求将该原始凭证复制件提供给乙公司用于账务处理。年终，甲公司拟销毁一批保管期满的会计档案，其中有一张未结清债权债务的原始凭证，会计人员李某认为只要保管期满的会计档案就可以销毁。请分析（1）会计人员张某将原始凭证复制件提供给乙公司用于债权债务处理的做法是否正确？简要说明理由。（2）会计人员李某的观点是否正确？简要说明理由。

【解析】（1）会计人员张某将原始凭证复制件提供给乙公司用于债权债务处理的做法不正确，应该提供原始凭证分割单。一张原始凭证所列的支出，需要由两个以上单位共同负担时，应当由保存该原始凭证的单位，开给其他应负担支出的单位原始凭证分割单。原始凭证分割单是自制原始凭证。原始凭证分割单必须具备原始凭证的基本内容（凭证名称，填制凭证日期，填制凭证单位名称或者填制人姓名，经办人的签名或者盖章，接受凭证单位名称，经济业务内容、数量、单价、金额），标明费用分摊情况，并在分割单上加盖单位的财务印章。（2）会计人员李某的观点是不正确的，保管期满未结清债权债务的原始凭证不得销毁。《会计档案管理办法》第十九条规定："保管期满但未结清的债权债务会计凭证和涉及其他未了事项的会计凭证不得销毁，纸质会计档案应当单独抽出立卷，电子会计档案单独转存，保管到未了事项完结时为止。"

（二）历史查考功能

会计档案具有提供信息、解决矛盾、化解危机和协调关系等方面的重要功能,它的查考作用表现在生产生活的各个方面,如通过查询凭证的产生人和实际经手人可以判断经济行为发生的责任和问题,根据查考历史会计档案来制定财务计划等,总之,它对各项社会实践活动都有较高的查考价值。

(三) 社会记忆功能

会计档案记录了真实的社会发展状况,是当时社会发展的真实记录,根据会计档案可以追寻社会经济发展的脉络,探寻经济对当时政治、文化的影响。各民族产生形成的会计档案在历史的积累、保护和传承过程中汇集形成了中华民族优秀的文化遗产。正是由于这些珍贵会计档案的存在,才使中华民族历史进程的痕迹与光辉灿烂的历史文明得以延续与保存,这些档案是重要的社会记忆资源。

(四) 维护经济秩序功能

会计档案是经济活动过程中直接形成的记录,是经济活动的真实反映,它具有维护经济秩序的功能。对于经济纠纷与违法犯罪等,会计档案都具有很重要的记录作用与凭证作用,可以维持公平正义,维持社会经济秩序。

三、会计档案的作用

(一) 信息保障作用

会计档案能为国家经济建设实现综合平衡和制订国民经济发展计划,反映和考核国民经济各部门有关计划和预算的执行情况提供重要的信息。会计档案可以为制订经济计划、进行经济可行性研究、开展科学的经济决策,为有效地指导经济工作等提供各种有用的数据和信息。同时会计档案也可以为研究国家的经济建设活动规律和特点,为合理的经济政策的制定等工作提供重要的数据和信息资源。

(二) 维系管理作用

会计档案是保护国家财产、打击经济领域犯罪活动和反对不正之风的有力工具,它这种突出维系管理作用已经得到了世界各国政府的广泛重视。通过对财务报表的分析,可以掌握企业各方面的财务信息,通过对会计档案的信息分析,企业可以了解和把握许多重要的数据指标,如销售利润率、总资产报酬率、资本收益率、资本保值增值率、资产负债率、流动比率、应收账款周转率、存款周转率、社会贡献率、社会积累率等,从而为企业今后的建设和发展提供必要的信息保障。

(三) 监督检查作用

会计档案是监督检查和维护国家财政纪律,确保国家利益不受侵犯的重要凭据。会计档案对保护国家财产、监督国家财务制度和财经纪律的执行情况、查处违法经济案件、打击经济领域的犯罪活动等都具有重要的凭据作用。

（四）经济、历史研究作用

会计档案是研究经济和财政历史的可靠史料。会计档案是管理经济活动的历史真实记录，它的经济与历史研究作用就是充分地开发利用高质量的会计信息资源，通过缜密的分析总结与探索国民经济发展的经验成果及教训，发现规律和所存在的问题，从而有针对性地进行相应的调整，正确地制定出一定时期的经济与社会发展战略、发展规划与发展方案。会计档案作为社会经济历史的真实记录与社会记忆的一个有机组成部分，是"今世赖之以知古，后世赖之以知今"的不可或缺的宝贵史料资源。

（五）凭证、查考作用

会计档案的凭证作用是由会计档案的特点决定的。从会计档案的形成过程来说，它是在各种会计核算活动中自然形成的，记录和反映了各个单位财政收支、资金使用及周转等各项活动的具体过程信息。它对任何依法建立的、相对独立的社会实践主体的经济活动和财务开支情况都有明确的记录和反映，它是各个单位从事经济管理活动和财政管理活动的重要凭据或历史证据。而且，会计档案的查考作用也是会计档案在机关组织、企业事业单位工作管理中的一项重要作用，它蕴藏着十分丰富的经济财务、资金来源和利用等方面的数据和信息资源，它可以为各有关单位进行经济决策，制订科学合理的财务工作计划提供可信的查考信息依据。

第二章　会计档案管理概述

☞ **本章概述**

　　本章介绍了会计档案管理工作体制与相关制度等内容。首先，从宏观、中观及微观层面介绍了我国会计档案管理体制以及会计档案管理原则；其次，介绍了《档案法》《会计法》《会计档案管理办法》等相关法律法规依据以及会计档案管理制度；最后，介绍了综合档案馆、综合档案室等会计档案管理机构以及会计档案管理队伍。

☞ **本章重点**

　　1. 会计档案管理体制

　　2. 会计档案管理法规依据

　　3. 会计档案管理制度

　　4. 会计档案管理队伍培育

☞ **本章难点**

　　1. 会计档案管理法规的运用与掌握

　　2. 会计档案制度的制定

☞ **学习目标**

　　1. 掌握会计档案管理体制

　　2. 了解会计档案管理具体原则

　　3. 了解会计档案管理的相关法依据

　　4. 掌握会计档案管理制度的运用

　　5. 掌握会计档案管理的主要机构类型

　　6. 明确会计档案管理队伍的管理

　　会计档案管理工作不仅是我国档案管理工作的一个重要组成部分，同时也是我国财务会计管理活动的有机组成部分。其性质决定了其管理体制的特殊性，它必须要有利于会计档案科学管理和会计信息资源合理挖掘与开发利用，必须要适合会计档案形成规律和特点，必须要有利于会计档案安全保管要求。

第一节 会计档案管理体制及管理原则

《会计档案管理办法》第四条规定："财政部和国家档案局主管全国会计档案工作，共同制定全国统一的会计档案工作制度，对全国会计档案工作实行监督和指导。县级以上地方人民政府财政部门和档案行政管理部门管理本行政区域内的会计档案工作，并对本行政区域内会计档案工作实行监督和指导。"其表明我国会计档案管理工作"坚持统一领导、分级管理的原则"。财政部和国家档案局是全国会计档案管理工作的行政主管部门，对全国会计档案管理工作进行统一领导。各地会计档案工作的监督和指导由其所在地的地方人民政府财政部门和档案行政管理部门具体负责。

一、会计档案管理体制

（一）宏观层面

会计档案是国家制定有关方针、政策，以及国民经济和社会发展规划、计划的重要信息源，同时也是维护国家正常的社会经济、政治、文化秩序的必要条件。加强宏观管理控制，才能更好地从整体维护国家会计档案的完整与安全，才能为实现会计档案的宏观管理优化创造良好的组织制度条件。中华人民共和国财政部、国家档案局是我国会计档案管理事务的最高管理机关，对全国会计档案管理工作的运行机制、制度安排、政策规划等进行顶层设计与把控。国家应加强宏观管理和宏观控制，从整体上维护国家会计档案财富的齐全、完整与安全，实现会计档案的宏观管理优化，创造良好的组织制度条件。

1956 年 11 月 21 日，国家财政部和国家档案局就联合颁发《预算会计账簿、凭证、报表保管销毁暂行办法》。国家层面第一次明文规定预算会计档案的保管办法和保管期限，以及会计档案销毁手续、销毁程序、审批权限等方面内容。

1958 年 8 月 2 日，国家财政部和国家档案局又联合制发了《关于修改预算会计档案销毁批准程序和保管期限的通知》，放宽对非永久性会计档案保管期限销毁的报批机关和销毁程序等方面的规定要求，同时也相应地简化了会计档案鉴定和销毁手续。

1959 年 8 月，国家财政部发布《关于国营企业会计核算工作的若干规定》，要求各部门、各地区、各企业在加强会计核算工作的同时，健全财务会计机构，充实财会人员，及时扭转了当时国民经济活动中财会工作的无序混乱局面。

1962 年 1 月 4 日，国家财政部颁发《国营企业会计凭证、账簿的格式和使用办法（草案）》，目的是为了进一步加强国营企业会计基础工作，强化对会计的管理控制。

1962 年 5 月 18 日，财政部和国家档案局联合发布《关于修订预算会计账簿凭证、报表保管期限的通知》，有效地加强了国家对会计档案的整体管理和控制。同时也使会计人员、会计机构和档案人员进一步明确了各类预算账簿、会计凭证、会计报表的具体保管期限，以及销毁会计档案的审批程序和手续。

1978 年改革开放后，我国工作逐步转移到以经济建设为核心的社会主义现代化建设上来，会计工作作为经济管理的有机组成部分，已成为监督经济建设的重要手段。会计档案作为国民经济决策的科学依据，也越来越为社会所重视。

1984 年 4 月 24 日，财政部颁发《会计人员工作规则》。对建立会计岗位责任制、使用会计科目、填制会计凭证、登记会计账簿、编制会计报表、管理会计档案、办理会计交接等事项都作了具体规定。第一次把"管理会计档案"作为会计人员的重要职责之一，管理好会计档案已成为会计工作的重要内容。

1984 年 6 月 1 日，财政部、国家档案局联合制发《会计档案管理办法》，该办法共十八条，对会计档案的立卷、归档、保管、调阅和销毁等管理制度都作了明确规定。为我国会计档案的科学管理指明了方向，为会计档案的规范化、科学化管理奠定了基础。

1985 年 1 月 21 日，由第六届全国人民代表大会常务委员会第九次会议通过颁布的《中华人民共和国会计法》，后于 1993 年 12 月 29 日第八届全国人民代表大会常务委员会第五次会议《关于修改〈中华人民共和国会计法〉的决定》第一次修正，1999 年 10 月 31 日第九届全国人民代表大会常务委员会第十二次会议修订。对会计档案的管理规定了明确的条款，如：第四条规定"单位负责人对本单位的会计工作和会计资料的真实性、完整性负责"。第五条规定"会计机构、会计人员依照本法规定进行会计核算，实行会计监督。任何单位或者个人不得以任何方式授意、指使、强令会计机构、会计人员伪造、变造会计凭证、会计账簿和其他会计资料，提供虚假财务会计报告。任何单位或者个人不得对依法履行职责、抵制违反本法规定行为的会计人员实行打击报复"。第二十三条规定"各单位对会计凭证、会计账簿、财务会计报告和其他会计资料应当建立档案,妥善保管。会计档案的保管期限和销毁办法,由国务院财政部会同有关部门制定"。第三十七条规定"会计机构内部应当建立稽核制度。出纳人员不得兼任稽核、会计档案保管和收入、支出、费用、债权债务账目的登记工作"。从此,我国会计档案管理纳入法制建设轨道。

1985年6月20日至24日,财政部、国家档案局在河南省开封市联合召开全国首次"会计档案管理工作座谈会",会议强调会计档案工作的重要性,认为搞好会计档案管理,是加强会计工作的一项重要内容,对加强经济管理、提高经济效益具有重要的作用。

1987年9月5日,第六届全国人民代表大会常务委员会第二十二次会议通过《中华人民共和国档案法》(后简称《档案法》),并于1988年1月1日起正式实行。全文分为:第一章 总则;第二章 档案机构及其职责;第三章 档案的管理;第四章 档案的利用和公布;第五章 法律责任;第六章 附则等章节,共计27条。1996年、2016年分别对其进行了修订,新《档案法》于2021年1月1日正式实施。《档案法》是档案行业的最高法,包括会计档案管理工作在内的一切档案管理活动都必须遵守,相关法律法规及办法、规章制度都必须在此框架下开展。

1998年,财政部和国家档案局联合下发"关于印发《会计档案管理办法》的通知"(财会字〔1998〕32号),指出随着我国社会主义市场经济的发展,经济和会计工作中的新情况新问题不断出现,原会计档案管理规定已不适应经济发展和会计改革的要求。财政部和国家档案局在总结《会计档案管理办法》实施情况和充分调查研究的基础上,依据《会计法》和《档案法》的有关规定,对1984年制定的《会计档案管理办法》进行了修订,并印发全国,自1999年1月1日起施行。2015年12月11日,中华人民共和国财政部、国家档案局第79号令发布修订后的《会计档案管理办法》,自2016年1月1日起施行。修订后的《会计档案管理办法》在以下几个方面进行了完善:一是完善了会计档案的定义和范围;二是明确了电子会计档案的管理要求;三是增加了实行会计档案仅以电子形式归档保存的管理要求;四是进一步完善了会计档案的鉴定销毁程序;五是明确了会计档案出境的管理要求;六是对会计档案向单位档案管理机构移交的时间做了更加灵活的规定;七是对定期保管会计档案的保管期限做了调整,延长了凭证、账簿和辅助性会计资料的保管期限。

（二）中观层面

会计档案管理工作是一种专业性较强的管理活动，在我国发展很快，已形成了数量巨大的会计档案。因此，地方各级财政和档案业务管理机关、中国总会计师协会和中国档案学会，必须对会计档案工作加强指导、实施监督、严格检查，确保会计档案的系统、完整，建立会计档案的科学管理体系，为我国的社会经济建设服务。

（1）地方财政和档案业务管理机关对会计档案管理工作实行指导、监督和检查。随着国家层面对会计档案管理的重视，各省、自治区、直辖市的财政部门与档案业务部门密切合作，在财政部和国家档案局的领导下，结合有关文件以及各地的特点制发会计档案管理地方性文件，实行对会计档案管理工作的指导、监督和检查。并根据财政部和国家档案局所制定的各种政策性指导方针、规范性文件等，结合当地的实际情况及时制定相关的"实施办法"或"细节"，使各地各行业的会计档案管理有章可循，有据可依，符合地域或行业特色，有序走向规范化管理。档案监察部门还要依据会计工作条例、《会计法》和《档案法》等，对任意销毁和违反会计档案管理规定的违法行为给予行政处分，性质严重的给予法律制裁。

（2）中国档案学会、中国会计师协会和中国总会计师协会对会计档案管理工作的指导、培训。做好会计档案管理工作正在不断地受到全方位重视。加强会计人员和档案人员对会计档案管理专业技能指导与培训已成为一种常规性工作，这是会计档案整理方式、案卷质量得到保证的有效措施与方法，以及会计档案文字内容填写合格的有效保证，特别是对于会计凭证、会计账簿及会计报表中的签名、盖章项目等的规范，有利于表明岗位职责和应担负的法律责任。特别是随着信息技术的发展，电算化的不断普及与运用，对于电子会计档案的管理正成为重要工作内容。中国档案学会、中国会计师协会和中国总会计师协会等作为行业层面的组织，依照相关规定，组织开展相关人员的岗位培训和继续教育；依法主办本会的刊物和网站，编辑出版本会业务范围内相关的书籍、资料，以各种形式开展行业宣传和业务培训；组织会计档案管理理论研究，开展专题调研，提供政策建议；制定行业自律规范，开展诚信守法教育，促进相关人员树立良好职业道德；依法维护会员合法权益；接受财政部和国家档案局授权和委托，组织开展有关工作等，促进会计档案管理行业有序开展、科学发展与推进。

（三）微观层面

会计档案管理工作落实到具体事务性操作层面就主要属于基层会计科与档案室的职责范围。基层会计机构（处、科、股、室）是直接产生会计档案的部门，按照国家财政制度和本单位经济管理需要，开展会计业务活动。针对会计业务活动中形成的各种原始凭证、会计账簿、会计报表及其他会计资料等会计档案，会计人员按照有关规定和会计档案之间的有机联系，将会计档案分门别类整理立卷，逐项填写好案卷封面、卷内目录、卷脊标签、备考表，编写会计档案案卷目录，编制会计档案保管清册等。

由于会计档案形成和管理的特殊性，其在形成后的第一年度查考利用率比较高。《会计档案管理办法》第十一条规定："当年形成的会计档案，在会计年度终了后，可由单位会计管理机构临时保管一年，再移交单位档案管理机构保管。因工作需要确需推迟移交的，应当经单位档案管理机构同意。单位会计管理机构临时保管会计档案最长不超过三年。临时保管期间，会计档案的保管应当符合国家档案管理的有关规定，且出纳人员不得兼管会计档案。"第十二条规定："单位会计管理机构在办理会计档案移交时，应当编制会计档案移交清册，并按照国家档案管理的有关规定办理移交手续。纸质会计档案移交时应当保持原卷的封装。电子会计档案移交时应当将电子会计档案及其元数据一并移交，且文件格式应当符合国家档案管理的有关规定。特殊格式的电子会计档案应当与其读取平台一并移交。单位档案管理机构接收电子会计档案时，应当对电子会计档案的准确性、完整性、可用性、安全性进行检测，符合要求的才能接收。"

档案部门在收到会计部门移交来的会计档案时，要做到认真核实、查对，并确无任何差错或疑问后，办理交接手续。按照《会计档案管理办法》第二十四条规定："单位之间交接会计档案时，交接双方应当办理会计档案交接手续。移交会计档案的单位，应当编制会计档案移交清册，列明应当移交的会计档案名称、卷号、册数、起止年度、档案编号、应保管期限和已保管期限等内容。交接会计档案时，交接双方应当按照会计档案移交清册所列内容逐项交接，并由交接双方的单位有关负责人负责监督。交接完毕后，交接双方经办人和监督人应当在会计档案移交清册上签名或盖章。电子会计档案应当与其元数据一并移交，特殊格式的电子会计档案应当与其读取平台一并移交。档案接受单位应当对保存电子会计档案的载体及其技术环境进行检验，确保所接收电子会计档案的准确、完整、可用和安全。"档案管理人员应按照有关规定，严格履行自己的职责，确保做到会计档案管理工作的安全可靠。

二、会计档案管理原则

(一) 集中统一的原则

《档案法》是我国档案管理工作的根本大法，档案管理工作都必须以它为准绳。《档案法》第五条规定："档案工作实行统一领导、分级管理的原则，维护档案完整与安全，便于社会各方面的利用。"第六条规定："国家档案行政管理部门主管全国档案事业，对全国的档案事业实行统筹规划，组织协调，统一制度，监督和指导。"所以，会计档案实行集中统一管理的原则是由《档案法》所规定的。那些大型企业和单位，如在执行"集中统一"管理困难较大时，则可采取"统一领导，分级管理"的方式，但一定要保证会计档案的齐全、系统、安全。各单位在经济活动中形成的会计档案，既是本单位全部档案的一部分，又是国家档案的重要组成部分，应由各单位财务会计部门按照归档的要求立卷。当年形成的会计档案，在会计年度终了后，可在会计部门保管一年，最多保管三年。期满之后，由会计部门编制案卷目录，一式三份，会计部门留存一份，其余两份连同会计档案一并移交给本单位的档案人员或档案部门。档案部门或档案人员在严格清点后，如无差错，应办理会计档案移交手续。财会部门或经办人必须按期将应归档的会计档案全部移交给档案部门，保证会计档案的齐全完整，不得以工作方便为借口而自行保存。此外，各单位的会计出纳人员不得兼做会计档案管理工作。

(二) 统一分工的原则

在社会发展过程中，会计职业具有很强的特殊性，其接触的是企业最核心的内容，因此在会计档案管理工作当中，绝对不能有任何的疏忽，一定要按照多个方面的工作水准来开展，不能出现问题。会计档案管理中的"统一分工原则"具有决定性地位。一方面，日常会计档案管理，应该将工作量做出明确分析，给不同工作人员分配不同工作量，既要在工作人员承受范围内，又不能出现超负荷工作现象。档案管理本身就是复杂的工作，再加上会计档案工作的特殊性，如果在分工上不明确，或者是随意地按照简单方法来分工，很容易在内部工作中出现严重隐患和冲突，产生负面影响。另一方面，在统一分工下确保会计档案管理责任高度明确。在现代化工作中，会计档案管理工作量快速增长，有些任务需要个人独立完成，有些任务则需合作完成，还有一部分任务是团队工作。针对不同工作责任，进行明确划分以后，可以更好地去处理问题，顺利完成工作。

（三）完整性的原则

会计档案管理在实施过程中，完整性原则必须得到贯彻落实。从主观角度分析，会计档案对于机构来说具有高度机密性和重要性，任何会计档案损失，都会导致难以弥补的后果。我国在近几年发展中，提高了对会计档案管理的重视程度，开始采用一些新管理模式，同时在科学技术、设备投入力度上也是不断增加。完整性原则意味着在会计档案管理中，不可以出现档案丢失的情况。完整性原则要求在对会计档案管理的每一项操作中，都不能对会计档案造成损毁，需要在多个方面保证会计档案的完整性，尤其是一些重要会计数据，应该做好备份处理，减少损失。而且，随着信息技术在会计领域的广泛运用，会计档案管理中也会不断采用一些新技术体系，包括信息化技术、电子化技术等，这就要求操作人员在工作上细致化地开展工作，从多个层面对会计档案管理进行健全处理，在每一个阶段工作完成以后，应该进行仔细检查分析，确认无误以后，再进行下一项工作。并且，对于电子会计档案不仅要采集内容信息，也要采集相关元数据信息，不仅要采集结果性信息，也要采集过程性信息，全方位保证会计档案信息齐全完整。

（四）来源原则

来源原则包括三个基本方面，即尊重来源、尊重全宗完整性、尊重全宗内原始整理体系。会计档案管理实践中运用来源原则，就是根据形成会计档案的立档单位来管理档案。一个立档单位形成的会计档案，是该立档单位全宗档案的有机组成部分。在会计档案管理实践中，反对任何割裂会计档案同有关全宗档案有机联系的做法。特别是在机关、团体、组织及企业事业单位出现分立、合并、撤销（解散）等情况时，有关方面更应注意坚持来源原则，切实做到维护有关全宗档案的完整性。我国现行《会计档案管理办法》的相关条款均对此做出了较为详细的规定。

（五）一体化原则

会计文件、会计记录和会计档案是同一个事物的不同发展阶段，相互之间具有密切联系。会计档案管理过程中必须坚持"一体化"原则，并注意在机构建设、体制变革、人力资源开发等方面，充分体现和运用一体化管理思想。会计档案管理实践中坚持"一体化"原则，要求管理者从整体上规划和设计会计文件、会计记录与会计档案管理，减少不必要的工作环节和工作内容，使整个管理活动实现"无缝"衔接。特别是电算化会计普遍运用的社会大环境下，重构传统会计档案管理模式，再造一个高效、经济的会计文档管理系统，已经成为会计工作迫切的实践性要求。会计档案工作者转变观念，从"后台"走向"前台"的时代已经到来。为此，会计档案人员必须注意通过提高自身业务素养，努力熟悉有关会计工作基本知识，加强对会计文件和会计记录的形成、积累、鉴定、整理等监督、指导和控制管理工作。"一体化"原则的贯彻施行，必将对我国会计档案理念的变革、会计档案管理体制的完善与发展、会计档案管理质量的提高，以及会计档案管理理论的建设与进步，起到积极的推动作用。

第二节　会计档案管理法律依据及管理制度

会计档案管理相关法律及管理制度是做好会计档案管理工作的保证。会计档案管理工作必须做到有法可依，有法必依，执法必严，并以法律法规为准绳制定科学、合理的会计档案管理制度，促进会计档案管理工作有序开展和科学推进。

一、会计档案管理法律依据

会计档案管理工作必须以相关法律法规为依据来开展相关管理工作，法律层面主要涉及《中华人民共和国档案法》（以下简称《档案法》）、《中华人民共和国会计法》（以下简称《会计法》）、《中华人民共和国刑法》（以下简称《刑法》）、《中华人民共和国电子签名法》（以下简称《电子签名法》）等；行政规章层面主要涉及《中华人民共和国档案法实施办法》《会计档案管理办法》《电子档案移交与接收办法》《档案管理违法违纪行为处分规定》等；规范性文件层面主要涉及《会计基础工作规范》《企业会计信息化工作规范》《会计案卷格式要求》等。

（一）法律层面

1. 《档案法》

《档案法》是我国会计档案管理工作最为重要的法律依据，其他相关的法律、法规、规范性文件都必须以它为准绳，不能与其有冲突。

《档案法》第二条规定："本法所称的档案，是指过去和现在的国家机构、社会组织以及个人从事政治、军事、经济、科学、技术、文化、宗教等活动直接形成的对国家和社会有保存价值的各种文字、图表、声像等不同形式的历史记录。"

《档案法》第三条规定："一切国家机关、武装力量、政党、社会团体、企业事业单位和公民都有保护档案的义务。"第四条规定："各级人民政府应当加强对档案工作的领导，把档案事业的建设列入国民经济和社会发展计划。"

《档案法》第二十四条规定："有下列行为之一的，由县级以上人民政府档案行政管理部门、有关主管部门对直接负责的主管人员或者其他直接责任人员依法给予行政处分；构成犯罪的，依法追究刑事责任：（一）损毁、丢失属于国家所有的档案的；（二）擅自提供、抄录、公布、销毁属于国家所有的档案的；（三）涂改、伪造档案的；（四）违反本法第十七条规定，擅自出卖或者转让属于国家所有的档案的；（五）将档案卖给、赠送给外国人或者外国组织的；（六）违反本法第十条、第十一条规定，不按规定归档或者不按期移交档案的；（七）明知所保存的档案面临危险而不采取措施，造成档案损失的；（八）档案工作人员玩忽职守，造成档案损失的。在利用档案馆的档案中，有前款第一项、第二项、第三项违法行为的，由县级以上人民政府档案行政管理部门给予警告，可以并处罚款；造成损失的，责令赔偿损失。企业事业组织或者个人有第一款第四项、第五项违法行为的，由县级以上人民政府档案行政管理部门给予警告，可以并处罚款；有违法所得的，没收违法所得；并可以依照本法第十六条的规定征购所出卖或者赠送的档案。"

《档案法》第二十五条规定："携运禁止出境的档案或者其复制件出境的，由海关予以没收，可以并处罚款；并将没收的档案或者其复制件移交档案行政管理部门；构成犯罪的，依法追究刑事责任。"

会计档案作为重要的档案种类，对于国家、社会及企事业机构、个人来讲都有着十分重要的价值，因此，理所应当地属于《档案法》的法力规范范围之内。

2. 《会计法》

《会计法》是我国会计工作中的最高法律，对全国会计工作具有指导、规范等作用。会计档案管理工作作为会计工作的有机组成部分，理所应当属于《会计法》法力规范范围之内，必须在它的约束范围之内开展相关工作。

《会计法》第二十三条规定："各单位对会计凭证、会计账簿、财务会计报告和其他会计资料应当建立档案，妥善保管。会计档案的保管期限和销毁办法，由国务院财政部会同有关部门制定。"

《会计法》第四十二条规定："违反本法规定，有下列行为之一的，由县级以上人民政府财政部门责令限期改正，可以对单位并处三千元以上五万元以下的罚款；对其直接负责的主管人员和其他直接责任人员，可以处二千元以上二万元以下的罚款；属于国家工作人员的，还应当由其所在单位或者有关单位依法给予行政处分：（一）不依法设置会计账簿的；（二）私设会计账簿的；（三）未按照规定填制、取得原始凭证或者填制、取得的原始凭证不符合规定的；（四）以未经审核的会计凭证为依据登记会计账簿或者登记会计账簿不符合规定的；（五）随意变更会计处理方法的；（六）向不同的会计资料使用者提供的财务会计报告编制依据不一致的；（七）未按照规定使用会计记录文字或者记账本位币的；（八）未按照规定保管会计资料，致使会计资料毁损、灭失的；（九）未按照规定建立并实施单位内部会计监督制度或者拒绝依法实施的监督或者不如实提供有关会计资料及有关情况的；（十）任用会计人员不符合本法规定的。有前款所列行为之一，构成犯罪的，依法追究刑事责任。会计人员有第一款所列行为之一，情节严重的，由县级以上人民政府财政部门吊销会计从业资格证书。"

《会计法》第四十三条规定："伪造、变造会计凭证、会计账簿，编制虚假财务会计报告，构成犯罪的，依法追究刑事责任。有前款行为，尚不构成犯罪的，由县级以上人民政府财政部门予以通报，可以对单位并处五千元以上十万元以下的罚款；对其直接负责的主管人员和其他直接责任人员，可以处三千元以上五万元以下的罚款；属于国家工作人员的，还应当由其所在单位或者有关单位依法给予撤职直至开除的行政处分；对其中的会计人员，并由县级以上人民政府财政部门吊销会计从业资格证书。"

《会计法》第四十四条规定："隐匿或者故意销毁依法应当保存的会计凭证、会计账簿、财务会计报告，构成犯罪的，依法追究刑事责任。"

《会计法》第四十五条规定："授意、指使、强令会计机构、会计人员及其他人员伪造、变造会计凭证、会计账簿，编制虚假财务会计报告或者隐匿、故意销毁依法应当保存的会计凭证、会计账簿、财务会计报告，构成犯罪的，依法追究刑事责任；尚不构成犯罪的，可以处五千元以上五万元以下的罚款；属于国家工作人员的，还应当由其所在单位或者有关单位依法给予降级、撤职、开除的行政处分。"

3. 《刑法》

刑法的作用很明显，维护了社会的发展，保护了正常的发展节奏，另外也抵制了大部分犯罪行为，有一定的震慑能力，更重要的是制裁犯罪行为，惩罚犯罪行为。它具有行为规制功能、法益保护功能、自由保障功能等，它对于会计档案事业的发展也具有十分重要的意义，也是会计档案管理工作的重要法律依据。《刑法》中与档案事业最为相关的规定是第三百二十九条，规定"抢夺、窃取国有档案罪。抢夺、窃取国家所有的档案的，处五年以下有期徒刑或者拘役。违反档案法的规定，擅自出卖、转让国家所有的档案，情节严重的，处三年以下有期徒刑或者拘役。有前两款行为，同时又构成本法规定的其他犯罪的，依照处罚较重的规定定罪处罚"。

4. 《电子签名法》

《电子签名法》是随着信息技术的发展与广泛运用，电子会计档案越来越多，为了规范电子签名行为，确立电子签名的法律效力，维护有关各方的合法权益而制定的法律。《电子签名法》被称为"中国首部真正意义上的信息化法律"，自此电子签名与传统手写签名和盖章具有同等的法律效力。

《电子签名法》第一条规定："为了规范电子签名行为，确立电子签名的法律效力，维护有关各方的合法权益，制定本法。"

《电子签名法》第二条规定："本法所称电子签名，是指数据电文中以电子形式所含、所附用于识别签名人身份并表明签名人认可其中内容的数据。本法所称数据电文，是指以电子、光学、磁或者类似手段生成、发送、接收或者储存的信息。"

《电子签名法》第三条规定："民事活动中的合同或者其他文件、单证等文书，当事人可以约定使用或者不使用电子签名、数据电文。当事人约定使用电子签名、数据电文的文书，不得仅因为其采用电子签名、数据电文的形式而否定其法律效力。"

《电子签名法》对于规范电子会计档案具有十分积极的意义，是电子会计档案的法律效力得到有效保证的依据。

（二）行政规章

1. 《中华人民共和国档案法实施办法》

第一条规定："根据《中华人民共和国档案法》的规定，制定本办法。"第五条规定："机关、团体、企业事业单位和其他组织应当加强对本单位档案工作的领导，保障档案工作依法开展。"

2. 《电子档案移交与接收办法》

《电子档案移交与接收办法》对电子档案移交与接收工作中涉及的单位职责、移交范围、移交时间、移交要求、移交与接收的方式、移交与接收的流程、接收及保存管理的要求等做出了明确的规定。对于规范电子档案移交与接收流程，推进电子档案及时完整移交进馆，实现电子档案来源可靠、管理可信、长期可用的工作目标，具有重要意义。

《电子档案移交与接收办法》第一条规定："为规范电子档案移交与接

收工作，确保电子档案的真实、完整、可用和安全，保存党和国家历史记录，促进档案信息资源开发利用，按照国家有关法律法规和相关规定，制定本办法。"

《电子档案移交与接收办法》第二条规定："本办法所称电子档案，是指机关、团体、企事业单位和其他组织在处理公务过程中形成的对国家和社会具有保存价值并归档保存的电子文件。"

《电子档案移交与接收办法》第三条规定："移交与接收的电子档案应当真实可靠、齐全完整和安全可用；涉密电子档案的移交与接收应当符合国家有关保密安全的要求。"

《电子档案移交与接收办法》第四条规定："各级档案行政管理部门负责对电子档案的移交、接收工作进行监督和指导。档案移交单位和各级国家综合档案馆应当切实履行电子档案移交和接收职责。"

3. 《会计档案管理办法》

它是为专门规范会计档案管理工作而出台的部门规章，由财政部和国家档案局联合制发。《会计档案管理办法》（2016年1月1日起施行版）全文共31条。它出台的意义有以下几点：

（1）有利于推动互联网创新经济的发展。《会计档案管理办法》肯定了电子会计档案的法律效力，电子会计凭证的获取、报销、入账、归档、保管等均可以实现电子化管理，将大大推动电子凭证的在线传递和线上应用，为互联网创新经济发展提供了有力的政策支持。

（2）有利于促进形成绿色、低碳的发展方式。《会计档案管理办法》允许符合条件的会计凭证、账簿等会计资料不再打印纸质归档保存，同时要求建立会计档案鉴定销毁制度，完善销毁流程，推动会计档案销毁工作有序开展。这些新的规定将节约大量纸质会计资料的打印、传递、整理成本以及归档后的保管成本，减少社会资源耗费，推动节能减排，有利于形成绿色环保的生产方式。

（3）有利于推进国家治理能力现代化。国家治理体系和治理能力现代化需要大数据的支撑，需要通过广度信息聚合、深度数据挖掘、扁平网络传递，实现决策科学化、管理精细化。电子会计档案是电子会计资料的归属，《会计档案管理办法》明确将电子会计档案纳入会计档案范围，将大力推动电子会计数据的深度开发和有效利用，为政府决策和管理提供更多维度、更具参考价值的会计信息。

4. 《档案管理违法违纪行为处分规定》

《规定》共22条，其中多项条款适用于会计档案管理工作，对会计档案管理工作具有指导与规范意义，主要体现在以下条款：

第三条规定："将公务活动中形成的应当归档的文件材料、资料据为己有，拒绝交档案机构、档案工作人员归档的，对有关责任人员，给予警告处分；情节较重的，给予记过或者记大过处分；情节严重的，给予降级或者撤职处分。"

第四条规定："拒不按照国家规定向指定的国家档案馆移交档案的，对有关责任人员，给予警告或者记过处分；情节较重的，给予记大过或者降级处分；情节严重的，给予撤职处分。"

第五条规定："出卖或者违反国家规定转让、交换以及赠送档案的，对有关责任人员，给予撤职或者开除处分。"

第六条规定："利用职务之便，将所保管的档案据为己有的，对有关责任人员，给予记大过处分；情节较重的，给予降级或者撤职处分；情节严重的，给予开除处分。"

第七条规定："因工作不负责任或者不遵守档案工作制度，导致档案损毁、丢失的，对有关责任人员，给予记过处分；情节较重的，给予记大过或者降级处分；情节严重的，给予撤职或者开除处分。"

第八条规定："擅自销毁档案的，对有关责任人员，给予记过处分；情节较重的，给予记大过或者降级处分；情节严重的，给予撤职或者开除处分。"

第九条规定："有下列行为之一的，对有关责任人员，给予记过或者记大过处分；情节较重的，给予降级或者撤职处分；情节严重的，给予开除处分：（一）涂改、伪造档案的；（二）擅自从档案中抽取、撤换、添加档案材料的。"

第十条规定："携运、邮寄禁止出境的档案或者其复制件出境的，对有关责任人员，给予警告、记过或者记大过处分；情节较重的，给予降级或者撤职处分；情节严重的，给予开除处分。"

第十一条规定："有下列行为之一的，对有关责任人员，给予警告、记过或者记大过处分；情节较重的，给予降级或者撤职处分；情节严重的，给予开除处分：（一）擅自提供、抄录、复制档案的；（二）擅自公布未开放档案的。"

第十二条规定："有下列行为之一，导致档案安全事故发生的，对有关责任人员，给予记过或者记大过处分；情节较重的，给予降级或者撤职处分；情节严重的，给予开除处分：（一）未配备安全保管档案的必要设施、设备的；（二）未建立档案安全管理规章制度的；（三）明知所保存的档案面临危险而不采取措施的。"

第十三条规定："有下列行为之一的，对有关责任人员，给予记过或者记大过处分；情节较重的，给予降级或者撤职处分；情节严重的，给予开除处分：（一）档案安全事故发生后，不及时组织抢救的；（二）档案安全事故发生后，隐瞒不报、虚假报告或者不及时报告的；（三）档案安全事故发生后，干扰阻挠有关部门调查的。"

第十四条规定："在档案利用工作中违反国家规定收取费用的，对有关责任人员，给予记过或者记大过处分；情节较重的，给予降级或者撤职处分；情节严重的，给予开除处分。"

第十五条规定："违反国家规定扩大或者缩小档案接收范围的，对有关责任人员，给予警告或者记过处分；情节较重的，给予记大过或者降级处分；情节严重的，给予撤职处分。"

第十六条规定："拒不按照国家规定开放档案的，对有关责任人员，给予警告、记过或者记大过处分。"

第十七条规定："因档案管理违法违纪行为受到处分的人员对处分决定不服的，依照《中华人民共和国行政监察法》《中华人民共和国公务员法》《行政机关公务员处分条例》等有关规定，可以申请复核或者申诉。"

上述条款，虽然不是专门为会计档案管理而设立，但会计档案作为重要的档案种类，完全适用于上述条款所规定的内容。

（三）规范性文件

1. 《会计基础工作规范》

它对会计基础工作的管理、会计机构和会计人员、会计人员职业道德、会计核算、会计监督以及单位内部会计管理制度建设等工作做出了全面的规范。为各基层单位和广大会计人员开展会计基础工作提出要求和示范，使加强和改进会计基础有明确的目标和具体努力方向，并以此来推动单位的会计基础工作规范化、科学化。《会计基础工作规范》共六章一百零一条，第一章总则，第二章会计机构和会计人员，第三章会计核算，第四章会计监督，第五章内部会计管理制度，第六章附则。其涉及会计档案管理工作的条款主要有：

第十一条规定："各单位应当根据会计业务需要设置会计工作岗位。会计工作岗位一般可分为：会计机构负责人或者会计主管人员，出纳，财产物资核算，工资核算，成本费用核算，财务成果核算，资金核算，往来结算，总账报表，稽核，档案管理等。开展会计电算化和管理会计的单位，可以根据需要设置相应工作岗位，也可以与其他工作岗位相结合。"

第十二条规定："会计工作岗位，可以一人一岗、一人多岗或者一岗多人。但出纳人员不得兼管稽核、会计档案保管和收入、费用、债权债务账目的登记工作。"

第四十五条规定："各单位的会计凭证、会计账簿、会计报表和其他会计资料，应当建立档案，妥善保管。会计档案建档要求、保管期限、销毁办法等依据《会计档案管理办法》的规定进行。实行会计电算化的单位，有关电子数据、会计软件资料等应当作为会计档案进行管理。"

2.《企业会计信息化工作规范》

该《规范》分总则、会计软件和服务、企业会计信息化、监督、附则5章49条，自2014年1月6日起施行。它直接涉及会计档案管理工作的条款第十三条规定："会计软件应当具有会计资料归档功能，提供导出会计档案的接口，在会计档案存储格式、元数据采集、真实性与完整性保障方面，符合国家有关电子文件归档与电子档案管理的要求。"

3.《会计案卷格式要求》

该要求自2010年1月1日起正式实施，是一个档案行业性推荐标准，标准号为DA/T 39—2008，规定了会计档案卷盒及其有关表格的项目设置、规格、质量要求。全文分为范围、规范性引用文件、会计档案凭证封面格式、会计凭证盒格式、会计档案盒格式、账簿启用及交接表格式、会计档案目录格式、卷内目录格式、卷内备考表格式、会计档案移交清单格式十个方面的内容，是有关会计档案管理的唯一一份档案行业标准，对会计档案管理工作的规范化管理具有十分积极的意义。

二、会计档案管理制度

各单位必须加强会计档案管理工作的领导，建立会计档案的立卷、归档、保管、查阅和销毁等管理制度，保证会计档案妥善保管、有序存放、方便查阅，严防毁损、散失和泄密。档案管理部门对于违反会计档案管理制度的，有权进行检查纠正，情节严重的，应当报告本单位领导或财政、审计机关处理。会计档案管理制度是会计档案管理实践经验的升华，是会计制度的有机组成部分。会计档案管理制度制订必须考虑以下几个方面的内容。

（一）确立法制观念，以法律为依据

《会计法》规定："会计凭证、会计账簿、会计报表和其他会计资料，应当按照国家有关规定建立档案，妥善保管。会计档案的保管期限和销毁办法，由国务院财政部门会同有关部门制定。"《档案法》第十三条规定："各级各类档案馆，机关、团体、企业事业单位和其他组织的档案机构，应当建立科学的管理制度，便于对档案的利用；配置必要的设施，确保档案的安全；采用先进技术，实现档案管理的现代化。"会计档案管理工作很重要，它不仅是档案部门的事，而且是财政、会计部门的重要职责。各有关部门应该提高法制观念，贯彻落实《会计法》《档案法》及相关法规规章的规定，建立与健全会计档案管理制度。

（二）各级财政机关和档案部门共同负责

会计档案工作由各级财政机关和各级档案行政管理部门共同负责进行业务指导、监督与检查，并在国家的统一领导下制定会计档案管理办法和各项制度，作为进行会计档案工作的依据。然而，各部门、各地区、备单位的具体情况各不相同，在具体方法上不必完全一致，允许有一定的灵活性。如企业和其他组织会计档案管理与财政总预算，行政单位、事业单位和税收会计档案管理就有一定的差异，中国人民解放军和中国人民银行系统，都参照国家制定的会计档案制度，各自制定适合本单位的会计档案管理办法和制度。各省、自治区、直辖市财政机关，档案行政管理部门和中央、国家机关，应当根据《会计档案管理办法》的原则规定，结合本地区、本部门的具体情况，制定具体的实施办法。

按照规定应当建账的个体工商户和其他组织的会计档案管理办法和制度，应当依据《会计档案管理办法》管理本单位形成的会计档案。驻外机构和境内单位在境外设立的企业的会计档案，应当按照《会计档案管理办法》和国家有关规定进行管理。

（三）适应社会发展需要，完善会计档案管理办法

我国目前正处在社会主义市场经济建设和发展的关键时期。社会的发展对经济管理和会计工作不断提出新的要求；一些新技术、新方法不断地被引入经济管理和会计工作领域，档案管理理论和技术也在更新发展，这都给会计档案管理提出了新的研究课题，如制定经济计划、组织经济可行性研究、进行经济决策等。对会计档案信息的数量、质量的要求会越来越高，这就要求会计档案的各项管理活动，不断适应变化的客观形势的需要。随着计算机技术和网络技术在会计工作中逐渐扩大的应用，会计凭证、会计账簿、会计

报表和其他会计资料等会计档案的形式也已经发生了变化，不仅有传统纸质会计档案，电子会计档案也正在不断地增多，这就需要各有关单位和研究人员，通过调查研究，适时提出会计档案管理的新理论和新要求。

总之，各相关单位还应结合自身的具体情况，做好会计档案的管理制度建设，根据国家相关规定明确会计人员、会计档案管理人员及会计部门、档案管理部门的职责。

第三节　会计档案的管理机构及管理队伍

会计档案以其丰富的会计数据和会计信息，记录和反映各种机关单位的经济活动的历史变迁，是研究经济管理经验、特点和规律，探索国家和单位经济建设有效途径的重要资源。改革开放以来，我国市场经济建设得到了飞速发展，会计档案管理的重要意义越来越被人们所认可。会计档案数量巨大、分布甚广、类型较多，对会计档案进行管理必须要有专门的管理组织机构及管理队伍。

一、会计档案管理机构

目前，我国会计档案管理的组织机构类型，主要包括如下几种。

（一）综合档案馆

综合档案馆是指按照行政区划或历史时期设置的管理规定范围内多种门类档案的具有文化事业机构性质的档案管理机构，分为国家级综合档案馆和地方性综合档案馆，前者有中央档案馆、中国第一历史档案馆、中国第二历史档案馆等，后者主要是指省（直辖市）级、市级、县级等综合性档案馆等。它们是我国永久保管有价值档案的机构，会计档案是其中一个重要种类。它们所接收的会计档案主要来自它们所管辖区域内社会主体所形成的需要长期保存或永久保存的那部分会计档案，还有那些撤销机构的会计档案以及中华人民共和国成立前所保存下来的具有保存价值的会计档案。

（二）综合档案室

综合档案室是国家机关或企事业单位建立的一种负责收集和保管本单位各种门类档案的内部性档案管理机构，在有些规模较大的单位，也称"档案馆"，但它与上述综合档案馆不同，它仅仅是一个内部机构，而非一个独立的法人单位。1987 年，国家档案局、国家经委和国家计委就依照国务院关于加强企业管理的要求，为使企业档案工作适应企业"抓管理、上等级、全面提高素质"的要求，印发了《国营企业档案管理暂行规定》，明确提出企业档案工作是企业管理基础工作的组成部分，企业的全部档案要实行综合管理。综合档案室统管本单位党政工团、科技、会计、经营等方面的全部档案。这种档案管理组织机构的设立，有利于加强对各单位档案工作的统一领导和集中管理，便于综合开发和利用档案资源，也符合机构精简的原则。由于会计档案的专业性强，形成数量多，装具有所不同，检索工具的编制和管理方式又有特殊性。因此，在综合档案室中要设立专门的会计档案库房，以便在管理上符合会计档案管理的特殊要求。对于使用电子计算机的会计部门所形成的电子文档（如电算化会计程序软件、磁盘、磁带等），还要设立符合相应保管条件的专门档案装具，并按照规范要求严格管理。

（三）会计档案室

会计档案室是形成会计档案较多的单位建立在财会部门的专门性会计档案机构。为了加强会计责任，合理保管和使用会计档案资源，一些大型或特大规模的企业，为加强对会计档案的集中统一管理，将所有机构的会计档案有效集中起来保管，以保证会计档案的数量齐全、整理系统、鉴定有序、保管得当，因此需要建立专门的会计档案室。

会计档案室作为一种中介性、过渡性的文档管理机构，由于其管理对象本身的特殊性，作为一种相对独立的档案管理机构类型存在，依然具有一定的实践价值。但是，为了更好地维护会计档案的完整性和安全性，必须建立和健全有关会计档案管理制度，在本单位档案工作主管部门统一控制下，接受本单位综合性档案部门的业务指导和监督，并定期将利用不频繁的会计档案向本单位综合性档案管理部门移交。

（四）文档中心

文档中心即文件与档案管理信息中心或文档信息中心或信息管理中心，是一种综合性的文档管理机构和文档信息服务中心。它的主要职责包括：接收同级机关、企事业单位处理完毕的文件；对接收的文件进行整理、鉴定和保管；向有关国家档案馆移交需要永久保存的档案；向国家机关、社会组织和公民个人提供文档信息服务；还有可能承担着单位图书资料管理与服务工作以及网络运营与维护工作等。在我国的有些城市，目前已经建立了这种类型的、集约化程度较高的文档中心，负责管理和控制一些单位现行性的或半现行性的文件或档案。凡是已经纳入文件中心管理和控制范围的机关和单位，都必须按规定，将本单位不需要经常查找利用的会计档案，移交给文件中心集中统一管理。

（五）办公室

办公室是各级国家机关和人民团体设立的综合性办事机构。这种类型的内部组织机构一般还要负责本单位的文件处理和档案管理与控制。由于这些机关单位的会计设置在办公室，且每年形成的会计档案数量较少，受人员编制及办公条件限制，通常没有设立专门性的档案管理机构，这些机关形成的会计档案主要由办公室人员负责管理。这种会计档案的管理方式，在基层单位中比较普遍，在这种机关一般是指定兼职人员（非出纳人员）负责管理会计档案事务。

另外，为了适应我国社会经济转型中出现的一些新情况，苏州市于2007年10月专门成立了财政全额拨款的公益性事业单位"苏州市工商档案管理中心"，其主要职能是集中统一管理全市改制企事业单位档案，负责相关档案的征集、保管、数字化加工和提供利用，同时对本市工业史料进行研究与对外展示。这是一种创新性的档案管理模式，是对企业档案管理的一种有益探索。

二、会计档案管理队伍

会计档案属于专业性很强的档案门类，不管是综合档案馆、综合档案室、会计档案室、文档中心，还是各单位的办公室等，均需要配备政治与业务素质合格的专职或兼职档案人员来管理与控制，并且要建立明确的管理责任制，以便保证会计档案的质量达到国家有关规范的要求，保证会计档案的安全。

（一）会计档案管理人员的主要职责

会计档案是维护国家利益、单位利益、个人合法权益，解决债权债务纠纷和矛盾的重要法律凭证。必须对会计档案按照国家和专业主管部门的法规要求、政策规定和标准规范等进行科学有效的管理。会计档案管理人员的主要职责如下：

（1）按法律法规、规章文件等的相关规定和要求定期收集与征集需要归档的各类型会计档案。

（2）对会计档案的内容进行必要的审查核对，并对会计档案进行合理的鉴别、分类、整理与立卷，编制会计档案目录。

（3）对所藏会计档案实行科学管理，装具配置齐备合理，排架有序，严格执行库房管理制度，防止会计档案的实体散失和内容泄密。

（4）严格执行会计档案利用手续，本单位人员利用会计档案，要经会计主管人员同意，方可查阅；外单位人员利用会计档案，要有正式介绍信，经单位领导人批准和会计主管人员同意后，方可利用。另外，查阅时，会计档案人员要严格执行会计档案利用工作制度，会计档案一般不得外借。

（5）对保管期限已满的会计档案，要按照有关规定进行鉴定，会计档案鉴定工作应当由单位档案管理机构牵头，组织单位会计、审计、纪检监察等机构或人员共同进行，并形成会计档案鉴定意见书。经鉴定，仍需继续保存的会计档案，应当重新划定保管期限；对保管期满，确无保存价值的会计档案，可以销毁。单位负责人、档案管理机构负责人、会计管理机构负责人、档案管理机构经办人、会计管理机构经办人在会计档案销毁清册上签署意见。

单位档案管理机构负责组织会计档案销毁工作，并与会计管理机构共同派员监销。监销人在会计档案销毁前，应当按照会计档案销毁清册所列内容进行清点核对；在会计档案销毁后，应当在会计档案销毁清册上签名或盖章。"会计档案销毁清册"要一式四份，报上级主管业务部门备案并归档长期保存。

（6）单位合并、撤销、解散、破产或者由于其他原因终止时，原单位的会计档案人员有责任按照《会计档案管理办法》的规定，将终止和办理注销登记手续之前形成的会计档案，交给终止单位的业务主管部门或财产所有者代管或移交给有关档案馆代管。对于国家法律、行政法规另有规定的，原单位的会计档案人员应当按照相关规定来处置会计档案。

（7）对于单位分立后原单位存续的，会计档案人员有责任将会计档案交由分立后存续的一方统一保管，但要允许其他有关单位查阅、复制与其业务相关的会计档案；对于单位分立中未结清的会计事项所涉及的原始凭证，会计档案人员应当单独将其抽出，并交由业务相关方保存，并按规定办理交接手续。

（8）会计档案管理人员调动工作或因故离职，要将所管会计档案向接办人移交清楚，并由会计主管人员负责监督移交活动。

（9）建设单位在项目建设期间形成的会计档案，需要移交给建设项目接受单位的，应当在办理竣工财务决算后及时移交，并按照规定办理交接手续。

（10）单位之间交接会计档案时，交接双方应当办理会计档案交接手续。移交会计档案的单位，应当编制会计档案移交清册，列明应当移交的会计档案名称、卷号、册数、起止年度、档案编号、应保管期限和已保管期限等内容。交接会计档案时，交接双方应当按照会计档案移交清册所列内容逐项交接，并由交接双方的单位有关负责人负责监督。交接完毕后，交接双方经办人和监督人应当在会计档案移交清册上签名或盖章。电子会计档案应当与其元数据一并移交，特殊格式的电子会计档案应当与其读取平台一并移交。档案接受单位应当对保存电子会计档案的载体及其技术环境进行检验，确保所接收电子会计档案的准确、完整、可用和安全。

（二）会计档案管理人员的职业道德

会计档案人员的职业道德是指其在履行职责时所应具有的为广大档案工作者普遍认同的思想和行为价值理念。会计档案管理人员由于其所管理的对象是会计档案，它记录和反映本单位经济管理活动的重要信息资源，对研究经济管理和进行有效的经济建设起着关键性的作用。因此，对于会计档案管理人员的职业道德要求更高、更严，根据《中华人民共和国档案法》和国际档案理事会 1996 年通过的《档案工作者职业道德准则》，会计档案管理人员的职业道德主要包括以下几个方面的内容。

1. 忠于职守，爱岗敬业

所谓忠于职守，就是指会计档案工作者应当尽到保护、管理档案的义务，尽到为会计档案利用者提供优质信息服务的职责；所谓爱岗敬业，是指档案专业工作人员应当对档案事业的建设和发展，倾注较之普通公众更多的爱心，全心全意地投身于本职工作之中。具体地说，作为一名合格的会计档案工作者，最起码应该做到以下几个方面：

（1）维护会计档案的原貌。合格的会计档案管理工作者首要的任务就是维护其所保存的会计档案的原貌与安全。客观公正地履行自己的专业职责，坚决抵制来自任何方面的为隐瞒和歪曲事实而要求篡改会计档案的压力，努力维护历史的真实。

（2）保持会计档案的完整。档案工作者应当熟悉文件产生机构的历史沿革和采集政策，并且依此对所接收的文件进行公正、客观的鉴定，运用全面的、联系的、发展的观点对会计档案进行筛选、鉴定和保管，切实合理地运用来源原则，保持会计档案的完整性及会计档案之间的有机联系。会计档案管理工作者应当根据普遍性、科学性的原则和方法开展工作，以档案管理原则为指导履行自己的职责。

（3）确保会计档案的连贯性。会计档案管理人员在对会计档案进行选择的过程中，要考虑保存那些反映会计档案形成者的主要活动证据的文件，但也要考虑会计档案用户的利用需求及其变化情况。并且，还要考虑会计档案管理工作的可持续性及连续性问题，不要轻易改变原有的采集范围、分类方法及整理方式，使会计档案管理工作保持较好的连贯性。

（4）确保会计档案的安全。会计档案管理人员不仅要做好会计档案的日常防护工作，保证会计档案在日常管理中的安全。另外，他们应当同司法部门合作，对盗窃会计档案的人进行必要的处罚，并依法追究当事人的法律责任。

总之，会计档案工作者应当把他（她）对档案事业的热爱，倾注于会计档案工作的各个环节，把会计档案管理这份工作作为自己的事业来做，努力维护人类社会历史记忆的真实性、可靠性与连续性，为人类社会文明的进步和文化的繁荣作出自己应有的贡献。

2. 遵纪守法，严守机密

由于会计档案信息内容涉及一个机构的核心内容，对于一个单位的未来发展以及竞争具有决定性的作用，因此，会计档案工作者与一般档案管理者比较而言，更应当保守所管理档案信息内容的机密，增强保密观念，培养良好的保密习惯，并且在档案管理实践中同各种失密、泄密、窃密行为作斗争。

（1）保护国家的安全利益及集体和公民个人的隐私。会计档案管理者不得随意销毁相关的会计档案及其相关信息，特别是易于更新和消除的相关电子会计档案数据和信息。对于会计档案内容中所涉及的具体内容信息，也不能随意地泄露给第三人。而且，会计档案工作者也不准损毁、丢失属于国家所有的会计档案；不许涂改、伪造会计档案。更不准在明知所保存的会计档案面临危险时而不采取措施，造成会计档案文化财富的损失；不准携运禁止出境的会计档案及其复制件出境。对于文件形成者或文件所涉及当事人的隐私及其他合法权益，更应该保持尊重与保护，并且，应当坚决同违法的行为做斗争，无私地维护国家和集体的利益及个人的合法权益。

（2）保持立场公正不谋求私利。会计档案工作者所接触到的信息内容价值较大，特别是对于竞争对手而言更是意义非凡。因此，会计档案工作在工作中必须要保持公正的立场，不能利用其职务之便，为自己或他人谋求私利，不应在工作中捞取好处。更不得擅自提供抄录公布属于国家所有的会计档案，不准擅自出卖或者转让对国家和社会具有保存价值的或应保密的会计档案，也不准将会计档案倒卖牟利或者赠送卖给外国人。

（3）养成良好的职业保密习惯。养成良好的保密习惯是档案管理者必须具备的基本职业素养，会计档案工作者由于所接触到会计信息的特殊性，对于保密更是应该高要求。不能利用工作之便泄露对社会不宜公开的会计档案内容，不允许私人性的研究和出版工作干扰所在单位业务活动的正常进行。要做到自觉地遵守保密纪律，以高度的责任感从事会计档案管理这种崇高的社会职业。

3. 博学广思，求新务实

随着社会不断发展以及信息技术广泛运用于会计与档案管理领域，对会计档案管理人员的知识面的宽度与深度都有了更高的要求。提高会计档案管理人员的知识水平、工作能力和专业水平等方面的基本素质，不仅是从事会计档案工作的必要条件，也是会计档案工作者职业道德规范的重要内容之一。

（1）提高自身的政治素质。不断加强马列主义、毛泽东思想、邓小平理论、"三个代表"重要思想、科学发展观以及习近平新时代中国特色社会主义思想的理论学习。明辨是非、坚持真理、实事求是，以正确的立场、观点和方法对待会计档案和会计档案工作。

（2）完善自身的专业知识。在现代社会高速发展的大环境下，作为一名合格的会计档案工作者还应努力学习现代信息技术、法律知识、档案专业理论知识、会计学理论知识等，只有系统的持续不断地更新知识，才有可能卓有成效地做好本职工作，使自己适应不断发展的档案事业需要。

（3）提升自身的服务水平。会计档案管理者应当尽可能地创新服务方式，提升服务水平，以合作的态度答复用户提问，尽可能地鼓励档案利用者根据档案机构的规定、会计档案收藏情况、法律法规的规定、会计档案所有者的权益、寄存及捐赠协议等，利用他们所保存的会计档案。

4. 内省慎独，防微杜渐

对于会计档案管理人员来讲，除了要有过硬的政治素养、专业知识、专业技能外，还必须注重个人思想层面的修养。只有不断提高思想修养，才能使自己的思想逐渐达到较高的思想境界。在思想修养方面，会计档案管理者不仅要时刻做到"内省"，也要做到"慎独"，并在会计档案管理的职业生涯中始终做到防微杜渐，坚持不忘初心，牢记自己的职业使命。

（1）具有"内省"的精神。所谓"内省"，是指人们通过内心的检讨和自我评价，使自己的言行符合道德思想标准的要求，即内心的省察。内省，贵在自觉主动；内省应本着严于律己的精神，对自己的过错缺点和不足进行严厉的批判；内省必须及时，把过失、不足消灭在萌芽状态，也可以让周围的人帮助自己指出不足并加以改正。古人云："君子博学而日参省乎己，则知明而行无过矣。"内省需要巨大的勇气和决心，改正错误换来的是思想的进步和品德的提升。

（2）要有"慎独"的情怀。"慎独"是指在没有外界监督、独自一个人的情况下，也能自觉遵守道德规范，不做任何对国家、社会和他人不道德的事情。它既是一种重要的道德修养方法，又是一种崇高的情怀。在公共场合，在舆论的压力下，一个人往往不敢做坏事，但在独处时，就不太容易做到了。"慎独"要求人们做到表里如一、心口如一，人前人后一个样。

（3）要有"防微杜渐"的自觉。在职业道德修养中，善恶之别，泾渭分明。善虽小，仍然不失其为善；恶虽小，也终究是恶。会计档案管理从业人员对自己任何不符合职业道德的言行，都务必注意克服，将其消灭在萌芽状态。因为，在错误中，人们最易疏忽防范的便是"小恶"，小恶虽小，但任其发展，就会泛滥成灾，所谓"千里之堤，溃于蚁穴"。

总之，忠于职守，爱岗敬业，遵纪守法，严守机密，博学广思，求新务实，内省慎独，防微杜渐，是会计档案工作者职业道德的基本规范。遵守档案法律规定的会计档案工作行为，应当给予表彰和鼓励，而违反档案法律规定的行为则应受到一定的惩戒，甚至要追究当事人的法律责任，做到坚决杜绝玩忽职守现象的发生。

第三章 会计档案的归档

☞ **本章概述**

　　本章介绍了会计档案归档工作及管理制度等内容。首先，论述会计档案归档工作的内容及建立管理制度的重要性；其次，叙述了会计档案归档管理制度的内容构成及基本要求；最后，分章节逐一阐述了会计档案归档的基本流程、原则及要求、范围及主体。

☞ **本章重点**

　　1. 会计档案的归档工作

　　2. 会计档案归档的管理制度

　　3. 会计档案归档的基本流程、原则及要求

　　4. 会计档案归档的范围及主体

☞ **本章难点**

　　1. 会计档案归档工作与管理制度的运用与掌握

　　2. 会计档案归档管理制度的制订

☞ **学习目标**

　　1. 了解会计档案归档工作及制定归档管理制度的必要性

　　2. 通过案例分析掌握会计档案的归档管理要求

　　3. 了解电子会计文件资料收集归档要求

　　4. 熟悉会计档案归档基本流程的各个操作程序

　　5. 重点了解会计档案移交验收时的交接手续

　　6. 在会计档案归档中准确把握哪些原则及要求

　　7. 掌握会计档案归档范围及主体确定原则和内容要求

　　8. 了解电子会计档案归档原则及归档范围

　　9. 了解单位因撤销、分立、合并及单位之间会计档案归档原则和要求

　　10. 掌握会计档案和会计文书档案的区别，了解不需归档的会计文件材料

会计档案归档工作包括两个方面，一是单位会计管理机构按照《会计档案管理办法》规定，将单位每年形成的会计档案，按照归档范围和归档要求，整理立卷，装订成册，并编制档案移交清册，移交给单位档案管理机构统一保管。二是单位档案管理机构每年负责定期接收会计管理机构移交过来的会计档案，在接收会计档案时，应当按照国家档案管理有关规定办理移交手续。为了保证会计档案归档的齐全、完整，各单位必须加强会计档案归档的管理工作，建立和完善会计档案归档的管理制度，科学规范会计档案归档的基本流程，有效确立会计档案归档的原则及要求，精准制定会计档案归档的范围及主体。

第一节　会计档案归档管理制度

会计档案归档管理制度是确保一个单位会计档案系统积累和质量的一项重要业务制度。它是规定会计档案归档工作内容和完成会计档案归档工作的保证措施，解决做什么和如何做到的问题。会计档案作为专业档案，发展较快，数量较多，是其他门类档案难以相比的。因此，各单位都必须建立会计档案归档管理制度，包括会计档案归档范围、归档要求、归档时间和归档手续等，确保会计档案系统、完整，做到妥善保管、有序存放和方便查阅，严格执行安全和保密制度，严防毁损、散失和泄密。

一、会计档案的归档要求

会计档案归档要求是对会计档案归档的职责和会计档案保管单位的质量等提出的相关要求。一般性的归档要求是：归档的会计文件资料应齐全完整，保持文件之间的有机联系，并正确区分保存价值，分类整理，便于会计档案保管和会计档案信息资源的开发利用。结合各单位具体情况，以及会计文件资料产生和形成的规律及特点，主要包括：

（1）各单位每年形成的会计档案，由单位会计管理机构按照归档范围和归档要求，负责将应当归档的会计资料进行整理立卷、装订成册，并编制会计档案保管清册。

（2）当年形成的会计档案，可暂由单位会计管理部门保管一年，期满之后，原则上由会计管理部门编造会计档案移交清册，移交本单位档案管理部门统一保管。

（3）移交本单位档案管理机构保管的会计档案，原则上应当保持原卷册的封装，对个别确实需要拆封重新整理的会计档案，档案管理机构应当会同会计管理机构和经办人员共同拆封整理，以分清责任。

（4）归档的会计档案必须经过鉴定并划定合理的保管期限，归档的会计档案应为原件，其归档的制成材料和书写材料必须符合档案安全保管的要求。

（5）单位内部形成的电子会计档案，属于归档范围的可仅以电子形式保存归档。使用电子档案管理系统管理电子会计档案的，要建立电子会计档案与相关联的纸质会计档案的检索关系。

（6）单位会计管理机构临时保管的会计档案应当由会计人员负责，出纳人员不得兼管会计档案。

（7）单位档案管理机构必须按期接收会计管理机构移交来的会计档案，进行仔细清点和检查，不得借故推诿拒收。

【案例】

关于对会计档案保持原卷封装的理解

某企业上一年度的会计凭证已经装订成册，移交到档案馆，但是会计管理人员张某又收到一张迟到的原始凭证，于是就到档案馆将有关的凭证借走，到办公室拆开重新装订后又归还到档案馆。

【解析】该企业会计人员张某的做法是错误的。根据《会计档案管理办法》第十三条及利用会计档案有关规定，已经立卷归档的会计档案，任何人不得私自拆封或抽换，在进行会计档案查阅、复制、借出时应履行登记手续，严禁篡改和损坏。正确的做法是：首先，会计人员张某向部门财务部主任李某汇报此事，并起草一份报告，说明必须拆卷的原因；其次，报分管财务的领导签字，同时还必须有财务部主任、档案馆长、经办的会计人员、会计档案管理人员等共同签字；最后，在所有人员在场的情况下，完成拆封、加页、装订工作。

二、会计档案的归档时间

归档时间是单位会计管理机构或会计人员向单位档案管理机构或档案

人员移交整理好的会计档案的时间。为了便于会计档案日常工作的查考，当年形成的会计档案，在会计年度终了后，由单位会计管理机构临时保管一年，再由单位会计人员编制会计档案移交清册，移交单位的档案管理机构统一保管。《会计档案管理办法》第十一条规定：因工作需要确需推迟移交，应当经单位档案管理机构同意，单位会计管理机构临时保管会计档案最长不能超过三年。为了电子会计档案安全保管的需要，应及时备份，在会计年度终了后与纸质档案同步归档移交给档案管理机构或档案人员管理。

【案例】

关于对会计档案的理解

某企业由于档案库房已满等原因，其档案部门连续两年没有从财务部门接收会计档案。对此，企业会计人员张某向财务部主任李某请示如何处理。财务部主任李某指出，这些会计资料没有归档到档案部门，严格意义上还不属于会计档案，而仍属于会计资料，可以不执行会计档案管理的相关规定。

【解析】显然，该企业财务部主任李某的说法是错误的。会计档案是指单位在进行会计核算等过程中接收或形成的，记录和反映单位经济业务事项的，具有保存价值的文字、图表等各种形式的会计资料。因此，只要满足以上条件，即使这些会计资料没有归档移交给档案部门，也属于会计档案的范畴，也需要按照《会计档案管理办法》的要求进行管理。

三、会计档案的归档手续

由会计管理机构编制会计档案移交清册，移交本单位档案管理机构统一保管。会计档案移交清册，应列明移交的会计档案名称、档案编号、卷号、册数、起止年度、起止件号、应保管期限和已保管期限等内容。在移交会计档案时，档案管理机构、会计管理机构双方必须履行一定的交接手续，具体做法是：档案人员根据会计档案移交清册所列内容，详细清点，逐项交接，交接双方单位负责人负责监督；经认真核对无误后，交接双方经办人和监督人应当在会计档案移交清册上签字，交接双方各存一份。

四、会计档案归档分工

各单位应建立会计档案归档的管理制度，把归档工作落实到人，保证会计档案的归档质量，相关人员归档分工如下：

（1）会计凭证：包括原始凭证、记账凭证，由会计主管和出纳负责归档。

（2）会计账簿类：总账，由主管会计负责归档，明细账、日记账由会计员负责归档，现金账，由出纳会计员负责归档。

（3）财务会计报告：月度、季度、半年度、年度报告，由主管会计负责归档。

（4）电子会计资料及备份：电子会计资料、电子会计档案备份，由会计信息员负责归档。

（5）其他会计资料：银行存款余额调节表、对账单，纳税申报表，会计档案移交清册、保管清册、销毁清册、鉴定意见书，由会计档案保管员负责归档。

五、电子会计档案的归档要求

《会计档案管理办法》第十二条：电子会计档案应当与其元数据一并移交，特殊格式的电子会计档案应当与其读取平台一并移交。档案接收单位应当对保存电子会计档案的载体及其技术环境进行检验，确保所接收电子会计档案的准确、完整、可用和安全。采用电子计算机进行会计核算的单位，电子会计档案包括形成、传输和存储在计算机硬盘中的会计数据、磁性介质或光盘存储的会计数据和打印出来的书面等形式的会计数据。电子会计资料归档时，存储在会计业务系统中的会计数据需要经过格式转换等一系列整理操作，才能转化为电子会计档案。

（一）电子会计资料的收集归档

电子会计资料形成后应确定完成了经办、审核、审批等必要的审签程序，通过会计业务系统的版式转换将会计数据转换成版式文件，将转换成版式文件的电子会计资料及有关元数据传输至电子档案管理系统。这个过程可以人工操作，也可以由系统设定自动完成。电子会计资料的收集归档由会计信息员完成。如业务数据，转换成版式文件后，形成 PDF 文件和元数据信息包，经过四性检测即准确性、完整性、可用性、安全性检测合格后，传输至电子会计资料数据库，其中元数据进入元数据库。检测不合格的退回，重新传输，直到合格为止。

（二）电子会计档案的归档时间

不同的电子会计资料收集归档的时间不同：（1）会计凭证，包括记账凭证与原始凭证应在会计年度结束后归档；（2）会计账簿，包括总账、明细账、日记账，在会计年度决算后一个月内归档；（3）财务报告，各类财务会计报告在报告生成后一个月内归档；（4）其他会计资料，如工资薪金发放清册、住房公积金备查簿和其他会计核算资料，在生成后三个月内归档。

第二节　会计档案归档的基本流程

会计档案归档基本流程包括形成积累、整理组卷、移交接收、入库排架等各个程序。

一、形成积累

（1）单位会计管理机构会计人员和会计档案保管员做好平时会计资料的收集、积累工作，根据会计人员归档分工表，定期收集会计凭证、账簿、财务会计报告及其他会计资料，保证会计资料的完整、系统和准确。

（2）单位会计档案员按归档要求进行检查和归档鉴定，发现问题督促整改。

（3）单位档案管理机构应了解会计业务工作，监督、检查、指导会计档案的归档。

二、整理组卷

（一）整理方法

会计档案的整理要做到分类标准统一、档案形成统一、管理要求统一。分类标准统一是指将会计资料分成一类会计凭证，二类会计账簿，三类会计报表，四类其他会计资料。档案形成统一是指案卷封面、档案卡夹、存放柜和存放序列统一。管理要求统一是指建立会计资料档案目录，会计凭证装订成册，报表和文字资料分类立卷，其他资料按年度排序汇编装订成册。具体方法如下：

（1）会计档案组卷原则。遵循会计核算资料的形成规律和特点，将归档的会计核算资料收集齐全、完整，根据时间、类别、保管期限分别整理组卷，便于保管和利用。

（2）按照会计年度时间进行整理组卷，不同年度的会计核算资料不能放在一起立卷。

（3）会计凭证，包括原始凭证和记账凭证，按时间顺序整理，组成一卷或多册，每册在200页以内，厚度在2厘米左右为宜。

（4）卷册封面应逐项按规定填写清楚，标题简明，字迹工整、清晰，永久、定期保管的案卷禁止使用圆珠笔、铅笔书写。

（5）卷内文件材料要去掉金属物，对破损的材料要修复，字迹模糊不清的应复制并与原件一并保存。

（6）卷内文件材料以左、下对齐，在左侧装订，若装订处有重要批注，须进行贴边处理。

（7）对于未了结的债权债务、涉外的原始凭证，应单独组卷，移交到档案管理部门保管到结清债权债务时为止。

（二）整理程序

会计档案的整理程序主要包括会计档案的立卷、档号的编制、保管清册的编制等。

（1）对会计档案进行整理立卷。各单位每年形成的会计资料，年度终了应当由会计人员按不同要求将其整理并装订成册。

（2）编制会计档案卷号。会计档案整理立卷后，会计管理机构要按不同要求对各类会计档案编制卷号。

（3）编制会计档案保管清册。会计档案编制卷号后，会计管理机构要编制会计档案保管清册，将会计档案的类别、名称、起止日期、册数、卷号、保管期限等一一登记入册，并一式两份。会计档案保管清册应编页并加具封面，装订成册。会计档案保管清册见表3-1。

表 3-1   会计档案保管清册

类别   第 页共 页

序号	档案类别	档案名称	起止日期	册数	卷号	存放柜号	保管期限	归档日期	移交日期	保管人

填写说明：

①档案类别：按照《会计档案管理办法》第六条填写，即会计凭证类、会计账簿类、财务会计报告类、其他会计资料类。

②档案名称：按照《会计档案管理办法》附表 1、附表 2 所列的每一类目下的小项目填写，附表 1 有 16 项名称，附表 2 有 24 项名称，供参考使用。

③起止时间：填写会计档案形成时的年度、月份。

④册数：每一类的会计档案的流水编号。

⑤卷号：每一年的会计档案的流水编号。

⑥存放柜号：会计档案存放所在柜的编号。

⑦保管期限：按照《会计档案管理办法》保管期限分为永久、定期 30 年、定期 10 年三种，具体参照《企业和其他组织会计档案保管期限表》《财政总预算、行政单位、事业单位和税收会计档案保管期限表》填写。

⑧归档日期：会计档案由单位会计部门整理立卷归档的日期。

⑨移交日期：会计档案移交给单位档案部门或移交给指定单位的日期。

⑩保管人：会计管理部门的档案员或指定的专人。

（三）整理装订

会计档案装订必须科学合理，一般应采用三孔一线的装订形式，符合长期保存要求。

1. 会计凭证的整理装订

会计凭证一般按月立卷，每月装订一次，装订好的凭证按年、月妥善保管归档。会计人员首先根据凭证顺序号，将凭证分类排序，按凭证汇总日期分成上、中、下旬汇总归集，确定装订成册的本数，再按封面、凭证、封底顺序进行装订。其次，装订时要剔出金属物，如订书针、大头针、回形针，对大的账页或凭证附件要折叠成同记账凭证大小，且要避开装订线，以便翻阅保持数字完整，做到整齐、结实、美观。最后，装订完毕，在每本封面上填好单位名称、凭证名称、时间（年月日）、册数、册次、记账凭证起止号、记账凭证数、附件数、会计凭证总张数、会计主管、装订人、装订时间、备注等各项，并在每本封面上编好卷号，按编号顺序归档，并要在显露处标明凭证种类编号，以便于调阅。

2. 会计账簿的整理装订

各种会计账簿在年度结账后，除跨年度使用的账簿外，其他账簿应及时整理立卷，装订成册。首先，装订前，按启用表的使用页数核对各个账户是否相符，账页数是否齐全，序号排列是否连续。其次，装订时，按照会计账簿封面、账簿启用表、账户目录、账页和封底等顺序装订。再次，活页账簿装订时，保留使用过的账页，将账页数填写齐全，去掉空白页和撤掉账夹，同类业务、同类账页装订在一起，不得混装。最后，在每本账的封面上填写好账簿类别，封面要有会计主管人员和装订人员签章，会计账簿的卷号应按会计档案保管期限分别编制，归档保管。

3. 会计报表的整理装订

会计报表编制完成及时报送后，应对留存的报表按月装订成册，也可按季装订成册。首先，装订前，要按编报目录核对是否齐全，整理报表页数，上边和左边对压平，防止折角，如有损坏部位应修补后，再完整无缺地装订。其次，装订时，按会计报表的封面、报表编制说明、报表和封底等顺序装订，并在封面上填写类别、日期，要有会计主管人员和装订人员签章。最后，报表的卷号按其保管期限编制，归档保管。

三、移交验收

会计年度终了后可由会计部门保管 1 至 3 年，期满后的次年 6 月底前，会计档案应集中向档案部门办理移交手续。会计管理机构在将会计档案移交档案管理机构时，应按下列程序进行。

（一）编制会计档案移交清册

内容包括档案名称、档案编号、卷号、册数、起止年度、起止件号、应保管期限、已保管期限、备注，移交会计档案的单位，应当编制会计档案移交清册一式二份。填写会计档案移交清单，移交清单包括年度、种类及数量、移交部门及移交人、接收部门及接收人、监交人、移交时间、备注。会计档案移交清册见表 3-2，会计档案移交清单见表 3-3。

表 3-2　　　　　　　　　　　　会计档案移交清册

序号	档案名称	档案编号	卷号	册数	起止年度	起止件号	应保管期限	已保管期限	备注

表 3-3　　　　　　　　　　　　会计档案移交清单

年度	种类	数量	移交部门	移交人	接收部门	接收人	监交人	移交时间	备注

填写说明：

①年度：填写需要移交的会计档案所属年度，用 4 位阿拉伯数字填写。

②种类：按会计凭证类、会计账簿类、财务会计报告类、其他会计资料填写。

③数量：按种类填写各类会计资料的卷数。

④移交部门及移交人：由单位财务部门及其管理人员填写并盖章签字。

⑤接收部门及接收人：由单位档案部门或接收会计档案的有关部门及其管理人员填写并盖章签字。

⑥监交人：由监督办理接交档案手续人员签名。

⑦移交时间：填写办理会计档案移交手续的年、月、日。

⑧备注：填写移交范围的会计档案中需标明的情况。

（二）会计档案移交

交接双方应按照会计档案移交所列内容逐项交接，并由双方单位负责人监督。

（1）纸质会计档案移交时，交接双方必须验收归档材料是否完整、系统、准确，卷内材料排列、编号、书写是否符合要求。凡不符合要求者，有权拒绝接收，并要求限期改正后归档。

（2）电子会计档案移交时，应当将电子会计档案及其元数据一并移交，且文件格式应当符合国家档案管理的有关规定，特殊格式的电子会计档案应当与其读取平台一并移交。

（3）单位档案管理机构接收保管会计档案时，原则上应保持原卷册的封装，个别需要拆封重新整理的，档案机构应会同会计机构和经办人员共同拆封整理，以分清责任。

（三）会计档案移交清册和交接清单签章

交接完毕核查无误后，交接双方负责人和经办人在会计档案移交清册和交接清单上签章。

四、入库排架

对归档的会计档案应当进行科学管理，做到妥善保管，存放有序，查找方便，不得随意堆放，严防毁损、散失和泄密。

（一）会计档案的排放

会计档案的排放一般有会计年度排放法和会计档案形式排放法两种。

（1）会计年度排放法。将一个会计年度形成的全部会计档案分为会计凭证、会计账簿、财务会计报告和其他会计资料四大类，按保管期限降级依次排放。其特点：一是一个年度形成的会计档案在一起，便于查找和利用；二是方法简便，适用于会计年度形成档案较少的单位。

（2）会计档案形式排放法。一个单位全部会计档案，按会计凭证、会计账簿、财务会计报告和其他会计资料四大类分别排列，在每一大类下再分会计年度排放。其特点：一是类别清楚，排放整齐，便于查阅利用和鉴定销毁；二是本方法适用于会计年度形成会计档案数量较多的单位。

（二）会计档案柜架的排放

由于会计档案的形成形式大小不一，规格不同，从保管条件的实际情况出发，科学地进行排放，对会计档案的排放应做到以下几点：

（1）整齐一致。会计档案的排列，要整齐一致，横竖成行。对于大小形式不一的会计档案，应当分类排放，尽可能做到整齐美观。

（2）松紧适度。会计档案之间的排放，不宜太松或太紧，既要注意最大限度地利用档案架、柜的空间，又要便于会计档案的存放和搬运。

（3）统一编号。对库房内摆放会计档案的柜、架应进行统一编号，便于库房内会计档案的管理。

（三）会计档案盒

会计档案盒是用来保护会计凭证、会计账簿、财务会计报告的盛装用具。它既能减少频繁利用存放的机械磨损，又能有效地防光、防尘以及防止有害气体对档案的直接危害，是保护会计档案的一种较好的办法。

（1）会计档案盒的制作要求。会计档案盒采用 700 克以上无酸纸制作，外形尺寸为 31 厘米×22 厘米或 31 厘米×26 厘米（长×宽），盒脊厚度可根据需要设置为 5~8 厘米不等，卷盒尺寸应以存放案卷方便为准。卷盒折叠而成，存放整齐、美观，移动方便，便于除尘。制作的档案盒要结实耐用，不变形、不老化，还要具有防虫、防腐蚀、防潮等特点。

（2）会计档案盒项目及填写方法。会计账簿、账务会计报告及其他会计资料均使用会计档案盒存放，用 A3 纸打印的工资清册等账簿建议订做 10 厘米的会计档案盒存放。会计档案盒正面包括全宗名称、案卷题名、时间、卷数、张数、保管期限、全宗号、案卷号、盒号。各项填写说明如下：

全宗名称：填写立档单位的名称。

案卷题名：由整理会计凭证的人员拟写，案卷题名应准确概括本盒会计档案的形成单位、时间、内容、类别，文字力求简练、明确。

时间：形成本盒会计档案的起止年、月、日。

卷数、张数：本盒内会计档案的卷数和张数。

保管期限：按照《会计档案管理办法》的附表 1 和附表 2 填写会计档案的保管期限。

全宗号：档案馆给立档单位编制的代号，企业可用表达单位的汉语拼音代字。

案卷号：填写本盒内会计档案的案卷号或案卷起止号，在案卷起号和止号之间用"—"隔开。

盒号：同一全宗、同一类目下按照案卷顺序号装盒的编号。

会计档案盒盒脊项目包括年度、全宗号、目录号、案卷号、盒号、保管期限等，除年度填写本盒会计档案起止时间外，其他项目与正面相应项目填写一致。

（3）会计凭证档案盒项目及填写方法。会计凭证盒宜采用 340 克以上箱板纸制作，《会计档案案卷格式》（DA/39—2008）规定："3.1 会计凭证封面外形尺寸，封面尺寸规格采用 245 毫米×130 毫米（长×宽）或 245 毫米×150 毫米（长×宽）。"而会计凭证盒的制作要略大于装订好的凭证，所以会计凭证档案盒的规格一般长为 25 厘米，宽为 13.5~15.5 厘米，厚度为 3~5 厘米。

会计凭证盒正面项目包括单位名称、凭证名称、时间、册数、册次、记账凭证起止号、附件数、会计凭证总数、起止时间、归档时间、立卷人、保管期限、全宗号、目录号、案卷号，其中单位名称、凭证名称、时间、册数、册次、记账凭证起止号、附件数、会计凭证总数、起止时间按照记账凭证封面的有关项目对应填写。其他项目填写说明如下：

归档时间：单位财务部门向档案部门移交会计档案的时间。

立卷人：整理本盒会计凭证的人员姓名。

保管期限：按照《会计档案管理办法》的附表1和附表2填写会计档案的保管期限。

全宗号：档案馆给立档单位编制的代号，企业可用表达单位的汉语拼音代字。

目录号：填写全宗内案卷所属目录的编号，在同一个全宗内不允许出现重复的案卷目录号，企业或参照《工业企业档案分类试行规则》编制分类方案的单位，可填写类别特征代码。

案卷号：目录内案卷的顺序编号，在同一个案卷目录内不允许出现重复的案卷号。

会计凭证盒盒脊项目包括全宗号、目录号、案卷号、年度、月份、册数、册次、保管期限等，盒脊项目与凭证盒正面有关项目对应填写。

第三节　会计档案归档的原则及要求

会计档案是会计核算的产物，是记录和反映单位经济业务事项的重要史料和证据，弄清会计工作的性质、特点和业务范围，遵循会计工作各个环节的形成规律，是研究和考察会计档案归档的主要依据。

会计档案来源广泛，为保证会计档案信息归档的齐全、完整和准确，明确把握会计档案归档的原则，有助于会计档案的准确归档。

一、要明确会计档案归档的重点和归档中的立卷分工

《会计档案管理办法》第十条规定："单位的会计机构或会计人员所属机构（以下统称单位会计管理机构）按照归档范围和归档要求，负责定期将应当归档的会计资料整理立卷，编制会计档案保管清册。"单位会计管理人员是会计档案的立卷人，应对本单位会计档案及时进行整理、装订、立卷和归档保管。具体来说，单位会计管理机构负责会计档案的日常管理，包括会计档案的收集、整理、分类、立卷、归档、保管、利用（移交档案馆前）、移交工作。单位档案管理机构负责会计档案工作的总体指导、监督和检查，以及接收进馆的会计档案的管理工作。

由于会计管理机构熟悉本单位会计业务工作，熟悉会计档案形成的全过

程及会计档案的形成规律，因此，坚持实行会计管理部门的立卷和整理工作，能更好地保证会计档案的收集完整和保持会计档案之间的联系，做到准确立卷。

二、电子会计档案归档的原则及要求

电子会计档案的归档是指将电子文件及其元数据从应用系统中导出，按照档案管理要求进行鉴定、整理后存储于档案系统和档案部门离线载体中，特殊格式电子文件应将读取平台一并归档。根据《会计档案管理办法》第十二条："电子会计档案移交时应当将电子会计档案及其元数据一并移交，且文件格式应当符合国家档案管理的有关规定。特殊格式的电子会计档案应当与其读取平台一并移交。单位档案管理机构接收电子会计档案时，应当对电子会计档案的准确性、完整性、可用性、安全性进行检测，符合要求的才能接收。"档案馆应当对保存电子会计档案的载体及其技术环境进行检验，确保所接收电子会计档案的准确、完整、可用和安全。电子会计档案归档的具体原则及要求如下。

（一）制定电子会计文件材料的归档范围和通用保管期限

根据单位实施的与会计核算有关的信息系统，梳理出电子会计业务中生成的电子文件类型和内容，然后根据《会计法》《会计档案管理办法》，界定出电子会计档案归档范围和档案保管期限。

（二）制定符合要求的电子会计档案的归档格式

电子会计档案的归档有在线归档和离线归档，在线归档是指通过接口进行归档，离线归档是指不通过接口实施归档。由于在会计业务中产生的数据类型多样，生成于不同的软硬件环境中，形成的编码机制以及数据格式也不同。因此，需要统一信息格式类型便于进行归档管理。

（三）梳理电子会计档案归档的管理流程

电子会计档案归档流程和要求，重点在于保障电子文件归档真实性的技术方案，梳理电子会计文件收集、鉴定、分类、整理、组卷等过程的重要环节和实施细则，才能保障电子文件的真实性，保证电子会计档案归档的真正落实。如制定电子会计档案归档管理制度、电子会计档案归档管理职责分工表。

三、维护会计档案信息的齐全、完整和准确

会计档案归档中既要掌握重点，分清主次，维护全宗的完整性，又要注

意防止应归档会计资料的散失。会计档案归档应坚持"以我为主"的原则，才能充分反映立档单位的基本职能活动，即以本单位会计核算资料为主，以非本单位会计文件材料为辅，从根本上保证全宗内会计档案的质量。

（一）单位内会计档案归档的原则及要求

（1）移交会计档案时，单位会计档案保管人员按规定编制会计档案移交清册，列明应当移交的会计档案名称、卷号、册数、起止年度、档案编号、应保管期限和已保管期限等内容。

（2）交接会计档案时，会计部门、档案部门双方按照会计档案移交清册所列内容逐项交接，并指定双方单位专人负责监督。交接完毕后，交接双方经办人和监督人应当在会计档案移交清册上签名或盖章。

（3）纸质会计档案移交时应当保持原卷的封装。

（4）已经立卷归档的会计档案，任何人不得私自拆封或抽换。

（二）单位撤销、分立、合并后会计档案归档的原则及要求

（1）单位因撤销、解散、破产或其他原因而终止经营的单位，在终止或办理注销登记手续之前形成的会计档案，按照国家档案管理的有关规定处置。

（2）单位分立后原单位存续的，其会计档案应当由分立后的存续方统一保管，其他方可以查阅、复制与其业务相关的会计档案。

（3）单位分立后原单位解散的，其会计档案应当经各方协商后由其中一方代管或按照国家档案管理有关规定处置，各方可以查阅、复制与其业务相关的会计档案。

（4）单位分立中未结清的会计事项所涉及的会计凭证，应当单独抽出由业务相关方保存，并按照规定办理交接手续。

（5）单位因业务移交其他单位办理所涉及的会计档案，应当由原单位保管，承接业务单位可以查阅、复制与其业务相关的会计档案。对其中未结清的会计事项所涉及的会计凭证，应当单独抽出由承接业务单位保存，并按照规定办理交接手续。

（6）单位合并后原各单位解散或者一方存续其他方解散的，原各单位的会计档案应当由合并后的单位统一保管。单位合并后原各单位仍存续的，其会计档案仍由原各单位保管。

（三）单位之间交接会计档案时归档的原则及要求

单位之间交接会计档案时，除要办理单位内会计档案交接手续外，还需要注意以下要求。

（1）建设单位在项目建设期间形成的会计档案，需要移交给建设项目接受单位的，应当在办理竣工财务决算后及时移交，并按照规定办理交接手续。

（2）单位委托中介机构代理记账的，应当在签订的书面委托合同中，明确会计档案的管理要求及其相应责任。

第四节　会计档案归档的范围

会计档案归档范围是会计档案归档工作的基础，只有会计管理部门依照归档范围有效地积累和保存会计档案，才能在会计档案移交进馆后成为凭证查考、监督检查和信息利用的有效成分。

一、会计档案归档范围的制定

会计档案归档范围是由会计档案形成单位会计部门和档案管理部门根据《会计档案管理办法》的相关规定，结合本单位会计工作职能和会计核算工作实际来确定的。《会计档案管理办法》第六条、第七条、第八条明确了什么样的会计资料才能进入归档范围，以及相应的保管期限。因此，制定时应以《会计档案管理办法》为指导思想，编制科学、可行的会计档案归档范围，才能齐全、完整地保存单位形成的会计档案。

二、会计档案归档范围的确定原则

制定单位会计档案归档范围，应先明确会计档案归档范围的确定原则。

（1）归档的会计资料，必须对单位和社会具有参考价值和凭证作用。

（2）归档的会计资料，必须反映会计核算活动的全过程，保证归档纸质和电子会计档案的真实、完整、可用、安全。

（3）归档的会计资料，必须遵循其自然形成规律，保持其有机联系，充分考虑会计档案的类型特点。

（4）会计档案归档范围不能随意扩大。单位会计管理部门在每年年初对会计档案归档范围进行必要的补充、修改和完善，依照会计年度的主要工作和重要活动，在原有的基础上做出相应补充和调整。

三、会计档案归档范围的具体内容

（一）纸质会计文件材料的归档范围

各单位在进行会计核算等过程中接收或形成的，记录和反映单位经济业务事项，具有保存价值的文字、图表等各种形式的文件材料，应纳入归档范围。

（1）会计凭证：包括原始凭证和记账凭证。

（2）会计账簿：包括总账、明细账、日记账、固定资产卡片及其他辅助性账簿。

（3）财务会计报告：各类财务会计报告，包括月度、季度、半年度、年度财务会计报告。

（4）其他会计资料：包括银行存款余额调节表、银行对账单、会计科目和项目编码及使用说明、纳税申报表、会计档案移交清册、会计档案保管清册、会计档案销毁清册、会计档案鉴定意见书及其他具有保存价值的会计资料，如工资薪金发放清册、住房公积金备查簿和其他会计核算资料。

（二）电子会计文件材料的归档范围

实行会计电算化后，存储于磁盘、磁带、光盘、硬盘上属于归档范围的电子会计资料，同时满足下列条件的，可仅以电子形式归档保存，形成电子会计档案。

（1）形成的电子会计资料来源真实有效，由相应的信息系统生成和传输。

（2）使用的会计核算系统能够准确、完整、有效接收和读取电子会计资料，且输出的会计凭证、会计账簿、财务会计报表等会计资料符合国家标准的归档格式，并设定必要的经办、审核、审批等电子审签程序。

（3）使用的档案数据库管理系统能够有效接收、管理、利用电子会计档案，符合电子档案数据的长期保管要求，并建立电子会计档案与其相连的纸质会计档案的检索。

（4）采取有效措施，防止电子会计档案资料被篡改。

（5）建立电子会计档案备份制度，能够有效防范自然灾害、意外事故和人为破坏的影响。

（6）归档的电子会计资料不属于具有永久保存或其他重要保存价值的会计档案。

（7）单位从外部接收的电子会计资料，附有符合《中华人民共和国电子签名法》规定的电子签名的，可仅以电子形式归档保存。

（三）不归档的会计文件材料

属于会计机构工作相关，但不属于会计核算过程中所形成的会计文件材料，不属于会计档案归档范围，应当执行文书档案管理规定，不作为会计档案管理，主要有：

（1）单位年度财务预算；

（2）单位财务预算执行及考核情况；

（3）单位对外投资的文件及相关投资证明；

（4）单位年度收入分配的相关文件及资料；

（5）单位基本建设和维修工程的施工合同；

（6）各类审计决定、报告及意见；

（7）公、检、法、税务下达的与经费有关的文书；

（8）国家及单位各项财务规章制度。

第四章　纸质会计档案的整理

☞ **本章概述**

　　介绍了纸质会计档案整理工作的内容。第一节简要概述了纸质会计档案整理的工作内容和会计档案整理工作应遵循的基本原则；第二节介绍了纸质会计档案的分类和排列，包括会计档案分类的要求、标准和方案制定；第三节介绍了纸质会计档案的立卷，包括会计凭证、账簿、财务报告和其他会计资料的立卷要求；第四节介绍了会计档案的编号，包括会计档案号的编制要求和方法；第五节介绍了会计档案的编目，包括案卷目录和卷内文件目录的编制。

☞ **本章重点**

　　1. 会计档案分类和排列

　　2. 会计档案立卷

　　3. 会计档案编号

　　4. 会计档案编目

☞ **本章难点**

　　1. 会计档案分类

　　2. 会计档案编号

☞ **学习目标**

　　1. 了解会计档案分类的基本原则

　　2. 掌握会计档案分类、排列、立卷、编号和编目等工作的要求和方法

　　整理是纸质会计档案管理的核心工作，其基本任务是建立会计档案实体的管理秩序，使所保存的会计档案有序化、条理化。只有经过整理这个过程，才能为后续良好保管和高效利用提供保障。做好整理工作，对做好整个会计档案管理工作具有重要的意义。

第一节　纸质会计档案整理工作概述

一、纸质会计档案整理工作的内容

会计档案整理就是将具有保存价值的会计文件材料进行分类、排列、立卷、编目等操作，使之有序化的过程。会计档案整理的结果是形成一个有序的体系，使每一份会计文件都有自己的位置。它一般包含以下内容：

（一）分类

会计档案分类是指根据会计核算业务情况以及会计文件材料的属性和特点，划分会计档案类别的过程。

（二）排列

会计档案的排列是指按照一定的规则，如形成时间的先后顺序，将类内会计文件材料进行排序的过程。根据对象的不同，会计档案的排列又分为案卷的排列和卷内文件的排列。

（三）立卷

会计档案立卷是指将分类、排列好的会计文件材料组合成案卷的过程。案卷是会计档案保管的基本单位，由若干具有联系的文件组成。组成一个案卷的会计文件材料应具有一定的联系，如内容上的联系、时间上的联系或保管期限上的联系等。

（四）编号

会计档案编号是指对全宗内的会计档案案卷赋予唯一标识符号的过程，一般要根据会计档案分类方案进行。编号的主要目的是方便指代档案，固定会计档案排列顺序，为会计档案统计、保管和查找利用创造便利条件。

（五）编目

会计档案编目是指对经过分类、排列、编号、装订等操作的会计档案案卷或卷内文件进行目录登记的过程。会计档案编目分为编制会计档案案卷目录和卷内文件目录，其主要目的是形成会计档案台账，便于检索和利用。

二、纸质会计档案整理工作的原则

会计档案整理工作应遵守的原则有：保持会计文件材料之间的客观联系；尊重原有的整理基础；便于保管和利用。

（一）保持会计文件材料之间的客观联系

开展会计档案整理工作时，应尊重会计文件材料之间客观的、固有的联系，在会计档案分类、排列、立卷等各个程序中，都应遵守这一原则。所谓客观的、固有的联系，就是从会计文件材料自身属性或特征出发而不是从人的主观意愿出发建立的联系。从会计文件材料自身属性或特征出发建立的联系更具稳定性，而从人的主观意愿出发建立的联系则不太稳定。如从人的主观意愿出发建立联系，对同一份会计文件材料，不同的人有不同的分类方法，这与对会计档案整理要求的条理性和秩序性相悖，也会给会计档案日常管理利用造成不便。会计文件材料的属性和特征包括来源、时间、内容及文种等方面，从这些属性和特征出发建立会计文件材料之间的联系更稳定，在开展会计档案的整理工作时，应基于这些属性和特征去建立会计文件材料之间的联系。例如，在分类时，可以根据会计文件的文种来分类，将会计档案分为财务报告、会计账簿、会计凭证和其他会计资料等类别；在排列时，可以根据会计文件材料形成时间的先后顺序来排列，或者将同一来源的会计文件材料集中排列；在立卷时，可以将同一会计业务、会计科目的会计档案适当集中在一起，以保持会计档案在内容方面的联系。在会计档案的来源、时间、内容和文种这四个特征中，来源、时间、文种这三个特征的"客观性"更强，而内容特征的"客观性"要弱些，因为同一个会计文件，它包含的内容较广，如果从内容的角度来分类，那么不同的人就有可能从不同的角度对其进行分类，这样的分类就不固定，不利于查找利用，也容易破坏其他方面的联系。因此，会计档案在内容方面的联系虽然重要，但并不是首要的，不能以破坏会计档案之间固有的联系为代价。

总之，在整理会计档案时，尊重会计文件材料之间的客观联系，更有助于保持会计文件之间的本来面貌，突出会计档案之间的历史联系，更便于会计档案查找利用。

（二）尊重原有的整理基础

"尊重原有的整理基础"是会计档案整理应遵守的第二条原则。主要包括：

（1）档案部门或档案人员应尊重会计部门或会计人员的整理成果。档案部门接收的会计档案是经会计部门或会计人员整理过的，档案人员只用根据实际需要适当地进行系统化排列就可以，不应推翻重来，即使有局部的会计档案整理不符合有关要求，也只需要进行局部的调整。"尊重原有的整理基础"更有利于把握会计文件材料之间的历史联系，因为会计档案是在会计业务过程中形成的，对于会计文件材料之间的有机联系，会计部门的人员比档案部门的人员更了解。从利用情况来看，利用会计档案的人员也主要是会计部门人员，尊重会计人员的整理成果，也更便于他们利用。

（2）后人应尊重前人的整理成果。随着时间推移，会出现档案工作人员的更替情况，会计档案整理方法也可能发生变化。在这种情况下，"新人"面对"老人"的整理成果应该给予尊重，对于采用老办法整理的成果，应维持原样，不应套用新的办法推倒重来，但是可以根据新的需要增加必要的检索标识。档案是历史的记录，"尊重原有的整理基础"，后人维持前人的整理成果，保留前人的历史痕迹，也是对档案历史记录性的尊重。

（三）便于保管和利用

档案整理工作居于承前启后的位置，"承前"就是对档案的收集、鉴定工作有个"交代"，使经过收集、鉴定后档案有序化。"启后"是指档案整理工作是档案保管、利用、统计和编研等后续工作的基础。整理工作的科学与否，整理成果是否有序，对后期的保管和利用工作具有重要的影响。如果整理科学、有序，则对后续的保管和利用工作带来方便。反之，如果整理工作不科学，整理秩序混乱，则会给后期的保管和利用工作带来不便，浪费时间、精力。因此，在开展前期的会计档案整理工作时，应考虑会计档案后续的保管和利用问题，应尽可能地为后期的保管和利用工作提供便利。例如，对会计档案进行分类、排列、立卷及排架时，应考虑方便保管和利用的需要，注意会计文件材料之间的排列顺序，以及根据不同会计文件材料纸张规格的不同，选用不同的装具。此外，受限于纸质载体，纸质会计档案整理成果是一种"线性"的排列方式，每一件会计档案只有一个物理存放位置。虽然实体档案的排列只有一种方式，但从方便利用的角度出发，档案工作者应深化检索工具的编制，提供多种检索途径。

第二节　纸质会计档案的分类排列

纸质会计档案的分类分为全宗的划分及全宗内档案类别的划分。全宗的划分应做到同一全宗的档案不能分散，不同全宗的档案不能混淆。全宗内档案的划分"就是把立档单位所形成的档案，按其来源、内容、时间或其他形式特征，划分为若干类别，使其进一步条理化、秩序化"。① 分类在档案

---

① 邓绍兴，陈智为. 档案管理学 [M]. 北京：中国人民大学出版社，2003：109.

整理中具有十分重要的作用，"如果不做分类，立卷、排列和编目等许多工作就难以进行"①。这里所指的会计档案分类，是指全宗内会计档案类别的划分，它是会计档案整理流程的第一步，是按照会计档案在来源、形成时间、文种和内容等方面的特征对会计档案进行类别划分的过程。会计档案分类工作做得好坏，直接关系到能否良好地保持会计档案之间的有机联系，展现会计工作的本来面貌，关系到会计档案排列、立卷和编目的质量能否得到保证。

一、会计档案分类的要求

制定会计档案分类方案时，应注意遵守分类的基本要求：应依据客观的属性标准进行分类，类别的划分应符合逻辑要求以及符合本单位的实际情况。

（一）应依据客观的属性标准进行分类

对会计档案进行分类是人们的主观性创造活动，其目的在于让人们更好地对会计档案进行管理。由于分类是人们的主观活动，对同一件会计档案，因所处的角度不同，不同的人划分的类别就可能存在不同，为了避免这种情况的发生，应在制定分类方案时，注意以客观性的标准如来源、时间或文种等作为分类的依据。会计档案的来源、形成时间和文种等特征是客观的、固定的，不会因人而异，更有利于保持会计档案的条理性和秩序性，给后续会计档案保管和利用带来便利。

（二）类别划分应符合逻辑要求

会计档案分类的结果应符合逻辑要求，具体来说，应满足以下要求：①每一层类别的划分只能依据同一个标准，这样才能使划分的结果清楚，不出现交叉的情况。②同位类目应相互排斥，即如果某件会计档案应归为 a 类，那么它就不可能属于同一级类目的 b 类。③"子类"划分之和应等于"母类"。即对上一位类进行类别划分时，下位类的结果应能穷尽上一位类，否则就会造成有些会计档案无类可归的情况。随着业务的开展，有可能出现新的会计档案无法归入现有类别的情况，这时应该适当调整类目体系，增加新的类目，使新的会计档案有类可归，这就要求在制定会计档案分类方案时，应注意类目具有可扩展的空间。

---

① 邓绍兴，和宝荣. 档案管理学［M］. 北京：中国人民大学出版社，1989：52.

（三）类别划分应符合本单位实际情况

制定会计档案分类方案时，档案工作人员应和会计部门工作人员对本单位会计部门的业务门类，所产生的会计文件类型、数量和特点等情况进行深入了解，并根据会计业务开展情况对未来可能产生的会计档案进行合理预测，制定适合本单位会计档案实际情况的分类方案。同时，会计档案分类方案也应注意与本单位其他门类档案分类方案保持协调性。

二、会计档案分类标准

会计档案分类标准是指对会计档案进行分类的根据，包括来源标准、时间标准、内容标准和形式标准。

（一）来源标准

是指根据会计档案的形成者进行分类，是档案整理的至善原则，是档案整理区别于其他文献整理的基本特征。根据会计档案的形成者进行分类，有利于把同一机构或部门产生的会计档案集中在一起，保持同一形成者产生的会计档案之间的有机联系。

（二）时间标准

是指以会计档案形成的时间作为分类的依据，如年、月、日。会计业务活动都是按照会计年度进行的。会计年度是以年度为单位进行会计核算的时间区间，是反映单位财务状况、核算经营成果的时间界限，《中华人民共和国会计法（2017 年修正）》规定，我国国家机关、社会团体、公司、企业、事业单位和其他组织的会计年度为自公历 1 月 1 日起至 12 月 31 日止。会计档案的分类，应按会计年度进行分类，将同一会计年度内形成的会计档案集中在一起，不同会计年度形成的会计档案分开。此外，有些会计档案如会计凭证是逐月、逐日形成的，在整理时一般按月分类，逐日排列。

（三）内容标准

是指根据会计档案的内容属性进行分类。在会计业务活动中，会围绕某一对象或事务形成一些会计档案。为了便于集中管理和利用，可以将同一对象或事务形成的会计档案集中起来，如某单位在会计凭证分类中，将与集资、基建类有关的会计凭证单独分类、立卷，便于管理和利用。

（四）形式标准

是指根据会计文件形式进行分类，如会计凭证、会计账簿、会计报表等。会计文件名称一般能反映会计文件的内容性质及其保存价值，如年度账的保存价值高于月度账和日记账。会计文件名称具有"客观性",是会计档案分类常用的依据。

三、会计档案分类方案

会计档案最基本的分类方案有"会计文件形式—会计年度—保管期限"和"会计年度—会计文件形式—保管期限"。根据我国《会计档案管理办法》的规定,会计档案的保管期限一般分为永久、30 年、10 年。

(一) 会计文件形式—会计年度—保管期限

采用这种分类方案,可先将会计档案按会计文件形式进行分类,同一会计文件形式下再按会计年度分类,最后再按保管期限分类。这种分类方案的优点是各种文件类型比较集中统一,查找方便,因为同一种文件类型的外观尺寸也比较统一,在库房里看上去比较美观整齐,缺点是比较占用库房空间,因为每一种文件类型都需要提前预留足够的空间。示例如下:

1. 会计凭证

2016 年

(1) 各种原始凭证、记账凭证 (30 年)

(2) 会计拨款凭证及其他会计凭证 (30 年)

(3) 涉及债权、债务及未清理完毕的凭证 (30 年)

2017 年

(1) 各种原始凭证、记账凭证 (30 年)

(2) 会计拨款凭证及其他会计凭证 (30 年)

(3) 涉及债权、债务及未清理完毕的凭证 (30 年)

……

2. 会计账簿

2016 年

(1) 总账 (30 年)

(2) 银行存款日记账 (30 年)

(3) 项目明细账 (30 年)

(4) 会计科目明细账 (30 年)

(5) 资金往来明细账 (30 年)

(6) 固定资产卡片 (固定资产报废清理后保管五年)

(7) 其他辅助性账簿 (30 年)

2017 年

（1）总账（30 年）

（2）银行存款日记账（30 年）

（3）项目明细账（30 年）

（4）会计科目明细账（30 年）

（5）资金往来明细账（30 年）

（6）固定资产卡片（固定资产报废清理后保管五年）

（7）其他辅助性账簿（30 年）

……

3. 财务会计报告（报表）

2016 年

（1）年度报告（报表）（永久）

（2）月、季度、半年财务报告（报表）（10 年）

2017 年

（1）年度报告（报表）（永久）

（2）月、季度、半年财务报告（报表）（10 年）

……

4. 其他会计资料

2016 年

（1）会计档案移交保管清册（永久）

（2）会计档案销毁清册（永久）

（3）工资清册（永久）

（4）银行存款余额调节表（10 年）

（5）银行对账单（10 年）

2017 年

（1）会计档案移交保管清册（永久）

（2）会计档案销毁清册（永久）

（3）工资清册（永久）

（4）银行存款余额调节表（10 年）

（5）银行对账单（10 年）

……

（二）会计年度—会计文件形式—保管期限

采用这种分类方案，先按会计年度分类，再按会计文件形式分类，最后按保管期限分类。其优点是可以根据时间自然地往后增加档案，比较节约库房空间，缺点是因为各类档案的尺寸大小不一，上架后不够整齐、美观。示例如下：

1. 2016 年

会计凭证

（1）各种原始凭证、记账凭证（30 年）

（2）会计拨款凭证及其他会计凭证（30 年）

（3）涉及债权、债务及未清理完毕的凭证（30 年）

会计账簿

（1）总账（30 年）

（2）银行存款日记账（30 年）

（3）项目明细账（30 年）

（4）会计科目明细账（30 年）

（5）资金往来明细账（30 年）

（6）固定资产卡片（固定资产报废清理后保管五年）

（7）其他辅助性账簿（30 年）

财务会计报告（报表）

（1）年度报告（报表）（永久）

（2）月、季度、半年财务报告（报表）（10 年）

其他会计资料

（1）会计档案移交保管清册（永久）

（2）会计档案销毁清册（永久）

（3）工资清册（永久）

（4）银行存款余额调节表（10 年）

（5）银行对账单（10 年）

2. 2017 年

会计凭证

（1）各种原始凭证、记账凭证（30 年）

（2）会计拨款凭证及其他会计凭证（30 年）

（3）涉及债权、债务及未清理完毕的凭证（30年）

会计账簿

（1）总账（30年）

（2）银行存款日记账（30年）

（3）项目明细账（30年）

（4）会计科目明细账（30年）

（5）资金往来明细账（30年）

（6）固定资产卡片（固定资产报废清理后保管五年）

（7）其他辅助性账簿（30年）

财务会计报告（报表）

（1）年度报告（报表）（永久）

（2）月、季度、半年财务报告（报表）（10年）

其他会计资料

（1）会计档案移交保管清册（永久）

（2）会计档案销毁清册（永久）

（3）工资清册（永久）

（4）银行存款余额调节表（10年）

（5）银行对账单（10年）

······

　　"会计文件形式—会计年度—保管期限"和"会计年度—会计文件形式—保管期限"是最基本的两种会计档案分类方案，适合大多数组织机构。在实际工作中，档案工作人员可以根据本单位会计档案实际情况酌情增加分类类别或层级，如对于专业性强的税务机关，可以在会计年度的下一层分类中，增加一级"会计类型"类目；对于多个部门产生会计档案的单位，在会计年度的下一层分类中，可以增加一级"组织机构"类目等。

第三节　纸质会计档案的立卷

　　会计档案立卷就是把同一类别同一保管期限下具有一定联系的会计档案组成案卷的过程，立卷也称组卷，"案卷是档案基本的个体保管单位，是由若干互有联系的文件构成的组合体"①。会计档案立卷工作内容包括排列、技术处理、装订、填写卷内文件目录、备考表和案卷封面等。不同会计档案的立卷方法稍有区别。

一、会计凭证的立卷

会计凭证是各单位经费收支的原始记录，是会计记账的依据。会计凭证具有严格的时序性，具有逐日产生并按月结算的特点。会计部门在记账后，会给每一个记账凭证编号，原始凭证附后，到月底结束时，有关会计人员会对该月产生的记账凭证连同所附的原始凭证按照记账凭证编号进行排序，并按照凭证数量的多寡装订成册，一册会计凭证的厚度最好不超过 2 厘米，多了可以分成数册装订，如果一个月的凭证太少，则可以几个月合订一册。会计凭证的立卷要求有：

（1）检查凭证的手续是否处理完毕，如有关人员应签名或盖章的地方是否签名、盖章。检查是否按照记账凭证编号的顺序依次排列，如发现有不当的地方应及时纠正。

（2）剔除金属物，如订书钉、曲别针等。

（3）将各种规格不一的原始凭证按照记账凭证的尺寸折叠整齐。

（4）在装订时检查装订空间是否足够，如果不够，应做相应的技术处理，如装订处太窄则需要加边，以免掩盖字迹；太薄需要垫纸，以保护纸张。

（5）粘贴会计凭证封皮。装订完后应粘贴会计凭证专用封皮，使之与会计凭证牢固地粘贴好。

（6）填写会计凭证封面。按照《会计档案案卷格式》（DA/T 39—2008）的要求，会计凭证封面的项目包括：单位名称、凭证名称、起止时间、册数、册次、记账凭证起止号、记账凭证数、附件数、会计主管、装订人、装订时间和备注。会计凭证封面如图 4-1。

单位名称：填写形成会计档案的单位的名称，应为全称或通用简称，如"××大学"。

凭证名称：填写能够反映会计用途或内容的名称，如"付款会计凭证"。

---

① 邓绍兴，陈智为．档案管理学［M］．北京：中国人民大学出版社，2003：122.

会计凭证封面

单位名称：　　　　　　　　　　凭证名称：

时　　间	自　年　月　日起至　　年　　月　　日止		
册　　数	共　　册	册次	本册是第　　　　册
记账凭证	本册自第　　　号至第　　　号　共　　张		
附　　件	共　　　张		本册凭证合计　　　张
备　　注			

会计主管　　　　装订人　　　　　年　月　日

图 4-1　会计凭证封面

起止时间：填写本册会计凭证的起止日期。

册数：填写本月的会计凭证合计册数。

册次：本册会计凭证在当月册数中的编号，如"本册是第 4 册"表示本册凭证为当月的第 4 册。

记账凭证起止号：填写本册会计凭证的起号和止号。会计凭证的编号为每月重新编号，如 4 月份产生的会计凭证从"1"开始编流水号，5 月份产生的会计凭证继续从"1"开始编流水号，不跨月连续编号。

记账凭证数：填写本册记账凭证的张数。

附件数：填写本册原始凭证的合计张数。

会计主管：填写单位内部具体负责会计工作的中层领导人姓名，如"××单位财务处处长×××"。

装订人：填写负责装订本册会计凭证的人的姓名。

装订时间：填写本册会计凭证装订的时间。

备注：填写本册会计凭证需要说明的事项。

（7）填写会计档案凭证盒封面与脊面。会计档案凭证盒封面如图 4-2 所示。会计档案凭证盒封面包含的主体项目与会计凭证封面所含的项目基本一致，依据会计凭证封面的内容填写即可。此外还需填写全宗号、目录号、案卷号和保管期限。脊面的项目包括：全宗号、目录号、案卷号、年度、月、册数、册次和保管期限，如图 4-3 所示。

全宗号	目录号	案卷号

会计档案凭证盒

单　位　名　称		凭　证　名　称	
时　间	年　　月共　　册	本盒装第　　册	
记账凭证	自　　号至　　号	附件	本盒内共　　张
起止日期	自　年　月　日起至　　年　月　日止		
归档时间	立卷人	保管期限	

全宗号
目录号
案卷号
年度
月
共　册
第　册
保管期限

图 4-2　会计档案凭证盒封面样式　　图 4-3　会计档案凭证盒脊面样式

全宗号：立档单位的全宗编号。

目录号：会计档案目录册的编号。

案卷号：会计凭证册的编号，一般按年编号，即同一年度的会计凭证册从"1"开始编制大流水号，跨月连续编号，如 2016 年 1 月份的会计凭证共有 10 册，那么 2 月份的会计凭证案卷号从"11"开始编号。

保管期限：会计凭证的保管期限，根据本单位制定的保管期限表来填。

如果单位产生的会计凭证类型较多，或有特定查询利用需求，可以将会计凭证分类立卷，如某单位将固定资产、基建类的会计凭证单独立卷，便于日常管理、利用。对于一些尺寸较大的，不宜随同记账凭证一同装订的原始凭证，应当抽出来单独装订，并进行适当的编号，同时在原来的记账单上注明其数量及去向。

二、会计账簿的立卷

会计账簿应按年度和类别分别立卷。由于账簿在形成时有固定的格式和明确的分类，一本账簿稍加整理就是一个案卷。因外形特征的不同，会计账簿有订本式、活页式和卡片式账簿之分。

订本式账簿是在启用前将编有顺序页码的一定数量账页装订成册的账簿，也称死页账，在整理立卷时应保持账簿本身的完整性，不能拆除空白页。

活页式账簿不订死，是将一定数量的账页置于活页夹内，可根据记账内容的需要增减账页的账簿，活页账一般适用于明细分类账。在会计年度结束后，需要将空白页撤掉，在有字的页面编制页码，页码一般在正面页的右上角及背面页的左上角。账页较少的，可将科目内容相近的账页按类别排列编号，装订成册。

卡片式账簿，是将一定数量的卡片式账页存放于专设的容器中，账页可根据需要随时增添的账簿。卡片式账簿一般适用于低值易耗品、固定资产的明细核算。卡片式账簿与活页式账簿立卷方法相同。

各类账簿的扉页应有《账簿启用及交接表》，该表分正面和背面（如图4-4 和图 4-5），《账簿启用及接交表》可以反映账簿的应用、交接情况，这些背景信息对理解账簿的内容很重要，在归档前应逐项填写清楚。《账簿启用及接交表》正面的项目包括：单位名称、账簿名称及编号、账簿页数、启用日期、经管人员、接交记录、备注、印鉴等。

单位名称：填写形成会计档案的单位名称并加盖公章，要求填写全称或规范简称。

账簿名称：填写该账簿的名称，账簿名称要求能揭示账簿的内容和种类，如"××单位会计科目明细账（支出类）"。

账簿编号：填写该账簿所属的类别及其排列顺序号。

账簿页数：填写该账簿中有内容的账簿页数，空白页不用记入。

启用日期：填写该账簿启用的年月日。

经管人员：需要填写负责人、财务主管、复核、记账人员的姓名。其中"负责人"应填写单位法人代表的姓名；财务主管应填写单位内部具体负责会计工作的中层领导人的姓名，如财务处处长；复核应填写对账簿进行复核的人的姓名；记账应填写具体记录该账簿的人的姓名，如财务出纳。

交接记录：该账簿在使用过程中可能发生人员变化，需要对账簿进行交接工作，该栏用于记录交接的情况，交出方及接管方要在经管人员在场时进行交接签字，并注明日期。

备注：填写该账簿中需要特别说明的情况。

《账簿启用及交接表》背面的项目包括科目名称和页次。

科目名称：根据账簿设置的科目名称依次填写，如"银行存款"。

账簿启用及交接表

单位名称							印鉴	
账簿名称								
账簿编号								
账簿页数	本账簿共计		页					
启用日期		年		月		日		
经管人员	负责人		财务主管		复核		记账	
	姓名	盖章	姓名	盖章	姓名	盖章	姓名	盖章
接交记录	负责人		接管签名		交出签名		监交人签名	
	姓名	职务	姓名	年　月　日	姓名	年　月　日		
备注								

图 4-4　《账簿启用及交接表》正面格式

页次：填写对应科目名称所在的页码，在此之前需要对账簿有内容记载的页面编制页码，通常一本账簿从"1"开始编制一个大流水顺序号。

账 户 目 录

科目名称	页次	科目名称	页次	科目名称	页次	科目名称	页次	科目名称	页次

图 4-5　《账簿启用及交接表》背面格式

为了适应会计档案管理需要，账簿封面应标注单位名称、案卷题名、保管期限、全宗号、目录号和案卷号等信息。随着计算机的广泛应用，管理信息系统在工作中的使用，现在很多工作单位形成的各类账簿都是用 Excel 表格制作或从信息系统中导出来打印装订成册的，订本账、活页账和卡片账的形式趋于统一。

三、财务报告的立卷

财务报告有月度、季度和年度财务报告及其审计报告，其主体是各类会计报表、会计报表附注和财务情况说明书。在对财务报告进行立卷时，可以将月度、季度和年度报告分别立卷，也可以根据财务报告的来源分别立卷，或者根据财务报告所反映的地区、行业等分别立卷。与财务报告具有密切联系的审核意见书、审计报告等应附在相应的财务报告后一起立卷，不能分开立卷，割裂其有机联系。财务报告的立卷工作包括如下内容：

（1）编制页码。应按照财务报告排列的先后顺序给每一页载有内容的页面编制页码。

（2）填写卷内文件目录。卷内文件目录一般应包含序号、文件题名、责任者、日期、页码、备注等信息。

序号：卷内文件的排列顺序号，从1开始编号。

文件题名：卷内文件的标题，若没有标题或标题表达的信息不够清楚，可以自拟标题，要求概括揭示卷内文件的责任者、内容和文种等信息，自拟标题应外加"（）"。

责任者：对文件内容负有责任的个人或机构。

日期：文件的生成日期，应用八位阿拉伯数字表示，如2016年10月17日应标注为"20161017"。

页码：文件在卷内大流水页码中的页码。

备注：需要特别说明的事项。

（3）填写案卷封面。为了便于会计档案管理，虽然《会计档案案卷格式》（DA/T 39—2008）没有对财务报告封面格式提出具体的要求，但档案人员也应该在财务报告的封面上注明单位名称、案卷题名、年度、卷内张数、保管期限、案卷号等信息，并由主管人员签名或盖章。

单位名称：填写形成会计档案的单位名称，要求填写全称或规范简称。

案卷题名：案卷题名应准确概括本卷档案的形成单位、时间、内容和文种等信息，如"××局2016年部门决算报表"。

年度：本卷会计档案的形成年度。

卷内张数：填写本卷会计档案的张数。

保管期限：本卷会计档案的保管期限。

案卷号：本卷会计档案的编号。

（4）案卷的排列与装订。组合好的案卷按照案卷封面、卷内文件目录、会计报告、与会计报告密切相关的其他文件、备考表的顺序进行排列、装订。

有些财务报告本身比较完整，单位名称、责任者、目录等信息比较全，并且装订整齐、牢固，页数多，而且纸张尺寸偏大，不适合装入档案盒，则可以不必勉强装盒，该报告可以单独成为一卷，在封面适合位置增加案卷号、保管期限等信息即可。

四、其他会计资料的立卷

除上述三种会计档案外，还有其他的会计资料如银行对账单、银行存款余额调节表、工资清册、各项津贴补贴表、会计档案移交清册、会计档案保管清册、会计档案销毁清册等。这些会计资料可以根据其类别、保管期限分别立卷。首先应区分保管期限，不同保管期限的会计资料分开立卷。然后在同一保管期限下，可以根据会计资料的多少合并立卷或单独立卷。如银行对账单和银行存款余额调节表的保管期限都为 10 年，如果这两项资料都不多，则可以合并立卷，如果这两项资料比较多，则适宜单独立卷。其他会计资料也如此，工资清册、各项津贴补贴表、会计档案移交清册、会计档案保管清册和会计档案销毁清册可以根据其数量的多寡来决定是合并立卷还是单独立卷。

所有的会计档案在形成时，不能使用不耐久的字迹材料书写，如红色墨水、纯蓝墨水、圆珠笔和铅笔等，应使用碳素墨水、蓝黑墨水等耐久性的字迹材料书写。财务人员在接收报销单时，应注意检查原始凭据中是否存在喷墨打印的购物小票、刷卡凭据等不耐久的材料，如果存在，应要求经办人同时提供复印件（用激光复印机复制），因为喷墨打印形成的字迹材料不耐久，容易褪色，时间稍长字迹就会消失，不适合作为档案保存。

【案例】

立卷时应注意案卷的厚薄

档案室工作人员小红跟同事小英吐槽："哎，真不知道财务的同事是怎么整的，每个会计凭证都那么厚，上次有人来复印会计凭证，复印得累死了，太厚，复印机盖都压不下去，然后有字的地方还被装订了，真是麻烦。"小英也吐槽："对呀对呀！也不知道他们怎么搞的，一本项目明细账，A3幅面的，有六七百页，搬都搬不动，还有封面纸就是普通A4纸，太薄了，谁要是多复印几次，估计就要烂了。这样的厚账簿还不少呢！"

对于这种情况，有什么更好的解决办法吗？

【解析】档案整理的原则之一就是要便于保管和利用。这么"厚"的凭证和账簿，肯定是不便于利用，也不便于保管的。笔者认为，在整理立卷时，就应该考虑到日后的利用和保管的便利性。可以通过"拆分"来解决这个问题，也就是对于太厚的案卷，我们在整理时可以拆成若干厚度适中的几个案卷。也许有人会问，这样不就破坏了它们的有机联系了吗？这不会破坏案卷之间的有机联系，因为拆分的几个案卷是前后排列在一起的，编号也是紧密联系的，另外在题名上也可以保持一致性。如某单位的往来明细账（应付类）页数太多，分成几个案卷装订，其做法是保持标题的一致性，如第一卷的标题为"往来明细账［应付类，个人（B-K）］"、第二卷的标题为"往来明细账［应付类，个人（S-Y）］"、第三卷的标题为"往来明细账［应付类，个人（Z）］"，该往来明细账按照个人姓氏的首字母顺序进行分类排列，编号顺序也相邻，一看这三卷档案就具有密切联系。如果还有必要，可以在案卷目录、备考表等处注明该案卷与其他案卷的联系性。

第四节　纸质会计档案的编号

一、会计档案号的编制要求

会计档案编号，即编制会计档案号，是指"会计档案保管单位——案卷的编号或代号。它是档案收藏部门用以揭示会计档案分类层次和案卷排列顺序的一组人工标识符号"。① 编制会计档案号是会计档案整理工作的内容之一。会计档案号的编制应具有唯一性、成套性、合理性、扩充性、相对稳定性及简明具体特点。

（一）会计档案号应具有唯一性

会计档案号可以揭示该案卷在会计档案分类体系中的位置，是人们查找会计档案的索引，也是查阅完毕后将其归位的重要标识。会计档案号相当于

---

① 王英玮. 浅谈会计档案整理分类和编号［J］. 北京档案，1994（1）：26-27.

一卷会计档案在库房内的身份证号，必须具有专指性，不可重复，否则将会造成会计档案管理和利用的混乱。这种唯一性要求一个档案馆中的全宗号不能重复，一个全宗范围内的档案分类号或目录号不能重复，同一个类别或一本案卷目录范围内的案卷号不能重复。

（二）会计档案号的编制应具有成套性

会计档案号的成套性主要从两个层面来说，首先，在编制会计档案号时，应着眼于大局，注意把一个档案馆的所有会计档案当作一个整体来考量编号，确保每一份案卷都能纳入这个编号体系。其次，会计档案的编号方式有多种，一旦选择了某种编号方式，则所有的会计档案都应统一使用这种编号方式，不能有一些会计档案采用一种编号方式，另一些会计档案采用另一种编号方式。

（三）会计档案号的编制应具有合理性

会计档案号的编制应符合本单位会计档案的实际情况，能反映会计档案分类的结果。会计档案号的代码应便于理解、识记。会计档案号的结构应力求简单明了，在能满足分类需求的前提下，层次越简单越好。

（四）会计档案号的编制应相对稳定并具有扩充性

会计档案号的编制是一项基础工作，与会计档案的分类、排架、利用、统计等各项管理工作密切相关，其横向纵向的联系，应保持长期的稳定性。轻易变更档案号，将给会计档案的管理带来不便。会计档案号的编制应从设计之初就充分考虑好。同时，会计档案号也应具有扩展性，留有一定余地，以适应未来可能出现的新会计档案类别的编号需求。

二、会计档案号的编制方法

会计档案号的编制应综合考虑会计档案的分类、排列习惯。如本章第二节所述，会计档案的分类主要有两种方式：按"会计文件形式—会计年度—保管期限"分类和按"会计年度—会计文件形式—保管期限"分类，现以这两个分类方案为基础探讨会计档案编号。

（一）"会计文件形式—会计年度"编号法

采用"会计文件形式—会计年度—保管期限"分类方案，对会计档案分类排列的习惯是先按会计文件形式进行分类排列，在同一种会计文件形式下按会计年度进行分类排列，在同一会计年度下按保管期限的长短排列。因此，会计档案的编号应综合考虑会计文件形式、年度、保管期限因素，会计档案编号的结构宜为：全宗号—会计档案类别代码—会计文件形式—会计年度—保管期限—案卷顺序号。

　　全宗号：每一个立档单位都有一个由档案馆赋予的全宗号，如"99"。

　　会计档案类别代码：如"KJ"。

　　会计文件形式编号：根据本单位的会计档案分类方案，对每一属类的会计档案进行编号。如：

　　1. 会计凭证

　　1.1　各种原始凭证、记账凭证（30 年）

　　1.2　会计拨款凭证及其他会计凭证（30 年）

　　1.3　涉及债权、债务及未清理完毕的凭证（30 年）

　　2. 会计账簿

　　2.1　总账（30 年）

　　2.2　银行存款日记账（30 年）

　　2.3　项目明细账（30 年）

　　2.4　会计科目明细账（30 年）

　　2.5　资金往来明细账（30 年）

　　2.6　固定资产卡片（固定资产报废清理后保管五年）

　　2.7　其他辅助性账簿（30 年）

　　3. 财务会计报告（报表）

　　3.1　年度报告（报表）（永久）

　　3.2　月、季度、半年财务报告（报表）（10 年）

　　4. 其他会计资料

　　4.1　会计档案移交保管清册（永久）

　　4.2　会计档案销毁清册（永久）

　　4.3　工资清册（永久）

　　4.4　银行存款余额调节表（10 年）

　　4.5　银行对账单（10 年）

　　会计年度：用四位阿拉伯数字表示，如"2016"。

　　保管期限：永久用"Y"或"YJ"表示，定期 30 年用"D30"或"30"表示，定期 10 年用"D10"或"10"表示。

　　案卷顺序号：表示同一会计文件形式同一年度同一保管期限下的会计档案案卷顺序号，从"1"开始编制流水号。

编号示例：某单位 2016 年第 88 卷债务会计凭证的编号：99-KJ1.3-2016-D30-88.

"99"表示该单位的全宗号；

"KJ"表示会计档案；

"1.3"表示会计凭证中的债权债务凭证；

"2016"表示该会计凭证于 2016 年形成；

"D30"表示保管期限为 30 年。

"88"表示 2016 年保管期限为 30 年的债务凭证中的第 88 卷。

如果债务会计凭证的保管期限均为 30 年，则"D30"可以省略，简化为"99-KJ1.3-2016-88"。此处为了美观，同时又不影响意思表达，可以把"会计档案类别代码.会计文件形式"间的间隔符"."省略。

（二）"会计年度—会计文件形式"编号法

采用"会计年度—会计文件形式—保管期限"分类方案，对会计档案分类排列的习惯是先按会计年度进行分类排列，在同一会计年度下按会计文件形式进行分类排列，在同一种会计文件形式下按保管期限的长短排列。此类分类方案的会计档案编号的结构宜为：全宗号—会计档案类别代码.会计年度—会计文件形式—保管期限—案卷顺序号。

编号示例：

1. 2017 年会计科目明细账中的第 2 卷：99-KJ2017-2.4-2

"99"表示该单位的全宗号；

"KJ"表示会计档案；

"2017"表示该会计档案于 2017 年形成；

"2.4"表示会计科目明细账；

"2"表示 2017 年会计科目明细账中的第 2 卷。

此处省略了"会计档案类别代码.会计年度"中的间隔符"."，由于会计明细账的保管期限均为 30 年，所以把保管期限也省略了，使结构更简化。

2. 某单位 2015 年工资清册中的第 1 卷：99-KJ2015-4.3-1

"99" 表示该单位的全宗号;

"KJ" 表示会计档案;

"2015" 表示该会计档案于 2015 年形成;

"4.3" 表示工资清册;

"1" 表示 2015 年工资清册中的第 1 卷。

总之,会计档案号的编制应与本单位会计档案的分类方案和排列习惯结合起来,科学合理,便于利用。结构应简单明了,便于识记。

【案例】

会计档案号的功能

档案局对某单位进行档案工作检查时发现,该单位的会计档案没有进行编号。该单位的会计档案有会计凭证、财务报告、会计报表、各类明细账等类别,仅有会计凭证的"案卷号"按年度编制了大流水号,其他的财务报告、会计报表、各类明细账等会计档案均保持财务部门移交过来时的原样,未进行档案编号,也未标识档案保管期限等信息,直接平放堆积在柜子里。该单位档案工作人员小黄解释说,这些都是财务部门的同事整理好送过来的,他们自己说会计凭证放在前面,其他的会计报表什么的放在后面就好了,反正数量也不多,也就没有编号。这样做有问题吗?

【解析】这样做肯定是有问题的。会计档案号是每卷会计档案在一个全宗内的"身份"标识,起到"存在感"的作用。没有编号,就无法录入该单位的档案管理系统,无法进行管理监控,即使丢失也留不下"痕迹",不利于会计档案的安全保管。再者,会计档案号是档案排列的依据之一,编制会计档案号并按照编号顺序排列,有利于实现会计档案的有序管理。总之,结合工作单位的实际情况建立一个科学的会计档案编号体系,是非常有必要的。

第五节　纸质会计档案的编目

会计档案编目工作主要包括编制会计档案案卷目录和卷内文件目录。编制目录的目的是为了更好地揭示会计档案内容、形式等各项特征，便于检索、利用和统计。

一、会计档案案卷目录的编制

会计档案案卷目录是以会计档案案卷为对象进行编制的目录，也称会计档案保管清册，是会计档案的一种基本检索工具。通过查阅会计档案案卷目录，可以对馆藏里会计档案的类别、数量、形成时间等情况有一个基本的了解，既是快速查找会计档案的检索工具，也是进行会计档案统计的基本工具。

会计档案案卷目录的编制，可以根据本单位会计档案案卷数量的多寡采用不同的编制方法，如果会计档案案卷数量不多，可以将一年或多年内的会计档案案卷编制在一本目录上，分别根据不同的年度、会计文件形式或保管期限来排列登记；如果会计档案案卷的数量较多，则可以根据不同的类别分成多本目录登记，如按不同的会计文件形式编制成会计凭证案卷目录、会计账簿案卷目录；按不同的保管期限编制成永久保存目录、定期30年保存目录和定期10年保存目录。

会计档案案卷目录包含的项目有顺序号、案卷号、案卷题名、起止时间、保管期限、卷内张数及备注，如图4-6所示。

顺序号	案卷号	案卷题名	起止时间	保管期限	卷内张数	备注
1						
2						
...						

图 4-6　会计档案案卷目录格式

顺序号：即该本或该类案卷目录中案卷依次登记的自然顺序号，顺序号的登记便于对案卷数量进行统计。

案卷号：即所登记会计档案案卷的案卷号，也是前文所述的会计档案编号，如"KJ2017-2.4-2"（在一个全宗范围内，全宗号可以在开头做个总说明，不必在每一栏登记）。目录中的"案卷号"应与会计档案盒上所登记的"案卷号"相同。

案卷题名：即所登记案卷的标题，应与会计档案盒上所登记的"案卷题名"相同。案卷题名应高度概括卷内文件的内容和形式特征，如"××单位2016年财务决算报告"。

起止时间：卷内文件的起止日期，用八位阿拉伯数字表示，如"20160801—20161210"。

保管期限：该卷档案的保管期限，根据档案盒上登记的"保管期限"填写。

卷内张数：即会计档案案卷所含会计文件的总张数。

备注：记录需要额外说明或补充的情况。

此外，会计档案案卷目录的项目也可以根据工作需要进行适当的拓展，如可以增加"存储地址"项，便于快速地获取实体案卷。

【案例】

是否有必要编制会计档案案卷目录

小王是一个单位档案室的档案管理人员，该单位的会计档案一般由财务部门整理好后移交给档案室，档案室所做的工作基本上就是提供保管场所，与财务部门的同事一起将会计凭证、各类会计账簿按照一定的顺序放到档案柜里，有人来利用时再根据查阅人员提供的线索调取档案就行了。该单位从来没有编制过会计档案案卷目录，也没有觉得有何不便，小王有疑惑，一定要编制会计档案案卷目录吗？

【解析】显然，不编制会计档案案卷目录，对日常的查阅利用影响不大。如要查阅某个会计凭证内容，只要记得大致的时间、内容的关键信息就可以花费一定的时间翻阅出来。但是会计档案案卷目录，其更主要的功能是统计和登记。如果没有案卷目录，需要统计案卷数量时，只能亲自"跑"到库房去点数，而如果有案卷目录，直接从案卷目录中就可以统计案卷的数量。此外，没有案卷目录，如果有哪卷案卷丢失不见，时间久了也难以发现；有案卷目录，可以对照目录和档案实体发现问题，更好地维护会计档案的安全。编制完善的会计档案案卷目录，更有利于掌握会计档案的总体情况，便于管理。

二、会计档案卷内文件目录的编制及备考表的填写

一般来说，除会计凭证和订本账之外，其他的会计档案在立卷时均应填写卷内文件目录和备考表。

（一）卷内文件目录的编制

卷内文件目录项目包括序号、责任者、文号、题名、日期、页号、备注，如图4-7。

顺序号	责任者	文号	题名	日期	页号	备注
1						
2						
…						

图4-7　会计档案卷内文件目录格式

序号：卷内文件在卷内的排列顺序号，从"1"开始编制。

责任者：对文件内容负有责任的个人或机构。

文号：文件制发机关的发文字号。

题名：文件材料的标题，一般应照实抄录，有些含义不够明显的标题，可以自拟标题，外加"（）"。

日期：文件材料的形成日期，以八位阿拉伯数字标注年月日，如"20160729"。

页号：卷内文件材料所在页的编号。同一案卷里的文件材料应统一编号，即卷内文件里的第1页编号为1，连续编号到最末页。

备注：在需要说明情况的文件材料栏内加"＊"号，并将需说明的情况填写在备考表中。

（二）备考表的填写

备考表的填写项目包括本卷情况说明、立卷人、检查人、立卷时间、检查时间等，如图4-8。

本卷情况说明：填写卷内文件材料缺损、修改补充、移出、销毁等情况。案卷立好后发生或发现的问题由有关管理人员填写并签名，标注时间。

立卷人：由负责立卷的人签名。

检查人：由案卷质量审查人签名。

立卷时间：填写完成立卷工作的时间，需具体到年月日。

检查时间：填写审查案卷质量的时间，需具体到年月日。

卷　内　备　考　表
说明：   　　　　　　　　　　　立　卷　人：＿＿＿＿＿＿ 　　　　　　　　　　　立卷时间：　年　月　日 　　　　　　　　　　　检　查　人：＿＿＿＿＿＿ 　　　　　　　　　　　检查时间：　年　月　日

图 4-8　卷内备考表样式

第五章　电子会计档案的管理

☞ **本章概述**

　　本章介绍了电子会计档案管理的相关内容。首先，介绍了电子会计档案概念、单套制管理要求、政策背景、特征等内容；其次，介绍了电子会计档案的格式要求与格式选择；再次，介绍了电子会计档案的采集及相关接口内容；最后，介绍了电子会计档案的保管以及实现长期保存的相关技术。

☞ **本章重点**

　　1. 电子会计档案格式要求及格式选择

　　2. 电子会计档案采集

　　3. 电子会计档案的保管与长期保存技术

☞ **本章难点**

　　1. 电子会计档案采集的运用与掌握

　　2. 电子会计档案长期保存技术的选择与运用

☞ **学习目标**

　　1. 掌握电子会计档案概念及管理要求

　　2. 了解电子会计档案政策背景及特征

　　3. 掌握电子会计档案格式选择

　　4. 了解电子会计档案格式要求

　　5. 掌握电子会计档案采集方式及采集流程

　　6. 了解电子会计档案采集接口运用

　　7. 掌握电子会计档案保管要求及备份要求

　　8. 了解电子会计档案保存基础及原则

　　9. 掌握电子会计档案长期保存的技术措施及解决方案

　　10. 了解影响电子会计档案真实性的影响因素及风险

　　随着社会信息化和电子文件管理进程的加速，会计档案管理逐渐从传统纸质会计档案管理、纸质会计档案影像化管理向会计档案电子化管理迈进。

特别是随着电子票据使用越来越普及，电子会计档案单套制的不断推进，加强对电子会计档案的管理已是大势所趋，而且，当前我国已具备了良好的信息技术基础、合规的法律政策环境以及成功的试点实践。

第一节 电子会计档案管理概述

一、电子会计档案的概念

电子会计档案主要是指通过计算机等电子设备形成、传输和存储的电子会计资料。电子会计档案管理涵盖的业务范围完整，档案种类全面，诸如凭证类、发票类、合同类、回单类、证照类、报告类、收据类、报告类……除了传统纸质环境下所形成的会计资料外，在电子环境下，还会增加"备查信息""主数据""日志文件"等。电子会计档案具有如下内涵：

（1）电子会计档案的来源是计算机等电子设备，即电子会计档案是以计算机等电子信息设备为载体形成和处理的电子会计信息；

（2）电子会计档案的形成、办理、传输等环节是通过计算机等电子设备为载体进行的；

（3）电子会计档案最终可以存储、保管在本地计算机等电子设备、设施，也可以存储在第三方提供的云存储空间。

【案例】

电子会计档案的理解

案情：某企业实行财务共享服务后，为实现异地集中核算目的，会计核算均以原始凭据（如发票等）的电子扫描件，以及企业合同管理系统传输过来的合同的电子文档为依据进行日常账务处理，同时对原始凭证和合同的纸质原件进行归档保存。新会计档案管理办法颁布后，该企业负责人对会计人员说，新办法将电子会计档案纳入会计档案的范畴了，所以，公司以后可以只保存原始凭证的扫描件和合同的电子文档了，纸质原件可以不用再保存了，公司为此可以节约一大笔开支。

解析：该企业负责人的说法是错误的。为提高工作效率，单位通过在内部制定相应的内控流程，并在确保扫描件和电子文档真实、可靠、不被篡改的前提下，可以利用原始凭证的扫描件和合同的电子文档作为依据进行会计核算。但是，原始凭证的扫描件和合同的电子文档不符合《会计档案管理办法》中关于电子会计资料可仅以电子形式归档保存的相关规定，所以，不能仅以电子形式归档保存，单位仍应同时保存原始凭证和合同的纸质原件。

二、电子会计档案单套制管理的要求

（一）《会计档案管理办法》的要求

2016年1月1日起施行的《会计档案管理办法》第七条规定："单位可以利用计算机、网络通信等信息技术手段管理会计档案。"同时，第八条规定，只有同时满足下列条件的，单位内部形成的属于归档范围的电子会计资料可仅以电子形式保存，形成电子会计档案，即：

（1）形成的电子会计资料来源真实有效，由计算机等电子设备形成和传输；

（2）使用的会计核算系统能够准确、完整、有效接收和读取电子会计资料，能够输出符合国家标准归档格式的会计凭证、会计账簿、财务会计报表等会计资料，设定了经办、审核、审批等必要的审签程序；

（3）使用的电子档案管理系统能够有效接收、管理、利用电子会计档案，符合电子档案的长期保管要求，并建立了电子会计档案与相关联的其他纸质会计档案的检索关系；

（4）采取有效措施，防止电子会计档案被篡改；

（5）建立电子会计档案备份制度，能够有效防范自然灾害、意外事故和人为破坏的影响；

（6）形成的电子会计资料不属于具有永久保存价值或者其他重要保存价值的会计档案。

而且，第九条还明确规定：满足本办法第八条规定条件，单位从外部接收的电子会计资料附有符合《中华人民共和国电子签名法》规定的电子签名的，可仅以电子形式归档保存，形成电子会计档案。

可以看出，《会计档案管理办法》对电子会计档案单套制管理提出了明确的要求，主要体现在要求电子会计资料"来源真实"；会计核算系统必须要能"输出归档电子文件""输出的文件格式符合规范""要有设计审批流程"；档案管理系统必须要"能接收电子文件归档""满足长期保存""形成电子与纸质档案的对应"；"满足全程的防篡改"；安全要"具有运维备份"	"离线备份"；必须是"非永久、非重要（企业自定）的电子会计资料"。

总之，从《会计档案管理办法》第八条、第九条规定可以看出，除单位外部接收的纸质原始凭证、属于具有永久保存价值或者其他重要保存价值的会计档案必须纸质档案保存外，满足一定条件时，单位内部生成和外部接收的电子会计资料（盖有电子签章）可仅以电子形式归档保存。

（二）《关于规范电子会计凭证报销入账归档的通知》要求

2020 年 3 月 23 日，财政部、国家档案局联合发布了《关于规范电子会计凭证报销入账归档的通知》（财会〔2020〕6 号）规定，为适应电子商务、电子政务发展，规范各类电子会计凭证的报销入账归档，根据国家有关法律、行政法规，对电子会计凭证仅以电子形式保存的，必须要符合以下要求：

（1）本通知所称电子会计凭证，是指单位从外部接收的电子形式的各类会计凭证，包括电子发票、财政电子票据、电子客票、电子行程单、电子海关专用缴款书、银行电子回单等电子会计凭证。

（2）来源合法、真实的电子会计凭证与纸质会计凭证具有同等法律效力。

（3）除法律和行政法规另有规定外，同时满足下列条件的，单位可以仅使用电子会计凭证进行报销入账归档：

（a）接收的电子会计凭证经查验合法、真实；

（b）电子会计凭证的传输、存储安全、可靠，对电子会计凭证的任何篡改能够及时被发现；

（c）使用的会计核算系统能够准确、完整、有效接收和读取电子会计凭证及其元数据，能够按照国家统一的会计制度完成会计核算业务，能够按照国家档案行政管理部门规定格式输出电子会计凭证及其元数据，设定了经办、审核、审批等必要的审签程序，且能有效防止电子会计凭证重复入账；

（d）电子会计凭证的归档及管理符合《会计档案管理办法》（财政部国家档案局令第 79 号）等要求。

（4）单位以电子会计凭证的纸质打印件作为报销入账归档依据的，必须同时保存打印该纸质件的电子会计凭证。

（5）符合档案管理要求的电子会计档案与纸质档案具有同等法律效力。除法律、行政法规另有规定外，电子会计档案可不再另以纸质形式保存。

（6）单位和个人在电子会计凭证报销入账归档中存在违反本通知规定

行为的，县级以上人民政府财政部门、档案行政管理部门应当依据《中华人民共和国会计法》《中华人民共和国档案法》等有关法律、行政法规处理处罚。

（7）本通知由财政部、国家档案局负责解释，并自发布之日起施行。

三、电子会计档案管理的政策背景

2013 年发布了《企业会计信息化工作规范》，该规范明确了会计软件应该具备会计资料归档功能。发改委和国家税务总局等在 2013 年 12 月联合发出通知，进行会计档案电子化、电子发票综合试点工作。

2014 年 10 月，《关于促进内贸流通健康发展的若干意见》由国务院办公厅印发，该意见明确提出要加快推进电子发票使用。

2016 年 1 月 1 日，《会计档案管理办法》正式生效，电子会计档案被肯定，这标志着会计凭证电子化管理形成，从电子凭证获取、入账、归档、保管等流程均实现了电子化管理。该办法规定只要电子会计档案同时满足相关条件，不管是单位内部形成的或是从外部获得的属于归档范围的电子会计资料都可仅以电子形式保存，形成电子会计档案。

2020 年 3 月 23 日，为适应电子商务、电子政务发展，规范各类电子会计凭证的报销入账归档，根据国家有关法律、行政法规，财政部、国家档案局联合发布了《关于规范电子会计凭证报销入账归档的通知》（财会〔2020〕6 号），对各单位电子会计凭证报销入账归档等相关问题进行了明确与规定，进一步规范了电子会计凭证报销、法律合规性等问题，有力地推动与规范了电子会计档案的管理。

2020 年 9 月 7 日，为稳步推进会计师事务所函证数字化，切实提高会计师事务所审计质量，根据《国家信息化发展战略纲要》和党中央、国务院关于实施国家大数据战略的决策部署，以及《中华人民共和国注册会计师法》《中华人民共和国银行业监督管理法》等相关规定，财政部、人民银行、国务院国资委、银保监会、证监会、国家档案局、国家标准化管理委员会等联合发布《关于推进会计师事务所函证数字化相关工作的指导意见》（财会〔2020〕13 号）。该指导意见被认为是有利于促进提升会计审计工作信息化水平，加快实施国家信息化发展战略的基本内容；是有效保障会计师事务所函证及时准确，推动注册会计师行业高质量发展的重要举措；是方便市场主体操作、防范控制银行风险，实现企业、银行、事务所多方共赢，强化财会监督的重要保障。

四、电子会计档案的特征

电子会计档案与传统的纸质档案相比，存在明显的差异性特征，主要表现在以下几个方面：

（一）电子会计档案对环境的强依赖性

电子会计档案的使用依赖于计算机的硬件和软件系统，电子会计档案的储存对周围环境要求苛刻。磁性介质对环境的要求较高，不仅要防水、防火，还要防尘、防磁，而且对温度还有一定要求，从而增加了数据的脆弱性。如果不在数据安全方面加强管理，则数据丢失和毁损的可能性较之手工会计系统大大提高。

（二）电子会计档案缺乏直观的可视性

传统的会计档案具有直观可视性，而存储在磁性介质上的电子会计档案必须在特定的计算机硬件和软件环境中才能可视。数字化的特征使会计电子档案缺乏视觉的直接感染力，导致电子会计档案与会计信息使用者之间缺乏人性化的和谐关系。

（三）电子会计档案控制的复杂性

一般来说，信息化程度越高，采用的程序化控制要求也越多。目前我国常用的程序化控制有计算机软件控制、输入数据的机内检验等。电子会计档案系统控制技术的复杂性表现在系统人工控制与各类程序化控制相结合。

第二节　电子会计档案的格式

会计档案业务系统中所形成的会计资料多半是以数据库文件的形式而存在，在归档时需要将这些数据库形式的电子会计数据最终转换成什么格式存储，需要根据所提取的数据字段、呈现形式、转换频率、转换格式等来设计。

一、电子会计档案归档的格式要求

电子会计资料归档时其存储的格式应符合长期保存要求，对于不符合长期保存要求的必须转换成符合长期保存要求的格式，其中最为常见的就是转换成版式文件，并选择相应的格式保存。根据《版式电子文件长期保存格式需求》（DA/T 47）原则，版式电子文件长期保存应满足的需求主要有以下几个方面。

（一）格式开放

有公开发表的相应标准和技术规范；格式标准和技术规范简洁明了，页面描述语言不应仅为少数厂商认知和掌握；没有专利和许可的限制；厂商中立；有与产品无关的专家组、标准化组织和产业联盟等维护和支持该格式。

（二）不绑定软硬件

被多种操作系统和硬件平台支持；文件的阅读不依赖于特定的阅读软件；使用与设备无关的颜色规范实现准确打印和再现。

（三）文件自包含

文件呈现的全部信息完全自包含；文件中必须包括全部字体的字形描述信息或嵌入字体程序信息；文件中还应包括光栅图像、矢量图形、颜色信息等其他需要呈现的信息；文件的呈现不依赖于外部对象；当文件或文件中的部分信息由模拟源转换而来时，有编码保存其重要属性的能力。

（四）格式自描述

设置规范的元数据集（可以与国际、国内相关标准建立映射），以文本方式（通常为 XML）内嵌于文件中，用于描述文件和对象的属性特征，并易于提取和检索；文件中应声明遵循的格式标准和版本；文件中允许封装用户自定义的元数据；文件中的字符对象应声明编码标准；文件有必要且充分的结构信息和语义信息，用于解析数字对象。

（五）显示一致性

固定呈现文件页面、章节、段落、字体、图形、图像、色彩等，呈现效果不因软硬件平台和阅读软件变化而变化；禁止由条件触发的显示或打印的内容；禁用音频、视频等多媒体对象；禁用交互式表单和内部可执行代码；当使用某些技术将导致显示、打印不一致时应禁止使用，如透明、隐藏和开放式印前接口（OPI）等。

（六）持续可解释

允许用户对文件和文件中的对象添加注释，注释应符合相关规定；不允许设置口令保护；禁止对文件或文件中的对象实施加密；文件中运用的算法应该是公开的算法；文件中引用的字体和运用的算法不应是知识产权保护对象。

（七）稳健

文件格式稳定，版本升级更新有序，前后兼容；设置有效的容错机制；不采用有损压缩、子采样、缩减采样或者其他任何有可能改变文件内容或降低原始数据质量的操作。

（八）可转换

支持其他格式与版式电子文件长期保存格式相互转换；支持过时的版式电子文件长期保存格式转换为新的版式电子文件长期保存格式。

（九）利于存储

格式紧凑，数据结构合理，数据占用字节数少；支持在一个文件中容纳大量对象和数据；具有聚合能力，可以把几个相同格式的文件聚合到一个文件中。

（十）支持技术认证机制

支持数字签名；使用的数字签名被多种操作系统和硬件平台支持；数字签名的全部信息完全自包含，包括签名日期、摘要算法、签名算法、签名值、证书信息等；数字签名必须视觉呈现；呈现数字签名的电子印章、手写签名等必须自包含。

（十一）易于利用

支持增值服务，方便提取数据的子集，如分割页面、提取文本串、图像等；支持全文检索；文件中包含的文本信息符合自然阅读顺序。

二、电子会计档案归档的格式选择

电子会计档案在归档时，必须要注意格式的选择，根据不同的文件类型尽量选择标准规范的格式作为保存格式标准。

（一）可编辑的电子文件

对于各种文字处理系统所形成的电子文件一般选用的版式为归档存储格式，并且优先选择具有国内自主知识产权的标准，在没有国内自主知识产权标准的情况下，可选择国外开放的标准格式。目前采用较多的版式文件存储格式有 PDF 和 OFD，前者相关要求可参考《文献管理长期保存的电子文档文件格式》第一部分：PDF1.4（PDF/A-1）的使用（GB/T 23286.1-2009）以及《文献管理可移植文档格式》第 1 部分：PDF1.7（GB/T 320106.1-2015）；后者相关要求可参考《电子文件存储与交换格式版式文档》（GB/T 33190-2016）。

（二）数据库电子文件

根据我国相关标准的规定，数据库文件可以采用转换成版式文件归档，也可以采用把数据库文件转换成 XML 文件归档。

采用版式文件归档就是把数据库字段数据，分别以规范格式的记账凭证、原始凭证、账簿、报表等形式，以人工可识别、可理解、可接受的方式呈现出来，其具体的输出频次可以根据具体情况来设定，如报表可以根据反映的会计期间输出，即月报每月输出一次、季报每季输出一次、半年报每半年输出一次、年报每年输出一次；记账凭证按凭证号分别输出，即一个凭证号输出一个版式文件；报销单、借款单等按单号分别输出，即一个单号输出一份版式文件，银行回单由单位和银行协商确定，很多银行已设计有银行回单可直接接收并采用；账簿按类别选定一定的会计期间定期输出，如按周、月、季、半年或年等，但一般最长不超过一年。固定资产卡片可按每个编号输出一份版式文件；其他电子会计资料参照报表的方式输出版式文件。因此，根据电子文件归档存储格式的要求，结合电子会计资料形式等相关特征，采用版式文件归档的电子会计资料归档存储格式见表5-1。

表5-1　　　　　　　　电子会计资料的归档存储格式表

序号	归档范围	保管期限	来源系统	归档存储格式
一	会计凭证			
1	原始凭证	30年		
1.1	销售订单	30年	ERP	PDF
1.2	出库单	30年	ERP	PDF
1.3	销售发票（普票）	30年	金税系统	PDF
	销售发票（专票）	30年	金税系统	纸质
1.4	采购订单	30年	ERP	PDF
1.5	入库单	30年	ERP	PDF
1.6	采购发票（普票）	30年	发票管理系统	PDF
	采购发票（专票）	30年		纸质
1.7	报销单	30年	报销系统	PDF
1.8	银行回单-银企互联	30年	ERP（银企互联）	PDF
1.9	银行回单-非银企互联	30年	ERP（银企互联）	PDF或纸质
1.10	合同	30年	合同管理系统	PDF或纸质
1.11	报告	30年	OA	PDF
1.12	其他原始单据	30年	其他业务系统	PDF或纸质
2	记账凭证	30年	ERP	PDF

续表

序号	归档范围	保管期限	来源系统	归档存储格式
二	会计账簿			
1	总账、明细账、日记账、银行账、其他辅助性账簿	30 年	ERP	PDF
2	固定资料卡片	固定资产报废清理后保管 5 年	ERP	PDF
三	财务会计报告			
1	年报	永久	报表系统	纸质
2	月、季、半年报	30 年	报表系统	PDF
四	其他会计资料			
1	银行存款余额调节表-银企互联	10 年	ERP（银企互联）	PDF
2	银行对账单、纳税申报表等	10 年		PDF 或纸质
3	会计档案移交清册	30	档案管理系统	PDF 或纸质
4	会计档案保管清册 会计档案销毁清册 会计档案鉴定意见书等	永久	档案管理系统	纸质

采用数据库文件转换成 XML 文件归档。根据《档案关系型数据库转换为 XML 文件的技术规范》（DA/T 57—2014）规定，为实现档案信息的格式开放、不绑定软硬件、文件自包含、格式自描述、持续可解释和可转换，可将档案关系型数据库转换为 XML 文件进行存储，其格式应符合 GB/T 18793—2002 的规定，并应通过 Schema 进行有效性验证。其具体的转换策略：（1）档案关系型数据库转换为一组 XML 文件以及 Schema 文件。数据库的用户、角色、权限、数据表结构、数据表关系、视图、存储过程、约束、索引、触发器等元数据信息存储在一个 XML 文件中，数据库的每个数据表的数据分别存储在不同的 XML 文件中。（2）存储数据库元数据信息的 XML 文件命名为 metadata. xml，存储在 header 文件夹中；存储每个数据表的数据的 XML 文件以对应的数据表名称进行命名，存储在 content 文件夹中。

可根据操作系统、内存、转换效率等实际情况确定单个 XML 文件的大小，数据表的数据量较大时可分成多个 XML 文件。在 content 文件夹中可以根据数据库的逻辑结构建立相应的文件夹。（3）Schema 文件的名称根据相应 XML 文件的名称进行命名。（4）应对 XML 文件的存储进行合理组织，按一定规则将其分类集中存储。

（三）图像电子文件

对于各种形式的图像电子文件归档存储格式，可根据 DA/T47 的原则和 GB/T 18894 的规定来执行，在需要的情况下，还可以参照 DA/T32 的要求来确定与处理。

（四）图形类电子文件

对于各种形式的图形类电子文件归档存储格式，也是根据 DA/T47 的原则和 GB/T 18894 的规定，并参照 DA/T32 的要求来确定。另外，CAD（计算机辅助设计）系统形成的电子文件，其原存储格式标准一般不公开，此类电子文件归档时可采用原格式和交换文件格式同时存储，以尽量减少长期可读的风险，交换文件格式可供选择的有 STEP、DXF 格式标准。符合长期保存要求的电子文件的存储格式见表 5-2。

表 5-2　　　　符合长期保存要求可供选择的电子文件存储格式列表

文件类型	格式	格 式 特 征
纯文本文件	TXT 格式	格式简单透明、不含结构信息和加密、不绑定软硬件，能用基本文本编辑工具阅读、数据占用字节数少等
	XML 格式	遵循 MXML 技术规范，格式开放、不绑定软硬件、格式自描述、不包含加密、易于转换等
格式化文本文件	DOC/XLSPPT 格式	Office 2003 及以前版本使用的格式，虽然不是国际标准，但覆盖率是最高的。支持数字签名、加密等
	DOCX/XLSXP PTX 格式	Office 2007 及以后版本使用的格式，比以前的格式占用空间小。主要内容保存为 XML 格式，然后保存为一个 ZIP 文件。支持数字签名、加密等
	WPS/ET /DPS	WPSOffice 全面兼容微软 Office 97-2010 格式，格式开放、可转换、易存储
	RTF 格式	格式开放、不绑定软硬件、不包含加密、易转换等

续表

文件类型	格式	格 式 特 征
版式文件	PDF 格式	遵循 PDF/A 格式标准。支持数字签名、格式开放。不绑定软硬件、格式自包含、格式自描述、固定显示、不包含加密、可向其他文本格式转换等
	XPS 格式	符合 OOXML 标准规范
图像文件	TIFF 格式	支持无损压缩、不绑定软硬件、易转换、聚合能力强等
	JPEG-2000 格式	遵循 ISO 15444-1 2004，格式透明、支持无损压缩、不绑定软硬件、易转换等
	JPEG 格式	遵循相关标准规范，格式透明、不绑定软硬件、易转换等
	GIF 格式	支持无损压缩、格式透明、不绑定软硬件、易转换等
	PNG 格式	支持无损压缩、格式透明、易转换等
	DjVu 格式	格式透明、格式紧凑、具有聚合能力、数据占用字节数少等
音频文件	WAV 格式	支持数字水印技术、支持无损或其他公开的压缩算法、易转换等
	MP3 格式	遵循 GB/T 17191—1997《信息技术具有 1.5Mbit/s 数据传输率的数字存储媒体运动图像及其伴音的编码》，压缩算法公开、格式紧凑、数据占用字节数少、易转换等
	WMA 格式	内置版权保护技术、格式紧凑、数据占用字节数少、易转换等
	OGG Vorbis 格式	格式透明、格式紧凑、数据占用字节数少、易转换等
视频文件	AVI 格式	支持数字水印技术，支持无损或其他公开的压缩算法、易转换等
	WMV 格式	内置版权保护技术，格式紧凑、数据占用字节数少、易转换等
	MOV 格式	格式紧凑、易转换等
	MPEG 格式	遵循 GB/T 17191—1997 或 GB/T 17975—20000 或 1SO/IEC14496，压缩算法公开、不绑定软硬件、易转换等

第三节　电子会计档案的采集

企业在进行电子会计数据归档时，可先通过会计软件输出符合《会计软件接口标准》的会计数据及其归档元数据，供归档使用。外部电子凭证（电子发票、电子支付凭证等）作为财务软件记账凭证附件输入档案系统。外部纸质凭证，可通过影像扫描，作为财务软件记账凭证附件输入档案系统。

一、电子会计档案的采集方式

原始凭证为电子发票时，以附件的形式挂在记账凭证中，会计人员在归档的时候可以将会计凭证和电子发票一起归档并加盖企业归档电子签章。

记账凭证和电子发票归档在电子会计档案系统的对应关系和财务核算系统的关系一致，在电子会计档案系统中查询到归档的记账凭证后可以通过上下翻页功能直接查看该凭证对应的电子发票。财务部门接受到的银行回执、银行对账单、对外支付业务，支付完成后银行返回的回执单等方面的票据，如果银行提供的是电子票据，同时附有符合《中华人民共和国电子签名法》规定的电子签名的，这类电子票据的归档和电子发票的归档一致。

总账、明细账、年度报表等账簿和报表，可以由财务核算系统将归档的样式推送给电子会计档案系统生成归档的版式文件，在加盖企业归档电子签章后进行电子归档，不需要再打印归档。

如果原始凭证为纸制发票，可以通过影像设备将纸质发票影像化以附件的形式挂在记账凭证中，会计人员在归档的时候可以将记账凭证和发票影像文件一起归档并加盖企业归档电子签章（原始纸质发票仍然需要归档）。

【案例】

原生性电子发票与数字化后生成的电子票能不能代替

某单位员工小李取得一份电子发票，他把该电子发票打印了一份彩色纸质版保存以备不时之需，后来果然在工作中由于疏忽导致该电子发票丢失，小李想到了他打印出来的彩色纸质版发票，由于他把该纸质版发票又进行了数字化，并做成了 PDF 文档以作为原始电子发票来使用，他认为这样做完全没有问题，因为肉眼根本看不出它与原始电子发票有什么差别所在，请问它能等同于原始电子发票吗？

　　解析：这种情况肯定是不能等同于原始电子发票的，因为原始电子发票，自带有"电子印章"，而且电子印章所包含的元数据相关信息，是可以读取的，从而可以判定该印章的真伪，而打印出来的纸质版发票再数字化后，该"电子印章"自然也就失去了原始的作用，所以这份数字化后所形成的"发票"与原始的电子发票是不可以相互取代的。

二、电子会计档案的采集流程

　　电子会计数据（版式文件）经过相关的手续与步骤形成 PDF 文件+元数据信息包，然后经过四性检测合格后，传输至电子会计资料数据库，其中元数据进入元数据库，检测不合格的退回，重新传输，直到合格为止（如图 5-1 所示），这些流程一般都在会计业务系统中可以实现。具体的采集时间频率可根据单位电子会计数据数量来进行选择，如记账凭证、原始凭证一般应在会计年度结束前进行采集；账簿、报表等相关电子会计资料可以即时采集。

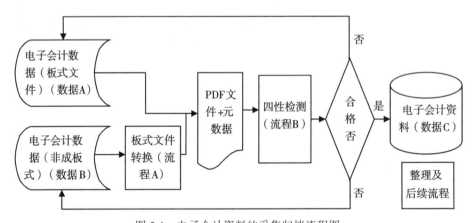

图 5-1　电子会计资料的采集归档流程图

（本图引自：蔡盈芳. 互联网+会计档案管理 ［M］. 北京：电子工业出版社，2019）

三、电子会计档案的采集接口

　　根据《电子文件归档与电子档案管理规范》（GB/T 18894—2016）的规

定，电子文件及其元数据归档接口主要以 Web Service 归档接口与中间数据库归档接口为主。

采用 Web Service 方式进行在线收集归档具有以下优点。

（1）实时性好，在会计业务系统中调用 Web Service 方法，可以实时将数据转入档案系统中。

（2）通用性和扩展性好，双方系统的耦合度低，一方的需求和系统变动不会给另一方带来开发工作量的增加。

（3）安全性好，双方只需沟通传递的数据内容和格式，不需要了解对方的数据库地址和表结构，不会给对方数据造成潜在危险。

在采用 Web Service 方式进行在线收集归档时，档案系统作为服务提供者，发布 Web Service 服务；会计业务系统作为服务请求者，请求服务。

另外，业务系统的电子文件归档也可以采用中间数据交换方式进行归档，主要以数据库交接为主，在进行中间数据交换时，电子文件可仍旧保留原文件格式，元数据可以采用以下两种方式进行交换。

（1）将所有元数据以数据表的形式进行存储并交换。数据表元数据的交换格式可选用 XML 格式及其他对系统依赖度低的格式。

（2）将审签信息元数据固化为某种格式的电子文件（如 HTML），其余元数据以交换数据表的形式存储。

第四节　电子会计档案的保管

电子会计资料的整理是电子会计档案管理的主要环节之一，在对电子会计资料进行整理的过程中，主要考虑内容的有机联系、方便管理与利用以及电子档案的特征等因素。

一、电子会计档案的保存基础

对采集到的暂存于数据池中的电子会计资料进行整理，可点击待装册单位预览相应的待装册电子会计凭证、电子会计账簿、电子会计报表、其他电子会计资料等并将资料装册，加盖签章。将会计凭证、会计档案目录与会计账簿等详细内容进行归档处理，归档的同时采用电子签名，确保数据入库；电子会计档案的数字签名是采用使用单位的数字证书对会计档案数据加密生成的签名值，用于档案使用者可靠地鉴别电子会计档案的安全性，防止抵赖。

当企业合并、分立、撤销时，需进行会计档案移交。系统将按照既定的移交流程，列明移交会计档案资料的详细内容并进行移交。系统可导出电子会计档案及其元数据，该数据可以在新系统中导入。对于企业内部档案移交，仅生成会计档案移交清册。由系统管理人员，重新设定档案管理人员权限，将管理权限转到档案部门。在档案移交页面，档案管理员可选择待移交单位的全宗导出该单位全部归档资料并生成档案移交清册，以便于档案的移交工作。

系统根据档案保管年限自动生成待鉴定档案清单，档案管理部门、财务部门、IT 部门、合规监察部门等部门分别完成系统审批，系统自动生成"会计档案鉴定意见书"，相关人员给出意见，并确定是否可销毁。档案管理人员进行鉴定后，发起审批流程，由档案管理人员授权单位会计、审计、纪检监察等人员对档案进行查阅，并签署鉴定意见。根据鉴定意见，修改档案保存期，转存（修改保存路径），或进入销毁流程，鉴定通过需要销毁的会计档案，生成销毁清册。同时，该系统会按既定的流程对财务部、档案管理等部门发出审批流程进行审批请求，如各部门审核无误，审批过后系统会对相关数据进行销毁，并形成销毁日志进行记录。

二、电子会计档案的保管原则

电子会计档案与纸质会计档案的保管原则也存在很大的差异，在对电子会计档案进行保管的过程中，必须考虑到电子会计档案的实际情况，遵循科学管理的原则。

（一）"三统一"的原则

即分类标准统一、档案形成统一、管理要求统一，并分门别类按各卷顺序编制电子档案顺序号。电子档案顺序号应包含尽可能多的信息特征，具有规范性、通用性和合理性。此外，电子档案顺序号的容量应具有超前性，能满足未来会计电子档案业务发展的需要。

（二）严密监察的原则

会计电子档案保管的标准操作规程要求对操作活动进行严密的监察和检查。其包括定期地对控制台记录、作业记录和实施记录加以审查和比较。

（三）科学的应急规则

应制定适宜的计划和规程来应对程序、文件和设备遭受火灾、水灾、断电、通讯中断、盗窃等突然事故和紧急情况。典型的应急措施包括文件备份、程序备份、备份件与原件分开存放等。

（四）标准控制的原则

文件的处置规则是用来防止数据文件被误用、损毁等，包括文件名、保留日期、文件重建、存放地点等方面的规则。所有的文件均应由保管员在档案室加以保管，并严格限制其他人接触文件。

三、电子会计档案的数据备份

由于会计核算数据的重要性，必须经常进行备份工作，发生数据丢失时，必须及时用备份数据进行恢复。在日常工作中，准备三套存储介质循环使用，以有效防范自然灾害、意外事故和人为破坏造成数据的丢失。需要做备份的系统设置文件包括：科目代码文件、期初余额文件、本月账务文件、报表文件及其他核算子系统的数据文件。机内凭证及总分类账、明细分类账、报表应视同会计文件按月做两套存储介质备份，交会计档案人员分别放置在不同的地方妥善保管。

电子会计档案的数据备份文件做法：（1）备份用的磁盘应贴上保护标签，并用印章或封条签封；（2）置于安全、洁净、防热、防潮、防磁的环境中，并定期进行转存；（3）存储有会计数据的计算机硬盘和备份文件不得随意放置或外借使用；（4）对备份存储介质的操作可能危及该备份存储介质的完整性，应制作该备份存储介质的复制件，使用复制件进行操作；（5）重要会计档案应备份双份，存放在两个不同的地点。

四、电子会计档案的保管要求

电子会计档案与纸质会计档案相比，由于其载体形式、内容呈现方式以及其对环境的要求等都存在明显的差异，因此，对电子会计档案的保管提出了更加严格的规定与要求。

（一）建立严格的内部控制制度

内部控制制度是指一个企业或单位为了保护资产的安全性、会计资料的准确性和可靠性、提高经营效率以及贯彻执行其规定的管理方针，而在组织内部采取的一系列制度、方法和手续。与传统内部控制不同的是，会计档案信息化要求内部控制的范围相应扩大，包括对系统开发过程的控制、数据编码的控制以及对调用和修改程序的控制等，并且要求内部控制的手段更加多样化。

（二）建立严格的认证制度

电子档案系统的突出特点是数据的处理和存储的集中化，为了避免未经授权的人员利用计算机轻而易举地浏览大部分文件和数据，就必须建立严格的认证制度，做到防止未经授权的人员进入电子档案系统，充分运用口令认证、指纹认证、全息认证等，保障电子会计档案的安全。

（三）建立严格的操作制度

根据责、权、利、效相结合的原则，对不同的岗位赋予不同的权限，可设立系统主管、管理员、操作员等岗位。不同的岗位有不同的职责，在会计电子档案管理中肩负不同的责任，同时，同级岗位之间有一定的牵制和监督作用。岗位的职责应明确，既不能出现管理的盲点，也不能出现职责的交叉和重复。采取不相容职务相分离的措施，严格岗位责任制。设置归档登记簿、档案目录登记簿、档案借阅登记簿，严防会计电子档案毁损、丢失和泄密。

（四）建立严格的库房制度

电子会计档案库房应满足防磁、防火、防潮、防尘、防虫、避光、恒温、防变形、防磨损、防强震等要求，保证存储介质的物理性能不改变，以提高电子数据的稳定性。而且，还应该安装监控和报警防盗设备，配备专门的安全保卫人员。另外，还应保持通风透光，并有适当的空间、通道和查阅的地方，以利于查阅。

（五）建立严格的备份制度

电子会计档案的备份和恢复是保证会计数据安全、准确、真实的重要措施。电子会计档案管理人员应养成数据备份的习惯，同时注明备份时间和操作员的编号，电子会计档案管理人员应根据会计数据业务量的多少定期对这些档案进行检查和拷贝，以防止因磁性介质的毁损而使信息丢失。实现电子会计档案多备份管理的规范化和制度化，设立信息备份员，专门负责会计电子档案的备份工作。同时，由专人进行检查和监督，以保证会计电子档案的绝对安全。所有备份的会计档案数据最好用质地优良的光盘刻录或移动硬盘与云服务器备份存储，以保证数据的安全。

（六）建立严格的迁移制度

会计电子档案存放的格式应具有通用性、易识别性，随着文档技术的不断升级，作为会计电子档案应保证不同时期数据的兼容性和数据处理的方便性。旧的磁盘、光盘存储的信息，随着新的操作系统的升级存在无法打开与读取的情况，由于当前软件技术的局限性，由低版本操作系统生成的会计信息在新系统中不能正常运行，如不能及时将备份数据归档和保留形成会计文件数据的背景信息，势必导致旧系统中形成的文件在新系统中不能被解读，将造成大量数据资源的浪费和信息管理活动的盲区，带来巨大的损失。

（七）建立严格的维护制度

要采用等距抽样或随机抽样的方式定期对会计电子档案进行检测。检测的主要内容为：①进行外观检查，确定存储介质表面是否有损坏或变形，外表涂层是否清洁以及有无霉斑出现等。②进行逻辑检测，采用专用检测软件对会计电子档案进行读写校验。对于在检测中发现有差错的存储介质，要及时进行修正或更新。③要健全检测、维护的审批、登记管理工作，进行检测、维护要经过审批，审批、检测、维护等资料要归档保留，严禁随意进行数据恢复和拷贝。

（八）建立严格的用人制度

保管人员的素质在会计电子档案保管中起核心和关键作用，具体表现为保管人员的素质要满足会计电子档案保管工作的要求。保管人员应掌握会计学、档案学、管理学和信息系统的基本理论、基本方法和基本技能，还应了解计算机通讯技术、网络技术、软件工程、软件设计技术等。在保管人员的使用中，要进行严格和定期的工作成果考核，要建立相应的激励和约束管理机制，要明确岗位晋升的条件，并为保管人员提供继续教育的机会。

第五节　电子会计档案长期保存的相关技术

档案的本质属性是原始记录性，传统的纸质会计档案具有信息与载体完整不可分割的特点，并且修改后通常会留下痕迹。电子会计档案可以在不同载体之间转换存储，在此过程中容易被篡改且难以被发现，因此，采用信息安全技术手段来保证它的真实性和完整性显得尤为重要。

单位应采用技术和管理相结合的方式，保证电子会计资料在收集、移交、检测、整理、保管、利用、迁移、移交等过程中操作的不可抵赖性、数据存储的完整性、用户身份的真实性，并妥善管理在运行过程中使用的密码、密钥等认证数据，保证电子会计档案信息不被非法更改。

一、电子会计档案真实性影响的因素

（一）来自硬件

来自硬件设备影响电子会计档案真实性的因素主要有：计算机接口被非法接入；网络被攻击，导致电子会计档案被修改；存储设备被非法取得以及其他输入接口管理不合理，如扫描仪接口等，这些来自于硬件的问题都有可

能导致电子会计档案失效或处于危险之中。

（二）来自操作系统

来自操作系统影响电子会计档案真实性的因素主要有：操作系统可能存在的各种漏洞，容易使人非法入侵更改文件；操作系统身份识别和权限管理不严格等。

（三）来自数据库系统

来自数据库系统影响电子会计档案真实性的因素主要有：操作系统身份识别和权限管理不严格；备份时文件被无意覆盖；迁移时迁移数据不完整等。

（四）来自应用系统

来自应用系统影响电子会计档案真实性的因素主要有：身份与权限管理；软件功能瑕疵引起的对数据的修改；系统开发、管理、应用三员未作分离等。

二、电子会计档案管理过程中的风险

（一）采集过程

电子会计档案采集过程中由于以下原因导致电子会计档案处于风险中：电子文件管理系统功能不完善，电子会计档案采集提取时被更改，如挂接错误；格式转换时丢失重要信息；接口功能不完善，电子会计档案发生非预期更改；接口被人为操纵修改电子会计档案；病毒修改电子会计档案等。

（二）整理过程

电子会计档案整理过程中由于以下原因导致电子会计档案处于风险中：用户权限设置不合理，电子会计档案被更改，如可人为的挂接；被系统开发人员恶意登录操作修改；软件功能不完善，电子会计档案发生非预期更改。

（三）利用过程

电子会计档案利用过程中由于以下原因导致电子会计档案处于风险中：软件功能缺陷；系统漏洞，用户可修改文件和元数据；系统用户权限设置不合理，利用用户具有修改电子会计档案的权限等。

三、电子会计档案长期保存的技术措施

（一）防写技术

首先，格式上，针对归档电子会计档案流式文档格式化，按照国家标准转换为只读版式文档；其次，权限上运行于各类档案文件管理系统内的电子会计档案属性可以被设置成"只读"状态，权限级别不符的操作者无法对处于只读状态的文件信息进行更改，而只能进行正常的读取，实现了系统内"防写"；最后，存储上可选择 CD.R 光盘、WORM 光盘等一次性写入的载体作为电子文件信息的存储载体，无论操作者拥有何种权限级别，都无法对存储于这种载体中的信息进行更改，实现了脱机保存的"防写"。

（二）信息确认技术

信息确认技术为系统应用级别的安全保障，既可以对电子文件原文进行有效保护，也可以对电子文件的其他属性目录信息进行有效保护。主要有：数字签名技术；报文认证技术；数字水印技术。

（三）访问控制技术

按用户身份及其所归属的某预定义组来限制用户对某些信息项的访问，或限制对某些控制功能的使用。主要有：防火墙、入侵检测与安全审计、身份验证、权限限制。

（四）防病毒技术

防病毒技术可以直观地分为：病毒预防技术、病毒检测技术及病毒清除技术。相关技术主要有：基于签名的侦测技术，即使用已检查过文件的关键特征来创建已知恶意软件的静态指纹；基于启发式的侦测技术，即通过静态地检查文件的可疑特征，来一般性地侦测新的恶意软件而无需精确的签名匹配；行为侦测技术，即观察程序如何执行，而不是仅仅模拟它的执行；基于云的侦测技术，即通过在受保护的计算机上收集数据，同时在服务提供商的基础设施上分析，而不是在本地进行分析来辨识恶意软件。

四、电子会计档案真实性保障整体解决方案

电子会计档案管理的真实性保障通过技术手段，与电子会计档案形成、流转的各个环节（收、管、存、用以及系统接口等，见表5-3）紧密结合，将技术控制手段与管理流程环节紧密融合，才能有效地达到真实性控制的目的。

表 5-3　　　　　　　**电子会计档案收管用等环节技术保障**

环节	真实性技术	原　理
接口	防写技术	利用防写技术，防止文件在接口处被恶意截获并篡改，确保原文不被篡改

续表

环节	真实性技术	原　　　　理
收集	信息加密和信息确认	在收集过程中要对明文进行加密，确保在收集过程中的信息安全
鉴定	访问控制、信息确认	1. 此阶段保证具有鉴定权限的人员才可以访问此功能模块，所以利用身份认证、权限限制等访问控制技术来确保系统中信息的安全 2. 在鉴定过程中通过数字签名、报文认证、数字水印等信息确认技术对归档文件进行真实性鉴定
整理	访问控制、防写技术	1. 此阶段保证具有整理权限的人员才可以访问此功能模块，所以利用身份认证、权限限制等访问控制技术来确保系统中信息的安全 2. 对于部分目录元数据要采用只读等防写技术确保此部分数据不被修改，保证目录元数据信息的真实性
保管	访问控制、信息确认	保管阶段要严格控制对信息的访问，利用访问控制技术对保管数据加以控制
利用	访问控制、防写技术、信息确认	1. 此阶段应用较频繁，主要通过身份认证、权限限制等访问控制技术保证利用人对系统的可用性 2. 如果利用人申请原文的情况通过防写技术确保原文在利用过程中不被改动 3. 原文归还后利用数字签名、报文认证、数字水印等信息确认技术对原文加以确认，判断是否经过改动，确认文件的真实性
统计	访问控制	具有统计权限的人员才可以访问此功能模块，所以利用身份认证、权限限制等访问控制技术来确保系统中信息的安全
迁移	防写技术、信息加密、信息确认	1. 数据在迁移前要通过防写技术对信息进行保护，防止在迁移过程中被篡改 2. 利用信息加密技术对迁移数据进行加密，防止数据被恶意读取及破坏
全程	防毒技术、访问控制	1. 全程通过防火墙、入侵检测与审计、防毒等技术确保系统所在网络环境的安全 2. 全程通过身份认证、权限限制等技术对系统或功能模块进行限制，确保具有相应权限的人才可以做相应的操作

【案例】

纸质会计档案扫描影像件不能替代档案原件

　　某国有大型企业拥有数量众多的分支机构且所处地域分散，为加强财务组织的风险控制能力、增强财务服务效能，该企业于20××年成立了财务共享服务中心，集中处理会计审核、结算与核算工作。成立初期，各分支机构需将纸质发票快递至财务共享服务中心进行费用报销审核，报销时效很慢，员工抱怨很大。财务共享服务中心重新设计费用报账流程，允许分支机构将纸质发票扫描为影像件上传报销系统，全流程实行电子审批，大大提高了费用报销的时效，分支机构平均报销所需时间由8~10天缩短为1~2天。但是，该企业认为电子影像件的可靠性难以保证，很容易被篡改，甚至可能出现同一张纸质发票被扫描多次重复报销的风险，因此并未仅保存电子影像件作为会计档案，而是严格审核电子影像件与纸质发票原件的一致性，将纸质发票作为会计档案归档保管，将电子影像件作为数字副本用于提高财务工作效率。

第六章　会计档案的鉴定

☞ **本章概述**

　　本章主要介绍了会计档案的鉴定相关内容。首先，从会计档案价值鉴定、会计档案鉴别等问题入手，介绍了会计档案鉴定应该掌握与了解的内容，并介绍了会计档案鉴定的主体；其次，介绍了会计档案鉴定应该从全面、历史、关键与发展等原则出发掌握会计档案的价值，同时，介绍了会计档案鉴定应该遵从法律法规、自身属性以及社会需求等标准；再次，介绍了会计档案的保管期限以及保管期限的调整；最后，介绍了会计档案的科学处置。

☞ **本章重点**

　　1. 会计档案价值的鉴定

　　2. 会计档案保管期限的调整

☞ **本章难点**

　　1. 会计档案价值鉴定方法的选择与运用

　　2. 会计档案保管期限调整注意事项

☞ **学习目标**

　　1. 掌握会计档案价值鉴定

　　2. 了解会计档案质量鉴别方法与鉴定主体

　　3. 掌握会计档案鉴定标准

　　4. 了解会计档案鉴定原则

　　5. 掌握会计档案保管期限的调整要求

　　6. 了解会计档案保管期限表

　　7. 掌握继续保管会计档案的处置

　　8. 掌握销毁会计档案的处置

　　会计档案的鉴定工作包括两个层面的主要内容，其一是对会计档案的价值所进行的鉴定，即依据国家的有关法律、法规、制度和办法，从会计文件或会计信息记录的属性、特点、保存状况及各项工作的需要和社会需要出发，分析判定其保存价值的大小，划分其保管期限，并将不具备一定保存价值的会计文件、会计记录和已满一定保存年限且无须继续保存的会计档案剔除销毁的一项档案业务管理工作。该项工作主要存在于会计档案归档时以及会计档案保管期限到期满时所开展的鉴定工作。其二对会计档案质量的鉴别，即对会计档案的形式要件所进行的审核工作，形式要件的完整与是否符合法律法规的合规性要求，对于会计档案的价值具有十分重要的影响。因为，会计档案所记录和反映数据信息的完整性、规范性和准确性等关系到社会主体所开展的经济业务合规性、合法性程度的问题。所以，加强对会计档案质量的审核工作，也是会计档案鉴定工作的一项重要内容，形式要件不规范的会计档案对其价值将产生重要的负面影响，甚至会抵消其价值存在。

第一节　会计档案鉴定的内容

会计档案鉴定工作是会计档案管理工作中的关键性业务环节。它涉及由谁来决定哪些会计档案应该被保存下来或是哪些档案应该被继续保存下去，以及它们分别被保存多长时间。其主要包括对会计档案价值的鉴定以及对会计档案质量的鉴别。

一、会计档案价值的鉴定

会计档案价值鉴定主要是依据国家财政主管部门和国家档案局统一制发的会计档案保管期限表，再结合本单位或本部门会计工作和会计文件或会计信息记录的具体特点和形成与利用规律，编制具体的会计档案保管期限表，并以此为依据开展本单位会计档案的实际保存价值的鉴定行为。会计档案鉴定工作从实施的时间先后顺序来看，可以划分为归档前鉴定和归档后鉴定；从会计档案鉴定的不同层次来看，可以划分为内容鉴定和技术鉴定。

（一）归档前鉴定和归档后鉴定

归档前鉴定是指机构相关人员对所形成的会计文件或会计信息记录，以会计档案保管期限表为判定依据而进行的筛选过程，对被认为没有保存价值的文件或记录材料进行剔除，不予以保留，而对被认为有保存价值的会计文件或会计记录以件或卷为单位进行保存，并对其划分为永久、30 年、10 年等不同的保管期限。

归档后鉴定又称定期鉴定，就是对已满一定保存时限的会计档案所进行的鉴定，将依然具有保存价值的会计档案挑选出来继续保存，把失去保存价值的会计档案剔除销毁。鉴定周期、频率可视单位的实际情况而定。如果每年到期会计档案数量不大且库房空间充足，可几年鉴定一次；如果每年到期会计档案数量比较大，且库房空间有限，可以每年开展一次鉴定工作。各会计档案形成机构应定期对保管期满的会计档案进行鉴定，并根据鉴定结果，对保管期满的会计档案进行相应的处置，并对到期且被鉴定为没有价值的会计档案按照相关程序进行销毁处理。对于具有继续保存价值的会计档案，应重新划定其保管期限。重新划定保管期限包括两种情况，一种是需保存较长时间并整卷以上保存的，建议以形成时点为起点，仍按《会计档案管理办法》附表确定保管期限。另一种是虽然会计档案已到了《会计档案管理办法》附表所确定的保管期限，但因其涉及未了结的债权债务或其他未了事务需要继续保存的，会计档案继续保存至债权债务或其他未了事务结束即可。

（二）内容鉴定和技术鉴定

随着会计电算化的广泛运用，单位所形成的保管期限在 30 年（含 30 年）以下电子会计档案被正式允许仅以电子形式保存。因此，在对电子会计档案进行鉴定的过程中，不仅要考虑到电子会计档案的信息所体现出来的价值，即内容鉴定，主要是参照国家有关纸质文件的归档范围进行归档并划定保管期限。还要考虑到电子会计档案所涉及的技术层面的问题，即技术鉴定，着重从真实性、完整性、可读性、安全性等方面进行检验和鉴定。

电子会计档案从其产生到归档再到长期保存，在其整个生命周期中，要经过多重的技术鉴定。在生命周期的不同阶段，技术鉴定的内容和要求也是有所不同的。电子会计档案在文件形成部门，其技术鉴定主要是围绕电子会计档案的管理系统展开，主要是依据电子会计档案管理系统所记载的文件形成、修改、批准时间来确定其最终版本，以保证电子会计档案的凭证价值；通过对电子会计档案管理系统中对文件生成和管理过程的记录来判定电子会计档案是否发生过非法操作，从而保证其原始真实；通过对电子会计档案管理系统中相关元数据的捕获，并用 XML 等技术予以封装，以保证电子会计档案的完整性；通过对捕获的电子会计档案及其元数据的规范整理，保证其可用。

电子会计档案的接收和移交阶段，档案机构对电子会计档案的技术鉴定，主要是对电子会计档案的"真实性（准确性）、完整性、可用性（可读性）、安全性"进行检验，鉴定的重点有如下几个方面：首先，在于电子会计档案数据迁移以后，是否与形成部门保持一致；在档案部门新的软硬件环境中，是否发生变化。如果产生变化，这种变化是否影响电子会计档案信息内容的真实性。例如，原电子会计档案形成单位曾对电子会计档案加盖"电子图章"，而在移交中，档案机构不对"电子图章"作出要求，即使移交单位移交了"电子图章"，超出了移交范围，档案机构认为这不影响电子会计档案的真实可用，也就可以不予理会。其次，要检查鉴定电子会计档案的完整性，检验电子会计档案的内容信息、背景信息与结构信息三要素是否齐全，对照元数据标准和模型，检查电子会计档案的元数据是否完备。最后，鉴定电子会计档案的可读性或可用性，对于原来加密的电子会计档案要进行解密处理；把不适宜长期保存和利用的电子会计档案，进行格式转换，把电子会计档案转换成适宜长期保存的数据格式，以保证其长期可用；电子会计档案在格式转换中要保持"信息内容"不被改变，确保真实可靠。此外，档案机构在接收电子会计档案时，还要对电子会计档案的压缩方式与格式做出鉴定，尽量避免对会计电子档案进行压缩保存，尤其对于图像文件和视频、音频文件，减少对电子会计档案原貌的损害。

电子会计档案在档案机构保存期间，也仍然需要技术鉴定，这种鉴定一般都在数据迁移和格式转换情况下进行。由于电子会计档案对于计算机软硬件的依赖性，决定了其必须不断地随着计算机软硬件的更新换代，进行数据迁移和格式转换。档案机构不存在永久不变的数据格式，也不存在永恒不变的软硬件环境。任何一种数据格式，都不是万能的，都存在着种种局限性。所以，档案机构必须随着技术的发展，随着国家标准的变化，不断调整馆藏电子会计档案的长期保存格式，并转换电子会计档案的数据格式。档案机构电子档案管理的软硬件的升级换代，也是不可避免的，所以开展电子会计档案的数据迁移也是必然的。电子档案最容易在数据迁移和格式转换中发生"改变颜色"的情况，威胁电子会计档案的真实性、完整性。电子会计档案数据迁移和格式转换的鉴定，主要是分析迁移和格式转换前后的信息变化和载体记录，检查电子会计档案中影响真实性的各类要素是否发生变化。

二、会计档案质量的鉴别

会计档案质量的鉴别主要是指根据《会计法》《会计档案管理办法》以及企业或事业单位会计制度等法规文件的要求，切实做好会计文件或会计记录质量的核查工作，确保归档会计文件或会计记录符合法律法规的规范。主要包括如下几个方面的内容。

（一）会计凭证质量的鉴别

（1）原始凭证记录的数字要符合真实情况。其中小写金额与人民币符号不得有空格，不得连笔；大写金额无数字部分用零或⊗补齐；报销单不得涂改，如有错误，需要重新填写；金额填写规范，无书写错误，大写和小写金额相符；项目要填写完整，报销部门、报销时间、报销项目、附件张数要填写完整。

（2）从外单位取得的原始凭证，必须盖有填制单位的公章，其中发票上要盖有销售方发票专用章，并且与销售方名称一致，否则不得报销；收据上要求盖有销售方财务章，没有财务章不得报销；手撕非机打车票要印有国税监制章，并且有防伪识别码或水印，而且，报销的手撕非机打车票不得连号或同一号段报销（一般50个号之内都被认为是同一号段），从个人取得的原始凭证，必须有填制人的签章。

（3）原始凭证中的银行支票、收据等，必须按其连续编号顺序填写使用，写错作废时，应加盖作废戳记，并连同存根全部保存，不得撕毁。

（4）经过上级批准的经济业务，应将批准文件作为原始凭证的附件，如果批准文件需要另行单独归档，则应在凭证上注明批准机关名称、日期和文件字号。

（5）对于内容填写不全、数字计算有误、手续不全、书写不清的原始凭证，应退回补办手续或进行更正。

（6）记账凭证的各项内容必须填写齐全，制证人必须签名或盖章。

（7）记账凭证必须附有原始凭证，结账和更正错误的记账凭证应有主管会计人员的签章。

（8）记账凭证应按照会计事项发生的日期顺序整理制证记账。

（9）记账凭证每月应按照顺序号整理，连同所附的原始凭证加上封面，装订成册保管，封面上要加盖本单位公章。

（10）票据粘贴先分类，再按时间排序，依次粘贴到粘贴单上；小张的票据需要均匀的粘贴，不能厚薄不均，确保单据平整；最好不要用固体胶粘贴，用胶水粘贴附件，不能使用订书机装订；火车票上日期、票价等票据上的金额、日期等重要信息不得被胶水粘贴住，要保证票据信息可见可查。

（二）会计账簿质量的鉴别

（1）必须根据审核无误的会计凭证登记账簿，做到数字准确、摘要清楚、登记及时。

（2）记账完毕要在记账凭单上签名或签章。

（3）记账不能使用圆珠笔或铅笔书写，但发生下列情况时可以使用红墨水记录：按红字冲账的记账凭单，冲销错误的金额记录；在不设多栏式账户的余额前；会计制度中规定用红字登记的其他记录。

（4）各种账簿按页次顺序连续登记，不可跳行、隔页。如果发生跳行、隔页，应将空行、空页画线注销，或在空行、空页的摘要栏内注明"此行空白"或"此页空白"字样，记账人员还应签名或盖章。

（5）每一张账页登记完毕结转下页时，应结出本页合计数及余额，写在本页最后一行和下页第一行的有关栏内，并在摘要栏内注明"过次页"和"承前页"字样。

（6）账簿记录发生错误时，不能涂改、挖补、刮擦或采用化学药剂销字，而应按正规方法予以更正。错账更正的方法有划线更正法和红字更正法两种。在电算化的条件下，发生错误的环节通常是在记账凭证环节。对错误记账凭证的更正，已经审核的记账凭证要在取消记账、审核后方可进行更正，有出纳签字的凭证还需取消出纳的签字，才能进入更正凭证的状态。另一种处理方法是先填制一张与错误凭证借贷方相反但金额相同的凭证，并在摘要栏内注明要冲销凭证的编号、业务发生日期、主要业务活动等内容，最后再填制一张正确的记账凭证对经济业务进行正确的会计记录。

（三）会计报表质量的鉴别

（1）会计报表的数字必须真实可靠，必须依据核对无误的会计账簿或会计凭证进行编制汇总。

（2）会计报表必须做到内容完整。各单位应当根据规定的报表类型、报表格式和指标进行填报，不得漏报漏填，也不能任意取舍规定的报表栏目或行次。各报表之间凡有对应关系数字的，应当相互一致。

（四）其他类会计档案质量的鉴别

其他类会计档案质量的鉴别方法参照会计报表质量的鉴别来开展。

三、会计档案鉴定的主体

会计档案由于涉及机构的众多业务以及会对机构产生重要影响，在对其进行鉴定的过程中必定是要求部门主体都要参与。《会计档案管理办法》第十七条规定："会计档案鉴定工作应当由单位档案管理机构牵头，组织单位会计、审计、纪检监察等机构或人员共同进行。"而且，因为非永久保存的电子会计档案可以仅以电子形式保存，再加上随着会计电算化系统越来越复杂，因此，在可能的情况下，也应该要求信息系统管理机构的相关人员参与

117

到会计档案鉴定工作中来。他们共同成立一个鉴定委员会，对所鉴定的会计档案形成一个统一的结论，并形成会计档案鉴定意见书。

第二节　会计档案鉴定的原则及标准

一、会计档案鉴定的原则

从国家和人民的整体利益出发去衡量会计档案的价值是鉴定工作总的指导思想和总体鉴定原则。会计档案作为整个国家和全体人民宝贵的历史文化财富的重要组成部分，而它的形成、存在以及如何发挥作用，关系到各方面的利益，特别是因为它涉及人与钱的问题，所以在进行鉴定时必须要格外小心与谨慎。会计档案的鉴定工作决不能以个人的好恶和小团体的利益为准则来定夺，必须站在国家、人民的立场上，从国家的整体利益出发，去研究会计档案的内容实质及其他各种因素，充分估计会计档案对整个社会发展所起的作用。具体用全面的、历史的、发展的、效益的原则来判定会计档案的价值。

（一）全面的原则

社会对会计档案的需要是多层次、多角度、多方面的，会计档案也具有满足社会需要的各种价值形态。现实生活中不需要查考的会计档案，可能是后人珍贵的史料，如当前历史会计档案对于企事业单位职工的养老保险、医疗保险、提前退休等事项的办理具有十分重要的价值，是办理这些事务不可或缺的重要材料。所以在鉴定会计档案价值时，既要考虑本机关的需要，也要考虑社会其他方面的需要；既要考虑当前的需要，也要考虑长远的需要；既要考虑人们在行政、业务、生产、科研方面的需要，也要考虑学术研究、编史修志等各方面的需要，更要考虑到人们在个体权利维护等方面的需要。总之，要在对不同需要及其程度的综合把握中判定会计档案的价值，切忌仅从本机关和社会的某一点需要出发，就轻易地确定会计档案的价值和保管期限。此外，也有的会计档案是因时间久远等而"身价倍增"，所以高龄会计档案的销毁应当慎重。对机构早期的会计档案重新鉴定或者对历史会计档案进行价值鉴定时，应当充分认识到这些会计档案对于该单位历史研究所具有的价值，而不应当简单地参照现行的会计档案保管期限表来决定其价值大小。

（二）历史的原则

会计档案价值的鉴定特别需要把握它是历史的沉积物这一特点，它的形成总是同一定的历史条件相联系的，当时的经济活动是怎样进行活动的，会计档案就是怎样记录的。因此，分析会计档案的价值必须把其放在所形成的历史环境中，去具体分析会计档案的内容和形式，以及与其他档案的相互关系，并结合现实需要和未来需要考虑会计档案的价值。也就是说，不能简单地用现在的眼光去看待以往的会计档案。大量的经验证明，离开当时的背景，对会计档案的某些内容就可能难以充分理解，以致忽略甚至错误地判断其应有的价值。对于历史上形成的某些内容或形式要件不正确的会计档案，也不可轻易地弃毁，应根据当时的历史条件加以分析，以维护历史的本来面貌。

（三）发展的原则

保管档案是一项维护历史的行为，同时也是一项面向未来的工作。鉴定和保存好档案，既功在当代，又惠及子孙，所以鉴定会计档案的价值不能"近视眼"，而应"瞻前顾后"。由于会计档案的价值具有时效性和扩展性的特点，现在有用的会计档案，随着时间的推移，将来可能没有用处；现在尚未用上的会计档案，将来可能有用处。因此，判断会计档案的价值和作用，要有发展的眼光，既要看到当前的作用，也要看到将来的需要。总之，鉴定会计档案要运用辩证唯物主义和历史唯物主义的观点和方法，预测会计档案对未来的长远意义，以期"后世赖之以知今"。

（四）关联的原则

会计档案的产生和存在不是孤立的，一个机关、一次活动中形成的文件之间具有密切的有机联系，是一个不可分割的整体。因此，不能孤立地判断单份会计档案的保存价值，而必须充分考虑机构全宗档案的整体性来考量其价值，只有在一定范围内将有关档案材料联系起来，才能准确理解其中每一件（卷）会计档案的内容和用途，从而对会计档案的价值做出正确的判断。特别是涉及未了债权债务、未完工的大型工程的会计档案，不能仅仅因为其本身已到了法定的保管期限就判定其没有保存价值，而必须考虑到其在与有关联的档案中所起到的作用与可能存在的价值。

二、会计档案鉴定的标准

（一）法律法规标准

会计档案的保管期限是依据会计档案的价值大小及其发挥作用时间的久

暂，确定会计档案的保管年限，当前确定会计档案价值最为简单可行的办法就是依据我国相关法律法规来认定，并以此来划定会计档案保管期限。目前，我国档案部门一般都根据国家财政部和国家档案局的有关文件精神和规定，将会计档案的保管期限划分为永久和定期两种。对于需要定期保存的会计档案，国家规定要采取定量的方法，具体划分会计档案的保管年限。2016年1月1日开始实施的《会计档案管理办法》，将会计档案的定期保管期限划分为10年和30年2类。固定资产的会计文件，如"固定资产卡片"的保管期限是规定应在有关固定资产报废清理后保管5年。会计档案的保管期限的计算方法是：从会计年度终了后的第1天算起。另外，根据《会计档案管理办法》第十五条规定："各类会计档案的保管期限原则上应当按照本办法附表执行，本办法规定的会计档案保管期限为最低保管期限。"因此，在实际工作中，各单位可以根据实际利用的经验、规律和特点，适当延长有关档案的保管期限，但是必须有较为充分的理由。会计档案鉴定中，一般认为保管期限越长的会计档案其可能的价值就越大，越短的价值越小。

（二）自身属性标准

自身属性标准是指根据会计档案的自身属性及其保存状况来判定其价值大小，并据此来确定其保管期限的一种鉴定标准。主要可以依据以下几个方面的属性特征及状况作为标准来进行判定：（1）来源属性，即该会计档案形成者的社会地位及所承担职能的重要性。（2）内容属性，即该会计档案所记录内容的重要性与否，承载独一无二内容的会计文件或记录的价值一般较大，含重复性内容的会计记录、文件的保存价值通常较低。内容准确可靠的会计文件或记录的价值较大；内容充满错漏的会计文件或记录的价值较小。（3）时间属性，即该会计档案的产生或形成的年代、时期的重要性，年代久远的会计档案具有宝贵的文化遗产价值，其价值就会越大，这是"高龄档案"应该受到特别保护的理念。（4）完整属性，即该会计档案越完整其整体价值越大，会计档案不完整其残存会计档案的个体价值会有所提高。（5）依附价值属性，即电算化情况下所形成的电子会计档案，如命令文件、程序文件、系统维护文件及其他支持会计电算化系统的软件，它们的保存价值主要取决于有关系统的生命周期以及该系统生成的文件的保存周期。

（三）社会需要标准

会计档案鉴定的过程中除了要关注会计档案本身的属性外，同时也要把握社会各方面利用者对会计档案的需要，以此来确切地判断会计档案对于他们的价值。社会对会计档案的需要同会计档案属性一样具有客观性，是由社会的政治、经济、文化活动所决定的，因而社会需要标准也是会计档案价值鉴定的客观标准。依据社会对会计档案的需要进行分析时，社会需要方向、需要面、需要时间可作为鉴定会计档案价值的标准。近年来，许多档案馆、室调整了馆藏结构，在保存党政档案的同时增加了会计档案等专门档案的比例，在保存"宏观"档案的同时，也抽样保留一些具有典型性、代表性的"微观"数据档案，受到了利用者的欢迎。会计档案鉴定工作的结果实际上主要是判断会计档案可利用时间的长短，所以鉴定人员必须研究利用者对会计档案需要时间有多长，并据此决定会计档案的保管期限。有的会计档案在形成时具有重要的作用，但在失去现行效用后，人们就不再需要利用它，或只在较短时间内需要利用，这类会计档案的价值就比较低，所需保管期限也比较短。也有的会计档案在失去现行效用后，在相当长的时间内还有查证、参考价值，甚至时间越长越珍贵。如职工工资表等，对于职工退休金的领取，养老保险、医疗保险的认定都具有十分重要的作用，它并不会因为已失去了现行效力就不再有价值。

第三节　会计档案的保管期限表

一、保管期限的构成

根据《企业和其他组织会计档案保管期限表》《财政总预算、行政单位、事业单位和税收会计档案保管期限表》《会计档案管理办法》的规定，我国会计档案的保管期限分为永久、30 年和 10 年 3 个类别。

（一）永久保存的会计档案构成

属于永久保存的会计档案主要包括：

（1）年度财务报告（决算），包括年度会计报表、附注、附表及相关的文字说明、文字分析等。

（2）年度内部控制审计报告、年度内部评估报告。

（3）财政总预算单位的财务总预算方面的财务报告。

（4）行政事业单位的决算财务报告。

（5）税收会计单位的税收年报（决算）。

（6）财政总预算，行政单位、企业单位、事业单位、税收会计单位的会计档案保管清册，会计档案销毁清册、会计档案鉴定意见书。

（7）反映独一无二内容的会计文件或会计记录。

（8）反映重大经济事件的会计文件或会计记录。

（9）刻录在磁介质或光磁介质上的上述几个方面的重要会计核算数据。

（10）反映重要历史人物社会经济活动情况的会计文件或会计记录。

（11）反映会计核算活动重要变革思想的会计文件或会计记录。

（12）其他具有社会历史研究价值、经济研究价值的重要会计档案。

（二）保存 30 年的会计档案构成

会计凭证类：

（1）企业和其他社会组织会计核算活动中形成的原始凭证、记账凭证、汇总凭证。

（2）财政总预算会计单位形成的财政总预算拨款凭证及其他会计凭证。

（3）行政单位、事业单位形成的各种会计凭证。

（4）税收会计单位形成的各种完税凭证和缴、退库凭证，农牧业税结算凭证。

（5）会计电算化系统生成的各种上述类型的机制凭证、手制凭证等。

会计账簿类：

（1）企业和其他社会组织的会计核算活动形成的总账、明细账、日记账、日记总账、各种辅助账簿。

（2）行政单位、事业单位及税收单位在会计核算活动中形成的日记账、总账、明细分类账、分户账或登记簿、税收票证分类出纳账。

（3）行政单位、事业单位及税收会计核算活动中形成的现金出纳账、银行存款账。

（4）预算会计单位形成的总账、明细分类账、分户账或登记簿。

（5）其他在电算化系统中生成的上述会计账簿记录，以及记录有上述会计数据的磁盘、磁带、光盘及缩微胶片等。

其他会计档案类：

（1）企业单位、财政总预算单位、行政单位、事业单位及税收会计单位形成的会计档案移交清册。

（2）记录在磁盘磁带及光盘上的上述移交清册的数据等。

（三）10 年保存的会计档案构成

（1）企业和其他社会组织的月度或季度财务报告。

（2）财政总预算会计单位的总预算会计旬报。

（3）企业及其他社会组织单位的银行余额调节表。

（4）企业及其他社会组织单位的银行对账单。

（5）财政总预算会计单位的财务总预算会计月、季度报表。

（6）行政事业单位的会计月、季度报表。

（7）其他组织单位的会计月、季度报表等。

（8）财政总预算会计单位和税收会计单位的国家金库编送的各种报表及缴库退库凭证。

（9）财政总预算会计单位的各收入机关编送的报表。

（10）财政总预算会计单位收到的反映行政单位或事业单位决算情况的财务报告。

（11）财政总预算会计单位收到的税收年报（决算），国家金库决算年报，以及基本建设拨款、贷款决算年报。

（12）税收会计单位的税收会计报表，包括票证报表。

（13）其他可以保存 10 年的会计记录或会计文件等。

另外，固定资产卡片是在固定资产报废清理后再保存 5 年。

二、会计档案保管期限的调整

财政部、国家档案局联合印发的《会计档案管理办法》（财政部 国家档案局令第 79 号）自 2016 年 1 月 1 日起施行，原《会计档案管理办法》（财会字〔1998〕32 号）同时废止。为确保新《会计档案管理办法》的有效贯彻实施，实现新旧管理办法平稳过渡，做出如下衔接规定。

（一）保管期限调整的原因

会计档案保管期限的调整是这次《会计档案管理办法》修订的重要内容，也是变化最为明显的一个部分。将会计档案的保管期限由 3 年、5 年、10 年、15 年、25 年、永久六类调整为 10 年、30 年、永久三类。调整的动因主要包括以下几个方面：

（1）与各单位其他档案保管期限保持一致的需要。《机关文件材料归档范围和文书档案保管期限规定》（国家档案局令第 8 号）、《企业文件材料归档范围和档案保管期限规定》（国家档案局令第 10 号）分别将机关文书档案和企业档案的定期保管期限统一为 10 年、30 年、永久。

（2）与有关法律法规相协调的需要。现存会计档案保管期限标准不能满足责任追查的需要，因为会计档案在很多民事案件中都作为重要证据，民事案件的诉讼时效最长为 20 年。加上诉讼开始前事件已经有一定的时间，民事案件常常需要 20 年以前的会计档案作为证据，但原来的《会计档案管理办法》规定的保管期限大多数会计档案都低于 20 年，为了适应社会发展及与相关法律法规相协调，所以做了如此调整。

（3）与资产存续期限相协调。从各会计档案形成机构的实践来看，普遍都认为原来的《会计档案管理办法》规定的保管期限不太合理，特别是一些与使用期超过档案保管期限的固定资产相关的会计档案，在保管期到了后，与其相关的资产却还在使用或存续，与此相关的会计档案仍需要调阅利用。

（4）贯彻以人为本的理念。大量会计档案与人有关，与人有关的档案会在较长时间内需要查阅利用。原《会计档案管理办法》规定的保管期限远远短于其他与人有关的档案保管期限，为了维护各单位员工或社会其他成员的合法权益，将会计档案的保管期限延长也是符合社会需要的。

（5）体现化繁为简的思想。原《会计档案管理办法》设定的会计档案定期保管期限类型太多，许多会计人员和档案人员在划定会计档案的具体保管期限时往往无法很好掌握，难以提升对会计档案管理的效率。

（6）考虑电子会计档案的实际特征。随着会计电算化运用的广泛普及，电子会计档案所占的比例越来越大，与传统纸质档案相比，电子会计档案对库房等物理空间占用较少，保管成本大幅降低，具备延长保管期限的物质条件。

（二）保管期限衔接的规范

原《会计档案管理办法》（财会字〔1998〕32 号）由于所规定的会计档案保管期限是六类，并且已运用了将近 20 年，导致大量的会计档案保管期限与新《会计档案管理办法》（财政部 国家档案局令第 79 号）所规定的不一致，必须要对它们进行一个科学规范的衔接处理。

1. 已到保管期限且已鉴定但未销毁的会计档案的处理

已到原《会计档案管理办法》规定的最低保管期限，并已于 2015 年 12 月 31 日前鉴定可以销毁但尚未进行销毁的会计档案，应按照新《会计档案管理办法》的要求组织销毁；已到原《会计档案管理办法》规定的最低保管期限，并已于 2015 年 12 月 31 日前鉴定应继续保管的会计档案，应按照新《会计档案管理办法》规定的最低保管期限，确定继续保管期限（最低继续保管期限等于新的最低保管期限减去已保管期限，下同）。

2. 已到保管期限但未作鉴定的会计档案的处理。

已到原《会计档案管理办法》规定的最低保管期限，但 2015 年 12 月 31 日前尚未进行鉴定的会计档案，应按照新《会计档案管理办法》的要求进行鉴定，确定销毁或继续保管。确定销毁的，应按照新《会计档案管理办法》的要求组织销毁；确定继续保管的，应按照新《会计档案管理办法》

规定的最低保管期限，确定继续保管期限。

3. 未到原《会计档案管理办法》规定最低保管期限的会计档案

文件规定："未到原《会计档案管理办法》规定最低保管期限的会计档案，应按照新《会计档案管理办法》规定的最低保管期限重新划定保管期限。"如 2005 年形成的会计凭证档案，原定保管期限是 15 年，保管期限从 2006 年起算，至 2015 年 12 月，已保管 10 年，按照原《会计档案管理办法》只需再保管 5 年，至 2020 年 12 月，即可进行到期鉴定，如鉴定确无继续保存价值就可销毁。但由于新《会计档案管理办法》对凭证类会计档案保管期限进行了延长，该批会计档案未到原定保管期限，其保管期限应延长为 30 年，即到 2035 年 12 月才算到保管期限，可在 2036 年进行到期档案鉴定后，确无继续保存价值即可销毁。其他各类会计档案的处理方法依此类推。

第四节　会计档案的科学处置

会计档案的处置就是对已满一定保管期限的会计档案做出继续保存或是剔除销毁决定的一项会计档案管理活动，即把认为还有继续保存价值的会计档案继续保存，而认为没有继续保存价值的会计档案进行"剔除销毁"。

一、继续保存的会计档案

有些会计档案虽然其原来设定的保管期限已满，但根据实际业务情况以及相关实践工作情况，认为这些档案还有保存下去的必要或继续保存下去的价值，在这种情况下，要延长这些会计档案的保存期限，继续保存好这些会计档案。

（一）未了事项的会计档案

会计业务活动中由于有些经济活动具有特殊性，其所涉及的经济业务时间跨度可能前后几十年，如"银行存款"业务就是最为典型的类似经济业务活动。因此，对于这种经济业务活动中所涉及的会计档案不得销毁，正确的做法是继续保存这些保管期限已满但未结清的债务债权的原始凭证和涉及其他未了事项的原始凭证，并保管到未了事项完结时为止。保存方式可以是完整保存相关会计档案，也可以是单独抽出立卷中的相关会计档案，并且在会计档案销毁清册和会计档案保管清册中注明。

（二）在建工程的会计档案

涉及在建工程的会计档案主要包括以下两种情况，一种情况是在项目建设期间所形成的会计档案，如有些建设项目由于工程量巨大，建设跨度长，如三峡大坝工程，对于类似工程所形成的会计档案，相关单位不得销毁其保管期限满的会计档案。另一种情况是有些工程因为涉及其他事项，导致工程"烂尾"，在这种情况下，如果相关经济业务活动未能合法处理好，相关会计档案即使保管期限已满也不能进行销毁。

（三）仍有价值的会计档案

会计档案的价值往往会随着社会经济、政治、文化、法律法规、规章制度等环境的变化而出现变动，也会随着社会主体不同阶段对会计档案利用需求的改变而变动。对于已到原来保管期限的会计档案但仍然具有非常重要价值的，这类档案是不能销毁的，必须继续保管。《会计档案管理办法》第十六条规定："单位应当定期对已到保管期限的会计档案进行鉴定，并形成会计档案鉴定意见书。经鉴定，仍需继续保存的会计档案，应当重新划定保管期限。"

二、需要销毁的会计档案

《会计档案管理办法》第十六条："对保管期满，确无保存价值的会计档案，可以销毁。"因此，各单位可根据自身的实际状况，以相关法律法规为依据来开展会计档案的销毁工作。

（一）鉴定销毁的主体

《会计档案管理办法》第十七条规定："会计档案鉴定工作应当由单位档案管理机构牵头，组织单位会计、审计、纪检监察等机构或人员共同进行。"如对于那些设立了法律部门的机构，还应该邀请法律部门人员也参与到会计档案的鉴定销毁工作中来。另外，如果还涉及电子会计档案的销毁时，还应当符合国家有关电子档案的相关规定，还应该邀请信息系统管理机构派员监销。

（二）鉴定销毁的组织

经鉴定可以销毁的会计档案，可以进行销毁。《会计档案管理办法》第十八条规定，应当按照以下程序开展销毁工作。

（1）单位档案管理机构编制会计档案销毁清册，列明拟销毁会计档案的名称、卷号、册数、起止年度、档案编号、应保管期限、已保管期限和销毁时间等内容。

（2）单位负责人、档案管理机构负责人、会计管理机构负责人、档案管理机构经办人、会计管理机构经办人在会计档案销毁清册上签署意见。

（3）单位档案管理机构负责组织会计档案销毁工作，并与会计管理机构共同派员监销。监销人在会计档案销毁前，应当按照会计档案销毁清册所列内容进行清点核对；在会计档案销毁后，应当在会计档案销毁清册上签名或盖章。

电子会计档案的销毁还应当符合国家有关电子档案的规定，并由单位档案管理机构、会计管理机构和信息系统管理机构共同派员监销。

另外，国家机关销毁会计档案时，应当由同级财政部门、审计部门派员参加监销。财政部门销毁会计档案时，应当由同级审计部门派员监销。监销人要在销毁会计档案之前，按照会计档案销毁清册所列内容清点核对所要销毁的会计档案；销毁后，应当在会计档案销毁清册上签名盖章，并将监销情况报告本单位负责人。

（三）鉴定销毁的实施

会计档案销毁时，应采取安全的运输方式，途中应有单位保卫部门人员押运，如有未解密的会计档案，应按照密级文件的运输办法办理。会计档案销毁应在国家指定销毁地点或安全的场所采用国家认定的销毁设备。监销人员应始终在现场监督销毁过程，直至被销毁的会计档案无法恢复时，方可离开。更不得把需要销毁的会计档案以出售废品的形式处置。

需要注意的是，对于"销毁"的处置工作一定要谨慎、科学，既要考虑保管效益的问题，更要考虑到如果处置不当则可能带来相当严重的后果，因为销毁具有不可逆转性。因此，各个单位在对会计档案进行"销毁"时，可以结合各单位的实际情况，采用灵活的处置方式，在库房空余面积比较宽裕的情况下，可以放宽处置标准，甚至在条件允许的情况下，可以把那些认为没有价值的会计档案作为资料的形式单独保存，以防万一。

表 6-1   会计档案鉴定意见书

鉴定的会计档案主要类别、数量等	鉴定的会计档案已保管期限	鉴定的会计档案相关情况原因说明
会计凭证： 卷（册） 会计账簿： 卷（册） 财务报告： 卷（册） 其他类： 卷（册） 共计： 卷（册）	三十年： 卷（册） 十年： 卷（册） 共计： 卷（册） 鉴定意见	

续表

鉴定的会计档案主要类别、数量等	鉴定的会计档案已保管期限	鉴定的会计档案相关情况原因说明
拟列入销毁的会计档案数量、主要内容、类别等相关情况		档案管理机构参与人签章： 年　月　日
拟延长保管期限的会计档案的主要理由		会计机构参与人签章： 年　月　日
		审计机构参与人签章： 年　月　日
单独抽出立卷或转存的会计档案数量、类型		纪检监察机构参与人签章： 年　月　日
		其他机构参与人签章： 年　月　日

说明：鉴定意见书无固定格式，包括但不仅限于表中内容。

表6-2　　　　　　　　　**单位会计档案销毁意见书**

销毁会计档案的主要类别	销毁会计档案已保管期限	参与鉴定销毁人签章
会计凭证：　卷（册） 会计账簿：　卷（册） 财务报告：　卷（册） 其他类：　卷（册） 共计：　卷（册）	三十年：　卷（册） 十年：　卷（册） 共计：　卷（册）	档案管理机构负责人签章： 年　月　日
		会计管理机构负责人签章： 年　月　日
单位意见： （盖章） 年　月　日		档案管理机构经办人： 年　月　日
单位负责人意见： 年　月　日		会计管理机构经办人： 年　月　日

说明：销毁的会计档案还要做详细的销毁清册，另外，鉴定意见书无固定格式，包括但不仅限于表中内容。

表 6-3　　　　　　　　　　　　　会计档案销毁清册

序号	类别	案卷号	案卷题名	起止时间	册数	卷内张数	应保管期限	已保管期限	鉴定销毁意见	备注

　　注：会计档案鉴定销毁意见书至少应包括但不限于表中内容，一式三份，销毁单位、档案管理机构、会计管理机构各存一份。

　　会计档案销毁清册填表说明。①序号：指会计档案案卷在本册案卷目录中顺次排列的序号。②类别：主要指会计档案的种类。如会计凭证、会计账簿、财务报告及其他。③案卷号：指会计档案案卷的编号，即案卷的档号。④案卷题名：指会计档案案卷的具体名称。如会计账簿类的总账、现金日记账等。⑤起止日期：指案卷卷内最开始启用的时间到最后终止使用的时间。⑥册数：会计档案数量。⑦卷内张数：主要指综合后凭证、账簿、财务报告的页数。⑧应保管期限：指案卷封面上注明的保管期限。⑨已保管期限：指会计档案形成至移交时，已保管的期限。⑩鉴定销毁意见：参与鉴定的人员签署的是否同意销毁的相关意见。⑪备注：指用来说明个别案卷的某些特殊情况的记录。如卷内某页文件不清楚、残破、缺页漏张等，以示查阅或鉴定时特别注意。

第七章　会计档案的保管

☞ **本章概述**

本章介绍了会计档案保管是关系会计档案保存环境、保存方法与保存寿命的重要工作。在我们生活工作的环境中存在着许多危害会计档案的完整与安全的因素，只有认真研究这些因素，并采取有针对性的防护措施，才能有效延长会计档案寿命，使之更加长久地发挥其社会作用。

☞ **本章重点**

1. 会计档案保管的含义、任务、内容及基本要求

2. 影响会计档案寿命的因素及预防措施

3. 会计档案保管的设备及装具

☞ **本章难点**

1. 会计档案保管清册编制

2. 会计档案保管的排序方法

☞ **学习目标**

1. 掌握会计档案保管的含义、任务、内容及基本要求

2. 能够使用会计档案保管装具和设备

3. 熟悉维护会计档案安全可采取的各项措施

4. 了解影响会计档案保管的各种环境因素

5. 掌握针对影响档案保管的环境因素采取的措施

6. 掌握会计档案保管清册的编制

7. 掌握会计档案保管的各种排序方法

【案例导入】

某单位领导要查阅一份某年的文件。档案员小李找到文件时发现那份文件已经被污损，部分文字看不清楚了。他赶紧拿去问老张，老张想起来前几年单位整理档案时人手不够，招了两名临时工来帮忙，为了节约成本，档案

员在批发市场买了糨糊，用了黏接法装订好档案。过了一段时间，因为库房湿度大，糨糊受潮浸到了文字部分，有一些地方还长了霉。小李着急了，老张说："我们去复印下，先用复印件，原件再作技术处理。"小李说："复印件也会出现污损的痕迹呀。"老张走到复印机前，首先对复印灰度进行了调节，复印出来的文件几乎看不出污痕。等小李把文件送给领导再返回时，老张已经开始对原件进行技术处理了。老张感慨地说："要做好档案保管，最重要的是防患于未然，等到问题出现就晚了，再好的补救也会对档案造成新的伤害。"

会计档案保管工作是会计档案管理工作的一个重要环节。通过科学合理的保管，可以使会计档案收集、整理、鉴定等各项工作的成果得到维护，使会计档案始终处于一种有序、便于管理的状态之中，为后续会计档案的编目和检索、数据统计、会计信息分析等提供支撑。

第一节 会计档案保管工作概述

会计档案保管工作就是将本单位的全部会计档案按照归档要求集中归档到档案机构，有序存放，并采取安全防护措施以延长档案寿命，保管工作直接关系到单位财务会计信息资源的完整性和准确性，关系到会计档案各项基础管理工作的成果能否得到巩固和提高。会计档案保管工作是各单位档案工作的一项必要职责，它包含三个含义：首先，会计档案应集中存放，综合管理；其次，会计档案的保管应有次序，体现管理的科学性；最后，会计档案保管工作的目的是通过各种有效的管理和防护措施，确保会计档案生命安全和会计档案内容的安全，加强对处于流动和使用之中会计档案的监督和控制，防止使用不当而给档案造成损坏，延长会计档案的寿命，保持其原貌。

会计档案保管工作的基本任务就是维护会计档案合理顺序，保证会计档案完整与安全，便于财务管理、生产决策、科学研究等各项工作的利用。

一、会计档案保管工作的工作内容

1. 会计档案库房管理

会计档案库房管理是指库房内档案的日常科学管理，如库内温湿度计、除湿机、加湿机、吸尘器、灭火器等设备配置和使用；档案合理排放于档案柜架，并进行编号；记录库内温湿度状况，根据需要通风、除湿、加湿等；

采取防霉、防虫、防尘、防火、防光和防盗等措施；对档案状况的检查及库房的清洁卫生等。

2. 各种专门技术处理

如对破损会计档案进行必要修补、复制等，并对档案进行消毒、杀虫等技术处理，都是档案部门通过有效地利用现代的和传统的各种防护措施和办法来加以实现的。

3. 维护会计档案的安全

档案的安全主要有两个方面：一是档案载体形态的安全，必须最大限度地保存下去，防止丢失、损毁；二是档案信息的安全，确保不丢失，不泄密。

二、会计档案保管工作的基本要求

1. 以防为主，防治结合

科学保管是会计档案保管工作的关键。保管会计档案的方法很多，概括起来，可以分为两方面，一是如何防止会计档案的损坏；二是会计档案损坏之后如何处理。强调以防为主，防治二者是相互促进、相辅相成的关系。

2. 加强重点，兼顾一般

对于需要长久保管的会计档案应采取措施，加以重点保护，使其既安全又延长寿命。同时要兼顾长期、短期会计档案。

3. 自力更生，勤俭节约

会计档案要妥善地保管下去，必须具备一定的物质条件，一定的技术力量。档案人员在保管会计档案工作中，应当从实际出发，坚持自力更生、勤俭节约的原则去保管好会计档案。

4. 立足长远，保证当前

会计档案保管工作的目的是为了最大限度地延长档案寿命，使其为人类社会服务。但档案在利用时，由于人为因素和自然因素会造成档案损伤，从而影响档案寿命。因此，要正确处理好保管和利用的关系，既要立足长远保管，又要保证当前利用。

会计档案保管工作具有十分重要的现实意义和长远的历史意义。会计档案的保管直接关系到会计信息资源的完整性和准确性。如果会计档案保管工作混乱，会计档案缺失不全，摆放无序，那么就很难保证一个单位财务工作的正常进行，甚至出现严重的后果，直接影响到会计档案各项基础管理工作的成果能否得到巩固和提高。

第二节　会计档案保管的设备及装具

会计档案保管工作的目的是为了最大限度地延长会计档案寿命，使其为人类社会服务。库房内应配置会计档案设备及装具，其规格、式样和质量应符合国家有关标准和各级档案行政管理部门的要求。

常用会计档案设备有安全监控、温湿度监控、温湿度升降、防火灭火系统、防光防尘防霉杀虫消毒系统、智能新风换气系统等。会计档案库房安全保护智能化综合管理系统须按照国家档案局《档案馆建筑设计规范》《档案馆温湿度管理暂行规定》《档案库房技术管理暂行条例》等有关档案安全保护的管理技术要求设计完成，突出会计档案库房会计档案安全保护的"十防"（即防盗、防火、防虫、防鼠、防潮、防尘、防高温、防光、防霉、防有害气体）要求，实现会计档案库房安全保护由被动人工管理向信息化、智能化、科学化、数字化管理的历史性跨越。

一、安全监控设备

会计档案安全是会计库房管理的一项重要工作，是维护会计档案安全的一项重要措施。可采取的主要措施：

1. 安装摄像监控系统

采用数字高清摄像监控设备实现对库房中所有区域全覆盖无盲点，可全方位、二十四小时监控库房每一个角落。

2. 安装防盗报警

通过对门窗区域加装防盗网及监控设备，对通过该区域的未授权人进行报警，主要设备采用智能吸顶双技术探测器，被动红外加微波移动探测，加上内置之微处理器，综合使用多种抗干扰及先进的报警确认分析技术，有效避免误报的产生，同时降低普通双鉴技术探测器漏报的可能性。

二、温湿度监控设备

根据国家有关标准的要求，会计档案库房内的温度应控制在 14℃ ~ 24℃，湿度应控制在 45% ~ 60%，库房一昼夜的温度变化不应过大，应控制在 +2℃ ~ −2℃；一昼夜相对湿度的变化应控制在 +5% ~ −5%。高温或高湿都会对会计档案的长期保存产生不利影响，如脆性增大、有害霉菌的生长繁殖、载体材料老化等。

常用的温湿度控制调节设备有轴流式窗用风机、去湿机、加湿机和空调机等，选用各种调控设备时应考虑设备功率的大小和库房的面积，使之相适应。也可以通过部署在库房内的浸水感应装置（窗口及门口位置）温湿度感应设备，时时监控采集库房中的环境变量，如有超出值可随时报警提示，并联动温湿度调控设备进行自动调节，使室内温湿度保持在设定范围内。

三、防火灭火系统

档案库房一旦发生火灾，便会造成无法挽回的损失，注意防火是档案部门的一项重要职责。防火灭火措施：

（1）会计库房的选址要考虑到防火的要求，尽量避开存在火灾隐患的地区，如食堂、厨房、电梯间等。

（2）会计库房自身结构应达到防火要求，库内应设有防火墙、防火门，装修材料应当采取非燃烧材料。

（3）会计库房的电源及电器设备应符合防火要求。

（4）根据档案管理要求，会计档案库房的灭火设备应采用对纸质档案没有损害的灭火方式。我国使用的灭火器很多，如化学泡沫灭火器、清水灭火器、酸碱性灭火器、二氧化碳灭火器、干粉灭火器、四氯化碳灭火器、1211 灭火器以及 912 灭火器。但有些灭火器并不适合档案部门灭火，有的伤害人体，有的损坏档案。比较适合档案部门使用的灭火器有：1211 灭火器和 912 灭火器。这两种灭火器都具有灭火效率高、毒性低、腐蚀性小、久贮不变质、灭火后不留痕迹、不污染档案资料、电绝缘性能好等优点。有条件的单位可采用无管网全淹式七氟丙烷灭火系统，连接至软件平台，实现报警时灭火设备自动启动功能。七氟丙烷气体对人体无伤害，释放快，保质期长，安装简便，对纸质档案没有危害。

四、防光防尘防霉杀虫消毒系统

光是由发光体发出的一种辐射能，无论是天然光还是人工光，对会计档案都有一定的破坏作用，其中破坏最大的是太阳光的紫外线，所以紫外线是会计档案保护中防光的重点。会计档案载体材料的老化与字迹的褪色都与紫外线辐射引起的一系列光化学反应有着密切的关联。会计档案库房的防光措施有多种，给会计档案库房的窗户安装窗帘是一种有效的方法，即用不透光的窗帘、厚窗帘、双层窗帘把窗户遮住，或在窗户上采用遮阳板、搭凉棚、挂竹窗及采用互成 90°的双扇遮光百叶窗，最大限度地减少阳光直射量。还可在窗上安装防紫外线的防光玻璃或用毛玻璃、花纹玻璃、彩色玻璃，配合窗帘阻止光线直射库房。控制照明灯具的数量，选用含紫外线少的白炽灯，减少会计档案利用中受光辐射的时间，对会计档案实行避光保存。

灰尘对会计档案的危害是多方面的，防止灰尘的措施有：会计库房不要靠近大街，如果处于灰尘较大的地方，应设内走廊；会计库房地面、墙壁要处理好，不要起尘和掉灰尘，地面以水磨石、地面砖最理想，普通地面可涂刷涂料或油漆；会计库房的门窗应封闭，通风使用可换气空调装置，净化进入库房的空气，采用自然通风时，窗户应安装过滤设施；会计库房四周应绿化，其可以阻挡、吸附部分灰尘，从而减少库房内灰尘的产生；经常做好清洁卫生，有效降低会计库房内的灰尘量，工作人员进会计库房应换工作服、鞋，以免把尘土带入库房。库房内除尘不宜使用鸡毛掸子，否则会造成尘土飞扬。使用干抹布擦拭，效果不佳；使用湿抹布，会引起库内湿度增高。因此，最理想的方法是使用吸尘器，它不仅可以除掉桌面、柜架表面等处的尘灰，还可以除掉案卷封面等处的灰尘以及墙壁、屋顶的灰尘。吸尘器有其特殊的吸灰原理，除尘较彻底，不会造成灰尘"搬家"。吸尘器型号、规格和种类较多，可根据库房大小进行挑选。

会计档案库房防虫的主要方法有：

（1）改善会计库房条件，切断档案害虫进入会计库房的通道。会计库房的门窗要严密，防止害虫进入室内，库房要远离食堂、卫生间等场所。

（2）控制会计库房的温湿度。害虫生长发育的适宜温度是 22℃~32℃，适宜的相对湿度为 70%~90%，通过除湿机、加湿机、空调对环境温湿度进行自动调节，使会计库房的温度、湿度符合国家规定的标准，抑制害虫的生长发育。

（3）使用驱虫药物。在会计档案柜架内放入适量的驱虫药剂，如檀香防虫片、长效灭蟑灵、樟脑精、长效防霉去虫灵等。

（4）保持会计库房内外环境的清洁卫生。害虫的滋生，一般与库房及其环境的卫生条件有关。保持清洁能破坏害虫的生存环境，从而防止害虫的生长和繁殖，清洁卫生经常化、制度化是预防档案害虫的有效方法。

（5）开展消毒工作。如果少量档案长霉，可配置 3% 的甲醛溶液，用棉球蘸后擦抹长霉处消毒，也可用其擦档案柜架。甲醛对人体有毒，消毒时应注意通风，尽量避免与人体皮肤直接接触。大量档案长霉，需要消毒，则进行熏蒸等灭菌处理，并协同相关部门共同研制除霉方案，精心安排，组织实施。比较安全、消毒效果比较好的方法有：甲醛熏蒸、环氧乙烷熏蒸、溴甲烷熏蒸。有条件的单位可通过臭氧消毒机或光氢离子消毒设备定时对库房环境进行消毒灭菌，可防止档案发霉生虫，使用档案消毒柜定期对档案进行消毒确保档案不会发生霉变。

五、智能新风换气系统

通风是控制与调节会计档案库房温湿度的简单易行的有效办法，根据库内外绝对湿度的大小来决定，如库内大于库外，可以通风，反之则不能通风。通风要注意以下几点：

（1）通风前，必须通过仪器测定和计算，掌握库内外温湿度的情况，决定是否应该通风。

（2）通风中，库房温度将发生变化并影响湿度变化，应随时观察库内温湿度变化情况，如出现不利于保持或趋向适宜温湿度的情况，要停止通风。

（3）如采用自然通风，库外最大风力不得超过三级，否则不宜通风。

（4）无论自然通风，还是机械通风，通风口必须安装过滤设备或纱窗，以避免虫鼠或灰尘进入库内。

有条件的单位可以装全天定时歇式自动停启换气系统，可将外部新风进行冷暖处理，起到节能作用。

六、会计档案装具

1. 会计档案盒

档案盒是会计档案的主要装具。档案盒存放档案不仅使案卷整齐，易于管理，还有利于档案保护，起到防尘、防光、防有害气体的作用。根据国家有关规定，会计档案盒制作材料一般应采用 250 克左右的牛皮纸板印刷而成，会计凭证盒采用 340 克以上箱板纸制作；会计账簿、财务报告等档案盒采用 700 克以上无酸纸制作。档案部门用于保管会计档案的档案盒应当符合以下几点要求：①档案盒的制作材料必须坚固耐用，要采取防虫、防霉措施；②要按常规会计档案的尺寸制作，保证取放自如；③盒内外应尽量制作光滑，减少机械磨损，便于除尘；④采取插卡式的脊背标签和案卷封面，可以重复使用，节约物质资源消耗。

（1）凭证档案盒。会计凭证档案盒的尺寸规格应当根据会计凭证所组成的案卷尺寸规格来定，一般略大于会计凭证的尺寸规格。外形尺寸采用 275mm×155mm 或 310mm×220mm，盒脊背厚度可根据需要设置 30mm、

40mm、60mm 等。会计凭证盒正面项目包括单位名称、月份编号、记账凭证号数、记账凭证总张数、附件张数、会计、复核、打印人、装订人、装订日期、册数、编号、全宗号、目录号、案卷号、密级；盒脊项目包括全宗号、目录号、案卷号、年度、月份、册数、册次、保管期限。

（2）账簿档案盒。会计档案账簿盒的外形尺寸采用 310mm×220mm 或 310mm×260mm，盒脊背厚度可根据需要设置 20mm、30mm、40mm 等。会计档案账簿盒正面项目包括类别名称、案卷题名、起止时间、卷数、页数、保管期限、全宗号、目录号、案卷号、盒号、密级；盒脊项目包括年度、全宗号、目录号、案卷号、盒号、保管期限。

（3）报表档案盒。会计报表档案盒的外形尺寸采用 310mm×220mm 或 310mm×260mm，盒脊背厚度可根据需要设置 20mm、30mm、40mm 等。会计报表档案盒正面项目包括编号、密级、年度、编报单位、会计主管、填报人、盒号、保管期限；盒脊项目包括类别名称、年度、全宗号、目录号、案卷号、盒号、保管期限。

2. 档案架

档案架是存放和保护会计档案的基本物质条件和库房的主要设备，其规格、式样和质量应符合国家有关标准和使用部门的需求。常用会计档案架有五节档案柜、双面档案架、互联密集架等。五节档案柜防光防尘效果好，局部小环境稳定持久，不易受影响，适宜存放长期、永久档案；双面档案架防光防尘效果不好，适宜存放短期档案和有关资料。由于会计档案中会计凭证的数额巨大，且规格尺寸较小，如采用通用的档案架来存放，就会造成存放空间的浪费，因此应订做或购买专门用于保存会计凭证的多层式档案架。如果条件允许也可以选择密集架，这样更有利于存放空间的合理使用。

3. 档案柜

档案柜是维护会计档案与安全，延长会计档案寿命的重要外部条件之一。一般选用国家档案行政机关监制的档案柜，如互联密集架、多节铁皮柜等。

4. 档案箱

一般而言，档案箱用于保存流动性大的单位形成的会计档案或待销毁的会计档案暂存。

总之，会计档案保管设备及装具的选择必须有利于会计档案的安全存放，有利于库房空间的充分利用和会计档案的平时取放。好的会计档案装具应当能够充分利用库房空间，为会计档案的保管提供一个相对密闭的空间，同时不能含有危害档案安全保存和档案人员身体健康的有害物质。

第三节 会计档案保管的环境监测

环境监测是会计档案保管工作的基础，在会计档案保管中起着十分重要的作用。各项监测数据是对会计档案保管环境的记载，客观地记录和反映会计档案保管库房的实时环境，并分析现有保管环境不足，能够为后期会计档案库房的规划、环境建设及更好地保管会计档案提供可靠的决策依据。根据《档案法》、《档案馆建筑设计规范》（JGJ25—2010）、《档案馆建设标准》（建标103—2008）、《档案安全保护技术管理暂行规定》及国家建筑设计施工规范等相关技术规范设计要求，档案库房应保持适宜的温度和湿度，注意及时通风，注意防火、防潮、防光、防尘、防毒、防虫、防鼠、防盗。

一、会计档案库房防潮措施

高湿高温都不利于会计档案长久保护，会降低纸张强度，造成字迹扩散，因此必须要做好防潮措施。

1. 确保温湿度控制在合理的范围内

根据国家有关标准的要求，会计档案库房温度应控制在 14℃～24℃，允许在+2℃～-2℃范围内。湿度应控制在 45%～60%，允许在+5%～-5%范围内，并认真做好温湿度记录，温湿度不在控制范围内应及时采取措施。

2. 做好温湿度控制措施

会计档案库房内温湿度受库外气候影响较大，随库外变化而变化。因此要求档案人员定时测记，一般每天 2 次，并依温湿度变化情况，随时采取除湿机去湿、通风降温等措施予以控制调节。

有条件的单位建议将库房建设成为具有自动调节温湿度功能，能减少人工干预。

二、会计档案库房防光措施

档案的光老化与字迹褪色都是紫外线辐射引起的，因此，防光的重点是防紫外线，防光措施主要有以下两点。

1. 库内光源的控制

库房选用白炽灯作为人工照明光源，照度不超过 100 勒克斯，库内照明必须坚持人走关灯原则，以减少人工光源对档案的破坏。

2. 库外光源的控制

不得随意打开库房门窗，并且，窗户要配有可防紫外线的窗帘，减少紫外线的透过量，阻止阳光直射到会计档案上。不要在阳光下整理、鉴定、利用会计档案，托运会计档案要采取遮阳措施，也要尽量减少利用原件复印的次数。

三、会计档案库房防水措施

会计档案库房管理中必须要科学地做好各种防水措施，随时检查库房窗户、环廊内墙有无渗水现象，发现异常应及时解决。

（1）库房必须远离水源，如库房不能设置于靠近厕所、食堂、消防栓等地方，库房也不应靠近有上下水道经过的地方。

（2）库房的窗户必须要日常注意检查，人走必须要关闭窗户，防止下雨天雨水通过窗户进入库房。

（3）库房选址必须选择地势较高的区域，不要设置于顶楼与底楼。

四、会计档案库房防盗措施

会计档案因为涉及经济数据等机构关键信息要素，因此是重点保护的档案种类，必须要做好防盗工作。

（1）加强库房的物理防盗设备的配置，如安装防盗窗、防盗门、防盗锁，做到外人不经允许无法进入库房，并且明确规定无关人员一律不得进入库房。

（2）库房要配置视频监控设备以及经外线监控系统。可进行 24 小时的实时监控，对出现的问题可以进行有效的追溯。

五、会计档案库房防霉措施

霉菌会严重影响会计档案的利用，还会增加会计档案纸张的酸度和湿度，有的霉菌还会产生有害毒素，威胁档案人员健康。常见的霉菌有：曲霉、青霉、木霉、根霉、毛霉等。必须加强对会计档案霉菌的预防，主要措施：

（1）控制温湿度。控制和调节库房温湿度，使温湿度降至霉腐微生物生长繁殖的最低温度界限以下，尽量保持库房恒定标准的温湿度，抑制霉腐微生物的生长。

（2）药剂防霉。防霉药剂能够直接干扰霉腐微生物的生长繁殖，理想的防霉药剂，应当是灭菌效果好，对人体毒性小。常用的防霉剂有水杨酸苯胺、五氯酚钠、氟化钠、多菌灵、洁而灭。

（3）气象防霉。气象防霉是一种较先进的防霉方法，污染较小。它利用气象防霉药剂散发出的气体，抑制或杀除档案上的霉菌微生物，以达到防霉的目的。如多聚甲醛释放出甲醛气体，具有凝固霉腐微生物体内蛋白质的作用；环氧乙烷能释放出无色的环氧乙烷气体，能与霉腐微生物体内的蛋白质结合，使霉腐微生物因代谢功能受到障碍而死亡。此外还可以采用射线防霉、高频防霉等物理防霉方法。

六、会计档案库房防虫措施

会计档案害虫是指在会计档案库房内完成整个生活史或部分发育阶段，并直接或间接危害档案的害虫。常见的会计档案害虫有：烟草甲、档案幼囊、黑毛皮囊、毛衣鱼、白蚂蚁、书虱等。害虫将会计档案蛀食成大小不等的孔洞，或从档案边缘由外向里蛀食，使档案缺损，或将携带的脏物、排泄物粘附在档案上，污染档案，覆盖字迹，严重影响会计档案利用，也给档案人员的健康带来隐患。预防会计档案害虫必须做到预防与防治结合，主要措施有：

（1）认真调控库房内温度、湿度，防止有害昆虫的生长繁殖，加强会计档案入库前的检疫与消毒处理工作，防止档案受害虫感染，并做好库房内外清洁卫生工作，消除档案害虫的栖息地。

（2）严格库房管理制度，库房内不得堆放杂物，不得在库房内进食以及存放食物。定期更换库房空气净化装置中的活性炭，以保证杀虫效果，定期做好防疫检查，以破坏害虫的稳定生态环境，发现问题及时解决。

（3）库房选址应该选择地势较高且干燥的地方，远离厕所、厨房、电梯间等场所，安装防虫的纱窗和纱门。

（4）驱避法。利用固体物资（苯、樟脑丸）发出的刺激性气味与氯性气体，在物资周围保持一定的浓度，使害虫不敢接近或被毒杀。

（5）熏蒸法。这一类杀虫剂汽化后，其毒气通过害虫的气门、气管等通道进入体内，使害虫中毒死亡。

（6）利用各种物理因素（光、电、冷冻、原子能、超声波、远红外线、微波、高频振荡）破坏害虫的生理机能与机体结构，使其不能生存或抑制其繁殖。

七、会计档案库房防火措施

会计档案库房中必须要注意采取各种防火措施，防火工作要把责任落实到人，指定专人负责会计档案库房的"防火"工作。

（1）库房的选址要避开存在火灾隐患的地区，如远离食堂、变压器、变电房、弱电间等，都是容易发生火灾的区域。并且，库房的电源及电器设备应当符合防火要求，灯具距离不应少于 0.5 米，库房无人严禁开灯，下班前必须逐间检查照明灯是否关闭，并在下班前彻底切断相关电源开关。

（2）库房自身的结构应该达到防火的要求，库房要安装防火墙、防火门。而且，库房应当选用非燃烧的装修材料（耐火等级不应低于 0.75 小时）。

（3）库房中必须配备充足的防火和灭火设备，保持消防通道畅通，以便消防车和消防员能及时进入火场。库房保管人员必须掌握灭火设备的使用方法，定期检查手动灭火器，熟悉消防应急处置方案，发现异常情况应及时报告，发现灭火器表压低于绿色区域时，必须及时重新充装。并且，紧密依靠当地消防部门，接受相关部门的检查、指导，防患于未然。另外，库房要有防火保护装置以及自动报警灭火装置。

八、会计档案库房防鼠措施

（1）建筑物防鼠。墙基应深入地面 1 米以下，地面厚度应 5 厘米以上，无裂缝，用水泥地面，门窗严密，通风处安装铁纱网，不留空隙并堵塞一切鼠道，防止老鼠从外部侵入。对水暖管道、电线通道也应注意采取相应措施。

（2）清除鼠类栖息条件。库房内外无用物品应及时清除，柜架与墙保持一定距离，清理柜架周围卫生，入库物品要检查，平时注意观察，使库内无鼠类可利用的食源、水源和隐藏环境。并且，要尽量让库房远离食堂、厕所、电梯间、弱电间等老鼠栖息地。

（3）库房有鼠患要及时进行灭鼠。① 物理方法灭鼠：放置鼠夹、捕鼠笼、粘鼠胶剂等，或利用超声波驱鼠器等器械。② 化学方法灭鼠：放置胃毒剂、驱鼠剂、樟脑和其他灭鼠药或熏蒸剂灭鼠等。

（4）保持库房清洁干净，不得堆放杂物，不得将食物存放于库房内，也不得在库房内进食。

九、会计档案库房防尘措施

会计档案要尽量减少粉尘接触，因为粉尘会对档案形成不好的影响，甚至会对档案产生腐蚀危害。会计档案库房防尘的主要措施：

（1）做好库房内外清洁工作，保持库房内四壁、平顶、地面和档案柜的清洁，窗口安装可移动防尘网，减少灰尘从室外进入。一般情况下不得随意打开库房门窗，以减少库外灰尘进入库房内。

（2）对入库的会计档案应采取防尘措施后方可入库房，并且，档案管理人员进入库房前必须检查身上、鞋底是否沾有泥土、灰尘，如有则必须清理干净，符合要求方可入库。

（3）定期除尘，防治结合，注意保持库房清洁，库房要配备吸尘器、加湿器、抹布等除尘工具，定期对库房进行清扫，要利用倒库的机会定期对档案装具进行除尘工作。

另外，还要注意监测库房室内外二氧化碳、二氧化硫等有害气体的含量，适时通风、以减低其浓度。

第四节　会计档案保管清册的编制

会计档案保管清册是指为了便于会计档案的科学管理，按照一定规律编写的会计档案详细目录。进行了会计档案电子化归档的单位，须在保管清册中标注电子会计档案和纸质会计档案。单位每年形成的会计档案，都应由会计部门按照归档的要求，负责整理立卷，装订成册，编制会计档案保管清册，交由档案部门保管。会计档案保管清册的编制格式和要求可参考表7-1。

各单位可根据实际情况设计会计档案保管清册表格样式，编制会计档案保管清册，以有利于档案检索和清点工作为宜。

会计档案保管清册由单位会计管理机构编制，通常按年编制，用以准确反映截至编制日时点已整理立卷的全部会计档案基本信息。会计档案保管清册是会计档案的完整目录清单，与会计档案的实际保管地点无关。也就是说，即使会计档案移交给单位档案管理机构保管，会计档案保管清册中也要体现已移交的档案。会计档案保管清册应当与会计档案移交清册一同移交给档案接收方，交接双方依照两个清册共同清点交接。如果移交时间短于1年，会计档案保管清册的编制频次应当与移交时间相匹配；如果移交时间长于1年，会计档案保管清册应至少按年编制。会计档案保管清册至少应当一式两份，移交时应在纸质保管清册上与会计档案移交清册履行相同的签字手续，移交方和接收方各留存一份。

表7-1 会计档案保管清册（参考格式）

单位名称：

序号	会计期间	凭证号码/账簿名称	类别	卷内文件		保管期限	存放地点
				件数	张数		

【填表说明】

单位名称：填写形成会计档案的单位名称，必须用全称或通用简称。

序号：案卷的顺序编号，用以固定和反映档案的排列顺序。

会计期间：填写本案卷会计档案的起止年月。

凭证号码/账簿名称：会计档案的编码或案卷题名。

类别：根据会计档案实体分类方案赋予档案的类别，分为会计凭证、会计账簿、财务会计报告、其他会计资料四大类。

卷内件数/张数：纸质会计档案填写本案卷内所含张数，不能按照粘贴或装订后的整页或整本填写数量。电子会计档案以件为单位整理，一份电子文件即为1件。

保管期限：会计档案划定的存留年限，按照新《管理办法》附表1和附表2填写保管期限。

存放地点：会计档案在库房的具体位置。

会计档案保管清册可与案卷目录相同，或用案卷目录代替，有案卷目录的可不用编写保管清册。

第五节 会计档案的排列

排列是相互联系、相互制约的统一整体。在排列布局前须对整个排列布局进行策划，计算出最简便的倒架方案，既节约库房空间，又提高工作效率。各个单位规模不同、性质不同、社会往来不同，形成会计档案的类别及多少也不相同，因此会计档案的排列要从单位具体情况出发，根据不同情况，全面考虑，统筹兼顾，灵活掌握。

一、会计档案的排列要求

会计档案保管的排列就是将接收进来的会计档案造册登记后，放置在相对固定的物理空间位置上，以便于会计档案的安全保管和查找利用的活动。排列要整齐，要在柜架上注明类别和档号，以方便查找。其原则是从上到下，从左到右，按以下几点要求进行。

（一）实用性要求

会计档案的排列要注意实用，避免因过分讲究形式上的美观和视觉感觉而浪费库房存贮空间和档案装具。在选择排序方法时，注意库房空间的科学合理利用，同时也要便于会计档案的调取、归还和抢救。柜架之间的主通道应当保持 1 米或 1.2 米的间距，如果采用普通的档案柜架，每个柜架之间至少保留 0.8 米左右的间距。另外，会计档案的排序，不能为日后的倒架工作增加负担。对于会计档案较多的单位，会计档案排架还要便于档案人员的分工和分库管理。

（二）美观性要求

会计档案的排列尽可能做到整齐美观，充分利用有限空间。会计档案的规格大小不同，如果排序不讲究美观整齐一致，那么会计档案的管理也会陷入混乱的境地，因此，要选择能够体现会计档案规格特点的排序方法。

（三）稳定性要求

会计档案排列工作的成果需要通过编号的形式加以固定，为此应将所有的会计档案装具统一编号，尽可能减少倒架和经常调整库位。编号力求简洁，易识易记，避免冗长。编号一般是自库房门开始，自左向右依次编柜架的代号，然后再自上而下编每个柜架的栏号。因为柜架编号直接关系到能否迅捷准确地取放所需的会计档案，所以一般情况下不应随意改变柜架的编号，而应保持其长期的稳定性。

（四）安全保密要求

为了保证入库会计档案的安全保管，档案管理部门应当建立会计档案保管登记制度。会计档案保管登记一般采用会计档案登记簿的形式来完成。这种登记簿是档案管理部门依据会计档案接收入库的时间顺序，由会计档案管理人员填写。通过登记簿，可以了解和控制入库会计档案的数量状况。会计档案的排序要有利于对具有重要的和长远保存价值档案的安全保护，对于具有重要价值的会计档案应当分类存放密码柜。

二、会计档案的排列规则

根据上述要求以及会计档案分类方案所确立的分类体系，实行分类排列的方法。会计档案的排列可分为会计档案卷内文件的排列和会计档案案卷间的排列，卷内文件的排列将在立卷章节阐述，此处仅讨论会计档案案卷间的排列。案卷的排列是会计档案整理中的一项重要工作，案卷的排列是否科学实用，关系到后续的利用是否方便，保管是否便利。同时，排列与分类具有密切的关系，分类的结果往往需要通过"排列"去落实，而排列的方式也需要依据分类的方案。在排列时，首先，一般应根据分类方案规定的顺序进行排列，因为在制定分类方案时，对各类目的的划分及排列顺序已考虑了人们思维的特点、利用的习惯，符合逻辑；其次，分类方案相对固定，容易形成秩序感。会计档案最基础的分类方案一般有"会计文件形式—会计年度—保管期限"和"会计年度—会计文件形式—保管期限"两种方式，在此分别以这两个方案为例介绍会计档案的排列。

（一）会计文件形式—会计年度—保管期限

选择这种分类方案，在排列时首先按会计文件形式排列，在同一会计文件形式中按会计年度的先后排列，最后按保管期限的长短排列。如某单位的分类方案为：

会计凭证

2016 年

（1）各种原始凭证、记账凭证（30 年）

（2）会计拨款凭证及其他会计凭证（30 年）

（3）涉及债权、债务及未清理完毕的凭证（30 年）

2017 年

（1）各种原始凭证、记账凭证（30 年）

（2）会计拨款凭证及其他会计凭证（30 年）

（3）涉及债权、债务及未清理完毕的凭证（30 年）

......

会计账簿

2016 年

（1）总账（30 年）

（2）银行存款日记账（30年）

（3）项目明细账（30年）

（4）会计科目明细账（30年）

（5）资金往来明细账（30年）

（6）固定资产卡片（固定资产报废清理后保管五年）

（7）其他辅助性账簿（30年）

2017年

（1）总账（30年）

（2）银行存款日记账（30年）

（3）项目明细账（30年）

（4）会计科目明细账（30年）

（5）资金往来明细账（30年）

（6）固定资产卡片（固定资产报废清理后保管五年）

（7）其他辅助性账簿（30年）

……

财务会计报告（报表）

2016年

（1）年度报告（报表）（永久）

（2）月、季度、半年财务报告（报表）（10年）

2017年

（1）年度报告（报表）（永久）

（2）月、季度、半年财务报告（报表）（10年）

……

其他会计资料

2016年

（1）会计档案移交保管清册（永久）

（2）会计档案销毁清册（永久）

（3）工资清册（永久）

（4）银行存款余额调节表（10年）

（5）银行对账单（10年）

2017年

（1）会计档案移交保管清册（永久）

（2）会计档案销毁清册（永久）

（3）工资清册（永久）

（4）银行存款余额调节表（10 年）

（5）银行对账单（10 年）

……

在排列时，首先按会计文件形式排列，会计凭证集中排列在一处，之后再排列会计账簿、会计报告、其他会计资料。在同一种会计文件形式中，再按会计年度进行排列，如 2016 年的会计凭证排列在一处，之后再排列 2017 年及之后的。根据本分类方案，会计凭证又分为各种原始凭证、记账凭证、会计拨款凭证、其他会计凭证，涉及债权、债务及未清理完毕的凭证等，在同一年度中，可以依照这些类别依次排列。值得注意的是，分类方案中已经考虑了保管期限的排列顺序。依据分类方案排列，也符合保管期限排列的要求。

（二）会计年度—会计文件形式—保管期限

选择这种分类方案，在排列时先按会计年度进行排列，在同一年度内，根据会计文件形式排列。如某单位的分类方案为：

2016 年

会计凭证

（1）各种原始凭证、记账凭证（30 年）

（2）会计拨款凭证及其他会计凭证（30 年）

（3）涉及债权、债务及未清理完毕的凭证（30 年）

会计账簿

（1）总账（30 年）

（2）银行存款日记账（30 年）

（3）项目明细账（30 年）

（4）会计科目明细账（30 年）

（5）资金往来明细账（30 年）

（6）固定资产卡片（固定资产报废清理后保管五年）

（7）其他辅助性账簿（30 年）

财务会计报告（报表）

（1）年度报告（报表）（永久）

（2）月、季度、半年财务报告（报表）（10 年）

其他会计资料

（1）会计档案移交保管清册（永久）

（2）会计档案销毁清册（永久）

（3）工资清册（永久）

（4）银行存款余额调节表（10 年）

（5）银行对账单（10 年）

2017 年

……

在排列时，先将 2016 年度的会计档案集中排列在一起，2017 及之后的会计档案依次排列。在同一年度中，按照会计凭证、会计账簿、会计报告和其他会计资料的顺序进行排列。在同一会计文件形式内，按照分类方案的顺序进行排列，如"会计账簿"类，先排列总账，再按银行存款日记账、项目明细账、会计科目明细账、资金往来明细账、固定资产卡片列表（固定资产报废清理后保管五年）、其他辅助性账簿的顺序依次进行排列。

不同的分类方案在排列时会有不同的优缺点，如选择"会计文件形式—会计年度—保管期限"的分类方案，其优点是各种文件类型比较集中统一，查找方便，因为同一种文件类型的外观尺寸也比较统一，看上去比较美观整齐，缺点是比较占用库房空间，因为每一种文件类型都需要提前预留足够的空间。选择"会计年度—会计文件形式—保管期限"的分类方案，其优点是可以根据时间自然地往后增加档案，比较节约库房空间，缺点是因为各类档案的尺寸大小不一，上架后不够整齐、美观。具体选择何种分类方案和排列方式，可以根据本单位的实际需求来考虑。

二、会计档案的入库登记

为了保证入库会计档案的安全保管，会计档案管理部门应当建立会计档案保管登记制度。会计档案的保管登记一般可采用"会计档案登记簿"的形式来完成，具体见表 7-2：

表 7-2　　　　　　　　　　　会计档案登记簿

顺序号	接收日期	类别	卷（册）数	保管期限	存放地点	移交人	接收人	备注

【填表说明】

顺序号：根据会计档案入库的时间排列顺序。

接收日期：填写移交会计档案的时间。

类别：分为会计凭证、会计账簿、财务会计报告、其他会计资料四大类。

卷（册）数：纸质会计档案填写本案卷内所含件数。电子会计档案以件为单位整理，一份电子文件即为 1 件。

保管期限：会计档案划定的存留年限，按照新《管理办法》附表 1 和附表 2 填写保管期限。

存放地点：会计档案在库房的具体位置。

移交人：由移交部门的经办人员签字或盖章。

接收人：由接收部门的经办人签字或盖章。

备注：填写需要特别说明的情况。

这种登记簿是档案保管部门依据会计档案接收入库的时间顺序，直接由会计档案管理人员负责填写的，通过这种管理工具，可以有效了解和控制入库会计档案数量状况。

三、会计档案存放地点的索引

会计档案存放地点的索引，又称会计档案存放位置索引，是为了库房管理人员能够及时了解库藏会计档案的放置位置和迅速取放档案，而编制的一种指明会计档案存放物理空间位置的管理工具。一般是以会计档案为主线编制的，其基本著录项目包括：全宗名称、库房位置、存放档案的类名及档号、库房放置地点及备注等。会计档案存放地点索引的作用主要包括：

（1）它是一种库房管理工具，能够帮助库房管理人员熟悉库藏的会计档案的基本情况。

（2）它又是一种查找会计档案的基本检索工具。档案管理人员利用这种检索工具，可以迅速地将借阅者所需要的会计档案找出来。

会计档案存放位置索引的具体格式可以参照表 7-3 来编制。

表 7-3　　　　　　　　　　　　**会计档案存放地点索引**

全宗名称：			全宗号：					
案卷目录号	案卷目录名称	案卷起讫号码	存放地点					
			楼层	房间	档案柜（架）	栏	格	备注

【填表说明】

全宗名称：档案馆（室）赋予全宗的标识。

全宗号：档案馆（室）分配给全宗的代码。

案卷目录号：全宗内文件所属目录的代码。

案卷目录名称：全宗内文件所属目录的标识。

案卷起讫号码：本案卷内会计档案的文件起止号数。

存放地点：会计档案在库房的具体位置。

楼层：本案卷会计档案的存放楼号层数。

房间：本案卷会计档案的存放房号。

档案柜（架）：本案卷会计档案的存放档案柜（架）号。

栏：本案卷会计档案的存放档案柜（架）栏数。

格：本案卷会计档案的存放档案柜（架）格数。

备注：填写需要特别说明的情况。

会计档案存放地点索引可制成籍册或卡片，还可制成图表，悬挂在库房醒目之处，方便查找使用。但是，为了保密需要，一般不能将这种索引图放置在办公室或其他公共场所，索引的详细程度和项目可按实际情况增减。

第八章　会计档案的利用

☞ **本章概述**

　　本章介绍了会计档案的利用原则、利用方式，以及会计档案检索工具的编制、会计档案的编研，并介绍了会计档案利用需要注意的问题。

☞ **本章重点**

　　1. 会计档案的利用原则

　　2. 会计档案的利用方式

　　3. 会计档案检索工具的编制

　　4. 会计档案的编研

☞ **本章难点**

　　1. 会计档案利用注意的问题

　　2. 会计档案的编研类型

☞ **学习目标**

　　1. 掌握会计档案的利用原则和利用方式

　　2. 了解会计档案检索工具的编制

　　3. 明晰会计档案的编研类型

　　4. 注意会计档案利用过程中出现的问题

　　会计档案利用是指会计档案管理人员根据利用者的利用需要，按规定以一定方式向其提供相关会计档案信息的活动过程。会计档案信息是国家机关、企业单位、事业单位及其他社会组织经济信息的核心，它一方面反映各机构连续、系统、全面的经济管理情况；另一方面为各机构经济决策提供重要依据。

第一节　会计档案利用概述

　　会计档案信息内容涉及各个单位经济管理、企业经营等情况，只有合理合法地开展利用服务工作，才能较好地发挥会计档案信息的积极作用，实现会计档案价值。

一、会计档案利用原则

（一）真实客观性原则

会计档案信息服务机构或人员向利用者提供的会计档案信息，应与会计核算对象的客观事实相一致。在提供会计档案信息服务过程中，服务人员应当认真地核对会计信息与有关合法会计凭证文件的记录是否相符，特别是事关全局的重要决策、重要事件的处理、工作中心目标的确立等主要事项所需的会计档案信息，服务机构或服务人员必须进行认真核对。

（二）及时高效性原则

随着信息技术的发展，社会节奏越来越快，工作效率越发被人们重视。会计档案信息服务机构和人员，应树立高效的服务观念，借助各种现代管理技术和方法，不断提高会计信息服务工作的响应速度，及时有效地满足会计信息利用者的合法利用需求。

（三）公开公正性原则

社会监督部门可以通过会计档案信息掌握企业的产值、销售数额、利润率、固定资产、流动资产、无形资产、上缴利税等方面的情况。对于上市企业来说，实行会计档案信息公开是一项基础性工作，也是保证持股者利益、增强企业信息透明度的客观需要。为此，会计档案信息服务机构，应当依法公布或提供社会公众和有关监督与检查部门利用者所需要了解的会计档案信息。

（四）合理保密性原则

根据国家法律和机关、企业事业单位的有关管理制度，一些会计档案信息可以在利用时取得信息豁免权，即由有关的会计档案信息的形成者决定是否应当对外公布。这些会计档案信息，往往事关一个国家、一个机关、一个企业的机密事项，如果过早地公开使用，就会给国家集体组织等造成一定的损失。在利用实践中，必须注意分清会计档案信息的访问权限及使用权限，针对不同的会计档案信息利用者，提供不同范围的信息服务。

二、会计档案利用方式

（一）阅览服务

阅览服务是指档案管理部门开辟阅览室，向会计档案信息利用者提供会计档案信息的一种服务形式。它是目前我国档案管理部门向利用者提供会计档案信息服务的一种主要形式，主要包括会计档案实体借阅和电子借阅。

会计档案实体借阅就是通过提供原件，满足利用者的会计信息利用需求。会计档案原件是具有法律作用和凭证价值的重要书证，是解决各种矛盾、化解各种纠纷、佐证各种事实的真凭实证，是令人信服的历史证据。为了解决、查实各种实际工作事项，利用者都希望会计档案管理机构提供原件来满足其利用需要，对于会计档案管理机构而言，只要利用者的利用需要合理合法，并且在有效的监控条件下，就可以提供会计档案的原件，满足利用者的利用需要。在一些特定的情况下，如原件破损严重，缺乏必要的监护措施，利用者利用目的不清或不合法等，会计档案管理机构或人员不能擅自提供会计档案原件服务。

随着我国电子网络的建设和发展，特别是 20 世纪 90 年代以来会计电算化程度的不断升级和完善，利用电子网络平台来满足社会各种合法利用者的利用需求，已经成为社会信息化建设的一个重要标志。通过设定不同利用者的访问权限，会计档案信息管理部门可以为不同类型的利用者提供与其"身份"相符合的会计档案信息。电子网络所提供的会计档案信息服务可以不受时间和空间的限制，从而大大提高了会计档案信息的利用效率。开展阅览服务的具体工作内容和工作程序如下：

（1）档案管理部门设立阅览室。有条件的单位还可以为会计档案信息的利用者开设电子阅览室，让利用者利用数字化的会计档案信息资源。

（2）接待会计档案信息利用者，解答利用者提出的相关问题。接待工作是一项业务性、政策性和艺术性较强的服务工作。它要求负责接待的档案人员认真负责地进行此种活动。做好接待工作应深入了解利用者需要，积极满足利用者的合理利用需求，切实帮助利用者准确地表达其利用需要，确定查阅会计档案信息的范围，为会计档案信息利用者提供较为完整、系统的会计档案信息材料。由于保密和保护的需要或因馆（室）藏的局限等原因，暂时不能向利用者提供的会计档案及其信息加工品，有关接待人员要向利用者解释清楚不能提供利用的原因。

（3）通过有效方式满足会计信息利用者的需要。在清楚地了解会计信息利用者的需求后，就可以选择恰当的方式来满足其利用需要。应考虑可否采用会计档案复本、备份或复制件、参考资料及会计档案信息加工品等形式，满足会计档案利用者的需要，以便最大限度地保证原件的实体安全。如若没有复本、备份与资料可资利用，也可以提供原件。

另外，利用者必须承担保护会计档案的义务，爱护所查阅的会计档案，不得在会计档案上作标记，禁止涂改会计档案，严禁利用者在阅览室内吸烟、喝水，使用可能污损会计档案的书写工具。利用者不得擅自将会计档案原件及其复制品、拷贝等，带出阅览室，阅毕的会计档案应及时归还，接待人员要认真清点，履行归还手续。如若发现有关的会计文件遭到污损、涂改、遗失或出现其他异常现象和问题，管理人员应立即采取措施，予以妥善处理。

（二）外借服务

会计档案外借服务是指会计档案管理部门为满足某些需要原件或副本做证据等特殊利用需求，暂时将会计档案借出馆（室）外使用的一种服务方式。在档案馆，会计档案一般是不借出馆（室）外利用的。在档案馆的提供利用活动中，档案人员对那些珍贵的或易损的会计文件，以及特殊载体的会计档案，一般不能借出馆外使用。

（三）展览与陈列

展览与陈列是指档案管理部门按照一定的主题，以展出会计档案原件或其复制品的方式，系统地揭示和介绍档案馆（室）藏中有关会计档案的内容与成分的一种服务方式。档案部门举办的展览形式，一般有两种：①长期性展览。这种展览通常是通过设立长期的、较固定的展厅（室），全面系统地陈列馆藏中的反映一个国家、一个地区、一个系统、一个单位会计工作情况。它可以使档案利用者充分认识到会计档案与会计工作的社会意义和重要性。②短期性展览。这种展览是档案管理部门根据有关工作的需要，举办的反映会计档案价值、有关经济案件、会计档案的内容和成分、会计档案利用效益、会计档案质量问题及会计工作成就与失误等方面情况的展览。

（四）提供会计档案副本

制发会计档案副本服务是指档案管理部门根据利用者的合理需要，以原件或已有的会计档案副本为依据，通过复制（包括静电复印、照拍、晒印、摹写、抄录等）、摘录等手段，向利用者提供会计档案复制品的一种服务方式。制发复制品时，对复制珍贵及易损档案应严格控制，应履行一定的审批手续，复制后应对照原件认真校对，必要时还应注明会计档案复制件的出处，并加盖档案管理部门的公章。此外，档案管理部门应对制发复制本的范围、审批权限等做出明确规定。通过提供会计档案副本，满足会计信息利用者的利用需要。会计档案的副本所承载的会计信息内容方面，同会计档案的原件是相同的。

（五）制发会计档案证明服务

档案证明是指档案馆（室）根据有关档案用户的询问和申请，为核查某种事实在馆（室）藏档案中记载情况（有无记载和如何记载）而摘抄编写的一种书面证明材料。制发会计档案证明，也是档案管理部门开展此项档案提供利用服务的具体方式之一。如为公民提供有关工资待遇、收入状况、纳税情况等方面的书面证明材料；为司法、审计部门审理或核查有关案件，提供相关的证明材料等。

档案管理部门应根据有关利用者的合理申请来编写档案证明，而且，必须根据会计档案原件来编写，在档案证明上应注明有关材料出处及编写方法，内容范围确定，不能超出经过审核证明范围而列入其他材料。档案证明的文字必须准确明了，必须进行认真校核，并在确认无误后，加盖公章。

（六）开展目录信息服务

会计档案目录是联系利用者与会计档案信息的一座桥梁。利用者只有借助于相关会计档案目录信息，才能顺利地实现其利用需要。由于会计档案信息的特殊属性，许多收藏在档案管理部门的会计档案信息，利用者知之甚少或知之不详。因此，档案管理部门可以采取一定的服务方式，消除利用者需求障碍，促进其利用需求的产生与实现。实践表明，印发、出版、交换会计档案的目录（索引、指南），是一种有效解决问题的办法，有利于提高会计档案利用率。

（七）开展咨询服务

档案咨询服务是档案管理部门满足利用者需要的一种经常性的服务方式。会计档案咨询服务是指档案管理部门答复利用者询问，指导其利用会计档案信息资源的一种服务方式。除了开展日常咨询服务活动外，档案管理部门在某些情况下，可根据利用者的要求，开展会计档案信息定题咨询或跟踪咨询服务，定题咨询即档案管理部门依据利用者对会计档案信息的利用需要，在了解其利用专题范围基础上，有计划地为利用者搜集相关会计档案信息，编辑会计档案信息参考资料，主动协助利用者实现其利用需求的一种特殊服务方式。而跟踪咨询服务则是指档案管理部门在初步满足利用者利用需求后，继续为利用者搜集相关会计档案信息线索，主动提供新的相关信息服务的方式。会计档案咨询服务的主要种类：

1. 按内容性质划分

可将会计档案信息咨询分为事实性咨询、指导性咨询与检索性咨询。

事实性咨询是指档案管理部门解答利用者关于特定的会计事项或会计数

据的询问。在开展会计档案信息咨询服务过程中，经常会有些利用者提出与特定经济事件、会计事务、人员工资、福利待遇等相关会计信息与数据方面的询问。有效地解答利用者提出的这些问题，是衡量会计档案信息咨询服务质量好坏的尺度之一。指导性咨询是指档案管理部门对利用者在查阅会计档案与会计信息资料时发生的疑难问题进行指导服务。指导利用者掌握查找所需会计档案信息的方法，了解和把握各种检索工具和数据库的特点及使用方式，解答利用者在使用会计档案信息过程中出现的一般性知识方面的询问。检索性咨询是指档案管理部门根据有关利用者的利用权限和利用需求，对已经确定的工作、科研或生产等项活动，主动地提供有计划、有组织的会计档案信息情报（包括相关的事实、数据、目录信息等）咨询服务。这种咨询不要求咨询人员对档案文件进行分析、研究，而只需根据会计档案信息记录上已有的事实或数据记录情况与他们确知的客观事实，回答利用者的询问。

2. 按咨询的难易程度划分

可将其划分为一般性会计档案信息咨询和专门性会计档案信息咨询。一般性会计档案信息咨询是指档案管理部门针对利用者提出的关于档案管理部门的基本情况、会计档案信息利用的规章制度、会计档案的种类及内容和成分等方面的询问，所进行的一般性解答服务。专门性会计档案信息咨询是指档案管理部门根据对有关会计档案的分析研究结果，解答档案用户关于特定会计档案信息的价值、会计文件中记载事实或数据的真实性与可靠性、会计文件中某些术语的含义，以及有关专题会计档案信息范围等方面的询问。

3. 按咨询的形式划分

可将其划分为口头咨询和书面咨询。

口头咨询是指档案管理部门以口头解答或电话答复等方式，回答利用者在查阅、使用会计档案信息活动中的有关难题的一种咨询服务。书面咨询是指档案管理部门以正式书面材料形式，解答利用者提出的有关会计档案、检索工具、档案机构等方面的询问。

第二节　会计档案的检索工具

迅速、准确地提供会计档案信息，离不开完善的检索工具，各单位档案部门在接收会计档案后，就必须编制相应的会计档案检索工具。

一、会计档案检索工具的种类

根据会计档案检索工作需要，主要应编制两种检索工具：一种是会计档案案卷目录；另一种是会计档案专题目录。它们都是把案卷内容著录成条目，将著录的若干条目按一定次序排列，组成一个有机体系。

案卷目录是全面揭示每本案卷内容的一种检索工具。会计档案案卷目录式样有两种，分别适用于会计档案报表、账簿和凭证。适用于会计报表、会计账簿的案卷目录项目有顺序号、案卷名称、起止日期、卷内张数、保管期限、存放地点、备考等。适用于会计凭证的案卷目录项目有顺序号、年月第册、凭证号至号、本册自月日起至月日止、张数、保管期限、存放地点、备考等。

会计档案专题目录是集中、系统地揭示有关某一专题的档案内容和成分的一种检索工具。各不同会计核算单位，可根据工作任务、内容等需要编制各种会计档案专题目录，内容与案卷目录各项内容基本相同，只是分专题进行编制。

二、会计档案检索工具编制方法

（一）会计档案案卷目录的编制方法

1. 统一编制案卷目录

将一年内形成的会计报表账簿及凭证按照案卷目录所列各项，依次填入。待各年度所形成的会计报表、账簿及凭证依次填入后，再将单页的案卷目录汇编成册。在装订案卷目录时应注意前面附加会计档案案卷目录封皮，这种编制案卷目录的方法可以集中揭示每一年度的会计活动情况，直观反映出每年度形成会计档案数量及全部会计档案总数量，便于统计。

2. 分别编制会计报表目录、会计账簿目录和会计凭证目录

将历年会计报表、会计账簿和会计凭证分别集中，各编入一本案卷目录，同时形成三本会计档案案卷目录。编制方法简便易行，能分别揭示一个会计核算单位各自形成的报表、账簿、凭证的数量内容等情况。

3. 区分保管期限编制案卷目录

将不同保管期限的会计档案分别编制案卷目录，使具有相同保管期限的会计档案集中反映在一本案卷目录上。这种编制案卷目录的方法便于日后档案移交和销毁。如永久会计档案移交进馆后，其他案卷目录可照样使用，不

必重新编制，但日常管理工作不太方便，因为会计档案的保管期限分为：永久、30年、10年等。如果只是将永久会计档案单独编制目录，其他不分保管期限或统称为定期卷，将定期会计档案按报表账簿和凭证不同形式分别编制目录，更为实用。

（二）专题目录的编制方法

会计档案专题目录编制方法就是根据工作需要，设置若干专题，然后按照一定专题，把反映内容相同的会计档案条目组合在一起。如各级财政部门常常要根据编制长远规划和经济发展史等方面的研究工作需要，将历年案卷中有关生产、基建、事业经费、财务决算及其说明等作为专题而编制目录。各工厂根据本厂的实际按有关原材料采购生产、销售等情况设置专题，然后将会计档案中反映同一专题内容的案卷编目成册，便可形成集中反映某项专题内容的专题目录。利用这种专题目录检索出各专题的案卷，通过这些案卷可以进行各年度某专项内容情况的对比、分析，从而研究问题，做出科学决策。

第三节　会计档案的编研类型

一、编辑会计档案基础数据汇编

会计档案信息是企事业单位最主要和最基本的经济信息，对各单位正常运转、科学决策、经济管理、分析资金使用效益、堵塞管理漏洞等都有十分重要的作用。会计档案基础数据汇编就是利用会计档案中的数据资源，把本单位在一定历史时期（或阶段）的经营、管理、资金使用等方面的会计数据，依据相关主题汇编起来，以供单位领导和管理人员全面、系统地了解和掌握本单位各方面情况，并进行综合分析和管理决策、经营决策、资金合理投放等项工作，提供丰富翔实数据的一种综合性信息产品。

二、编辑重要会计档案数据汇集

重要会计档案数据汇集是一种依据各单位管理需要、生产经营需要、史学研究需要等，按照一定的指标将会计档案中的相关数据挖掘出来，予以汇总的会计档案信息产品。通常由于会计档案中涉及的会计科目较多，其中有些科目的设计主要是为了一般性的财务资金管理需要而确立的，并不具有长远的查考利用价值。为此，会计档案数据加工者根据本单位、本系统、本地区经济管理需要，科学合理地选定有助于管理决策和了解经济发展趋向、资金使用基本状况的指标类型。如将各个生产年度的产品总产值、已实现利润、上缴国家和地方的利税、员工工资总额、岗位津贴总额、奖金总额、产品成本、技术改造投入、企业留利、人才培训投入、人均产值等，作为重要会计档案数据汇编的统计项目，编制成图表，使本企业负责人及上级单位领导便捷地了解该企业生产经营情况及其技术投入、人员培训投入等方面的重要会计信息。

三、编辑经济效益走势图

编辑经济效益走势图是利用坐标图或饼图、柱形图等形式，直观地将有关历史阶段或时期单位的经济效益情况反映出来的一种会计档案信息产品，供企业领导或公司决策者使用。同时，这种编研成果还可以对员工产生激励作用，并可以使社会公众了解上市公司或企业生产及经营管理情况。经济效益走势图还能够引导公司或企业管理者分析经济效益提高与走低的原因，帮助他们及时调整生产经营策略，总结历史经验，把握市场脉动情况。

四、编制阶段性资金活动分析表

阶段性资金活动分析表，是一种用以反映某一阶段企业或公司生产与经营管理情况，并通过对比分析有关资金收支数据，认识单位经济活动规律及生产经营的经验教训的会计档案信息产品。如某市一家纺织品商贸公司会计档案管理人员和该单位财会人员共同编制的1990年以来5年期资金活动分析表，全面分析了该公司各个历史阶段资金收支情况，从中发现了一些带有规律性的问题，为该公司开拓市场、增减主营项目、调整业务分工、任用得力人员等，提供了切实的信息支持。

五、编纂会计档案史料汇编

会计档案史料汇编是会计档案管理人员和有关的财会人员，为满足编修各种史志的需要，将有关单位、系统、地区会计档案中的重要数据汇编成册，供史志编修人员参考使用的一种会计档案信息与知识产品，予以汇总出版。

第四节　会计档案利用注意的问题

一、会计档案在馆借阅注意事项

为会计档案信息利用者提供必要的阅览条件,包括:人员条件、物质条件和制度条件等。人员条件是指在阅览室里应配有熟悉馆(室)藏,了解有关会计专业知识或历史知识,业务能力强,工作热情的档案工作者。物质条件是指在阅览室内应装备必要的物质设施,并为档案利用者准备诸如检索工具、工具书、参考资料等常用的参考或查寻材料。制度条件是指建立与健全旨在维护会计档案完整与安全的有关阅览规则及制度,对接待对象、阅览范围、阅览要求与手续,以及其他相关事项,都应做出较明确的规定。

二、会计档案外借注意事项

(一) 建立、健全制度

一般来说,只有在党政领导机关、司法机关、审计机关必须以会计档案原件作为证据的特殊情况下,才可将会计档案原件借出馆(室)外使用。而且,还需要注意,外借会计档案时必须注意以下几个方面的问题,一是外借会计档案的时间不宜过长,以免遗失、失密与泄密。二是借出会计档案时应履行严格的交接手续,并查明外借会计档案的份数及其状况(保存状况、完整性状况、数据记录状况等)。三是外借会计档案的数量应予以控制,一次借出馆(室)外的会计档案数量不宜过多,以免影响其他利用者的使用。四是会计档案借出后,应填制代卷卡(单),放置在会计档案原来的位置上,以便掌握档案的流动和利用情况。五是归还会计档案时,档案人员必须认真清点,并在借阅登记簿上注销,如果发现外借会计档案被污损、拆散、撕破、抽换、散失等,则应及时向有关领导部门汇报,以求妥善处理。

(二) 做好外借会计档案的登记工作

监督会计档案利用者填写清楚借阅单,做好外借会计档案登记簿的记录工作,是会计档案外借服务工作的一项重要要求。登记内容一般包括:题名、档号、页(件)数、密级、借阅日期、利用目的、利用效果、归还日期、利用者所在单位名称及借阅人姓名、归还签收人等。开展此项工作的目的,在于掌握有关会计档案利用者借阅了哪些会计档案及其副本,了解有关外借会计档案的去向,控制会计档案的归还时间,明确借阅使用会计档案的责任等。

（三）建立催还制度

对外借会计档案到期不归还者，档案馆（室）必须要有相应的应对措施，及时向有关档案利用者催还。催还的主要目的在于：减少会计档案原件在同一利用者手中的滞留时间，防止影响其他利用者的查用，提高会计档案的利用率，避免会计档案因外借时间过长而出现损坏、散失、失密等问题。对个别档案利用者，如确系工作或生产需要，不能按时归还者，经过批准则应办理续借手续。

第九章　会计档案统计工作

☞ **本章概述**

　　本章介绍了会计档案统计工作原理、任务、意义及要求，介绍会计档案统计绝对数、相对数、平均数指标，介绍会计档案统计与登记方法，列举了会计档案各种统计表，介绍会计档案统计数据的应用。

☞ **本章重点**

　　1. 会计档案统计工作原理及要求

　　2. 会计档案统计工作指标与方法

☞ **本章难点**

　　会计档案统计工作绝对数、相对数、平均数指标及其应用

☞ **学习目标**

　　1. 掌握会计档案统计工作的原理及其要求

　　2. 了解会计档案统计工作的意义

　　3. 掌握会计档案统计工作的指标及其应用

　　4. 掌握会计档案统计工作方法及准确填写各种统计表

　　5. 了解会计档案统计工作数据应用

　　统计工作是在一定的统计理论指导下，采用科学的方法搜集、整理、分析统计资料的一系列活动过程。它是随着人类社会的发展及治国和管理的需要而产生和发展起来的，至今已有四五千年的历史。统计工作作为一种认识社会经济现象总体和自然现象总体的实践过程，一般包括统计设计、统计调查、统计整理和统计分析四个环节。会计档案统计是利用一定的方式获取会计档案现象的有关数据资料，并通过整理、分析、推断这些资料，取得有价值的条理化数据集合的工作活动，它是会计档案管理中一个具有监督和控制作用的工作环节。

第一节　会计档案统计原理、意义及要求

一、会计档案统计工作原理

会计档案统计是通过指标数字等形式记录和揭示会计档案现象中有关数量情况及其相互联系的一项专业性业务活动。会计档案统计通过定量的方法将会计档案工作领域中的有关数量现象，通过观察、记录、分析和推断来揭示会计档案的发展现状、诸多现象、过程、特点及其一般规律性。

（一）会计档案统计工作内容

会计档案统计工作内容包括：统计调查、统计整理与统计分析。统计调查即在确定档案统计任务和方案后，根据研究的目的搜集各种相关的统计资料；统计整理即对调查获得的有关统计资料进行汇总、整序、分组与计算，得出符合相关统计指标要求的统计数据；统计分析即结合统计工作目标和实际情况对经过整理的统计资料进行分析研究，发现问题并提出意见，形成一个合理的方案。

（二）会计档案统计工作任务

会计档案统计工作任务是对会计档案工作的发展情况进行统计调查，对所获得的统计资料进行整理与分析，提供统计数据和统计资料并实行统计监督。它通过经常性和及时性的工作，对会计档案的收进、移出、整理、编目、鉴定、保管、检索、提供利用和编研等方面的数量现象，以及会计档案工作的人员、机构、设备、经费等方面的数量情况进行调查登记、数据整理、综合分析。其目的是为了反映出会计档案的现状及会计档案工作的规模、水平、速度及效益等方面的信息，为有关部门和单位进行正确的宏观管理决策，制定正确的会计档案管理工作战略，为更加有效地监督指导会计档案工作以及总结会计档案业务管理的经验教训提供客观的统计数据。会计档案统计应当同其他门类档案的统计有机地结合起来并逐步形成统计网络，不断提高统计数据质量，加强综合统计分析工作，为整个国家的档案事业的科学管理和全面发展提供有效的统计数据和统计信息保证。

二、会计档案统计工作意义

（一）会计档案统计工作是会计档案工作建设的基础工作

会计档案统计工作是对会计档案业务管理实行监督的有效手段。要了解

与掌握会计档案的形成、管理、提供利用的数量状况以及会计档案工作发展的情况，分析会计档案管理活动的历史和现状并预测会计档案工作的发展方向，制定出有关会计档案工作的战略和计划，不断完善和发展会计档案管理的有关法规制度，对会计档案工作的发展与建设进行指导、监督和检查，协调理顺会计档案工作与其他档案管理活动的关系等，这一系列活动均要求会计档案统计工作提供大量的准确及时的反映会计档案现象的有用的会计数据和信息。所以，会计档案统计工作是一项十分重要的基础性工作。

（二）会计档案统计是会计档案管理信息系统的主要数据来源

会计档案管理是一个完整的管理系统，它的一系列管理行动均须通过该系统的有效运行来实现，为此必须获取该系统各个业务环节工作状况的数据和信息。而会计档案统计工作能够适应这种需要，通过统计调查、统计整理和统计分析，提炼出对会计档案管理产生影响的档案管理数据信息。会计档案管理系统由管理对象、机构和信息三个子系统组成，没有会计档案统计就切断了会计档案管理信息的一个重要的信息源，而一旦丧失了会计档案管理信息系统也就破坏了整个会计档案管理系统。

（三）会计档案统计工作是适应档案学研究日益注重定量分析发展趋势的重要措施

随着档案学越来越多地渗透着自然科学与技术科学的内容，加强对档案和档案工作领域中定量分析的趋势日趋明显。通过加强和做好会计档案统计工作，可以获取大量准确的统计数据和统计信息，为进行科学的定量分析进而进行科学的定性分析奠定基础。

三、会计档案统计工作要求

（一）会计档案统计工作必须遵守国家统计法律法规

会计档案统计工作是国家档案统计工作的组成部分，档案部门也有责任向政府提供会计档案现象的有关统计数据和统计信息。从1984年起，对会计档案工作情况的统计已纳入国民经济和社会发展的国家统计指标体系。档案部门必须依照《中华人民共和国统计法》和国家有关规定的要求如实提供会计档案统计资料，不得虚报、瞒报、拒报，不得伪造、篡改。同时会计档案统计工作也应当按照全国档案统计工作现代化的要求逐步实现会计档案统计指标体系完整化、统计分类标准化、统计调查工作科学化、统计基础工作规范化、统计计算和数据传输技术网络化。

（二）会计档案统计工作必须资料系统、准确

会计档案统计工作必须从实际出发，如实反映会计档案现象及客观情况，保证统计资料准确。准确性是统计工作的生命，离开了准确性，会计档案统计工作就会失去存在的意义。在实践中如果没有准确的统计数据支撑，就无法作出正确的决断。会计档案统计搜集的数据和资料必须系统、全面，切忌零碎和残缺不全。只有保证会计档案统计资料的系统、准确，才便于从中认识会计档案现象的本质及规律。

（三）会计档案统计工作必须及时、科学

各级档案部门必须将会计档案统计工作经常化、制度化，及时提供有关统计资料，为档案行政管理部门解决会计档案工作中的问题。及时、科学的信息能够解决会计核算中的各种问题，防止信息失真，为作出合理的决策提供客观依据。会计档案统计人员还须运用科学的标准方法去搜集整理和分析档案统计资料，制定全国通用的会计档案统计报表，合理地规定统一的格式、口径和标准，明确统计的范围、指标名称、项目和要求，使会计档案统计工作走上科学化的发展道路。

（四）发挥会计档案统计的服务和监督作用

会计档案统计是国家机关、行政部门及有关单位制定会计档案工作战略计划以及作出战略决策的不可缺少的依据之一。会计档案统计工作不能只限于一般登记数字和填送报表，还应当加强对搜集的会计档案统计资料的加工整理和分析研究，从中发现问题并提出咨询意见，进行服务和监督，不断提高档案管理水平和效益。

第二节　会计档案统计指标

统计指标是综合反映统计总体数量特征的概念和数值。会计档案统计指标就是反映实际存在的一定会计档案工作总体现象的数量概念和具体数值，它是由指标名称（范畴）和指标数值两部分组成的，一般将统计中使用的指标称作综合指标，主要有以下三种。

一、绝对数

绝对数是对会计档案数量现象的记录和反映，是用以说明会计档案工作的某种现象在一定的时间、地点、条件下的规模或水平的统计数值。在会计档案统计中绝对数这一概念应用广泛，例如，建立会计档案管理机构的总

数、收藏会计档案库房的面积、案卷数、会计档案整理总量、编目总量等都属于绝对数。在会计档案统计中一般用绝对数来反映一定时期内全国或某一地区、部门在会计档案工作各方面已达到的规模和状况，这些统计数据可以用来说明会计档案管理和利用等各方面的真实面貌，绝对数又是计算统计中所应用的相对数和平均数的基础。

会计档案统计中的绝对数是档案工作领域内一定会计档案现象具体的量的表现，具有一定的计量单位，在会计档案统计中必须准确地运用相应的计量单位。例如，会计档案的数量用"卷""册""本"等来计算，会计档案的库藏量可以用"米"（"m"）来计算，电算化会计文档的数量用"盘"（用于统计磁带的数量 t）、"张"（用于统计磁盘或光盘）等来计算，缩微胶片的数量用"张"（用于平片、开窗卡）、"米"（用于卷片）等来计算，会计电算化档案的保管容量可以用容量"MB、GB、TB"，用保存会计档案的条目数进行统计，保存会计档案的库房面积可以用"平方米"来计算，利用档案者数量可以用"人次"来计算等。

二、相对数

相对数是两个互有联系的会计档案现象数值的比值或比率，也就是从两个互有联系的会计档案统计指标的对比中得出的一种指标。相对数一般以倍数、百分数、千分数等形式来表示，其中百分数用得最普遍。使用相对数的作用有：第一，它能说明绝对数不能说明的问题，能够更清楚地反映档案管理机构开展会计档案管理和利用工作的情况。第二，它能将会计档案现象的绝对数值抽象化，使原来不能直接相比的绝对数可以进行比较。在会计档案统计中使用相对数，可以说明会计档案管理过程中两个相互联系的数量的对比关系，便于人们对档案管理机构开展会计档案管理业务和完成任务的情况、库藏会计档案结构的状况以及提供会计档案信息利用的程度等有一个比较明确的认识。会计档案统计已经使用和将要使用的相对数有计划完成相对数、结构相对数、比较相对数、强度相对数、动态相对数等。相对数在会计档案统计中应用越来越广泛，比较常用的相对数有：会计档案案卷在档案收藏总量中所占的比例，利用会计档案人次增长率，会计档案利用增长率等。

三、平均数

平均数是按某一标志来说明总体典型水平的一种档案统计综合指标，也就是一群性质相同数值的集中趋势程度，反映同质总体内各单位某一数量标志的一般水平和典型水平的会计档案统计指标。它既是一群已知性质相同的各数值的代表值，又是总体数值的代表值。其特点是：平均数在计算过程中，将一些个别的、偶然的因素的影响抽象掉了，它用一个数值对会计档案现象的典型水平作出概括的说明。会计档案统计中用得最广泛的是算术平均数。

算术平均数的基本计算方法是用标志总量除以总体总量。由于计算平均数时掌握资料的不同，其具体计算又有以下的区别：一是简单算术平均数。如果所掌握的资料是总体各单位的标志数值，则先行相加得出标志总量，然后再用总体单位数除以 n 得出简单算术平均数。

设一组数据为 X_1，X_2，$\cdots$，X_n，平均数用 M 表示，简单的算术平均数的计算公式为：

$$M = (X_1 + X_2 \cdots + X_n) / n$$

二是加权算术平均数。如果所掌握的统计资料经过分组整理编成了单项数列或组距数列时就可计算加权算术平均数。它是对总体内各单位标志数值分组后进行计算的一种平均数。加权算术平均数主要用于处理经分组整理的数据。设原始数据被分成 K 组，各组中的值为 X_1，X_2，$\cdots$，X_k，各组的频数分别为 f_1，f_2，$\cdots$，f_k，平均数用 M 表示，加权算术平均数的计算公式为：

$$M = (X_1 f_1 + X_2 f_2 + \cdots + X_k f_k) / (f_1 + f_2 + \cdots + f_k)$$

【案例】

绝对数、相对数与平均数的理解

某单位成立于 2005 年，档案馆库房面积 390 平方米，会计凭证 3000 册，会计账簿 15 本，财务会计报告 15 份，其中 2017 年归档凭证 232 册，2018 年归档凭证 307 册，2019 年归档凭证数较 2018 年增加 30%。2017 年会计档案利用 52 人次，2018 年会计档案利用人数较 2017 年增长 52%，2019 年会计档案利用 148 人次。请分析该案例（1）哪些数据指标属于绝对数，哪些属于相对数？（2）截至 2020 年年初，该单位平均每年归档会计凭证多少册？（3）近三年平均每年归档会计凭证多少册？（4）近三年平均每年利用多少人次？

【解析】（1）该案例中，库房面积 390 平方米，保管会计凭证 3000 册，会计账簿 15 本，财务会计报告 15 份，其中 2017 年归档凭证 232 册，2018 年归档凭证 307 册，2017 年会计档案利用 52 人次，2019 年会计档案利用 148 人次，这些指标是绝对数。2019 年归档凭证数较 2018 年增加 30%，

2018 年会计档案利用人数较 2017 年增长 52%，这些指标是相对数。（2）M＝（X_1＋X_2…＋X_n）/n＝3000/15＝20，截至 2020 年年初，该单位平均每年归档会计凭证 20 册。（3）2019 年归档会计凭证 307×（100+30）%＝399，近三年平均每年归档会计凭证数 M＝（X_1＋X_2…＋X_n）/n＝（232+307+399）/3 ≈ 313。（4）2018 年会计档案利用人数为 52×（100+52）%＝79，近三年平均每年利用人次 M＝（X_1＋X_2…＋X_n）/n＝（52+79+148）/3＝93，近三年平均每年利用 93 人次。

第三节　会计档案统计及登记

一、会计档案的统计

我国会计档案统计工作已经形成了一个包括全国会计档案工作情况统计、专业系统会计档案工作基本情况统计、地方会计档案工作情况统计和各级各类档案管理机构的会计档案工作情况统计等不同层次的统计工作在内的统计体系。该体系是我国档案工作统计体系的一个有机组成部分，它包括全国会计档案工作基本情况统计，专业系统会计档案工作基本情况统计、地方（包括省、市、地、县等）会计档案工作情况统计和档案馆、档案室、文件中心等会计档案情况统计。

（一）会计档案统计工作步骤

（1）统计调查。统计调查就是按照预定的研究目的和调查要求，灵活运用科学的调查方法，有组织、有计划地搜集反映会计档案现象的统计资料的工作，它既包括对原始资料的搜集，也包括对已经加工的资料的搜集。

（2）统计资料整理。会计档案统计资料整理就是对在统计调查阶段所获取的大量的、个别单位的会计档案统计资料加以条理化，使之成为能够反映会计档案工作总体现象的统计资料的一项业务活动。它既包括对搜集到的原始资料进行整理，还包括对已经加工过的资料进行再整理。会计档案统计资料的整理是统计工作的第二阶段，它既是会计档案统计调查发展的必然结果，同时也为会计档案统计分析奠定基础，起到承上启下的作用。

（3）统计分析。统计分析就是在会计档案统计调查、统计资料整理的基础上，对反映会计档案诸方面现象的大量统计数据进行总体观察和综合分析，从会计档案的各种现象之间的相互联系中发现问题、说明问题和提出建议的工作。它是在大量统计资料、数字和数据的基础上经过综合加工、分析而产生的一种颇有说服力的档案统计信息，它融数据、情况、问题、建议为一体，既有定量信息又有定性信息，体现会计档案统计工作活动的最终成果，统计分析是实现会计档案统计对整个会计档案工作服务和监督的主要形式。

（二）会计档案的登记

档案登记是用簿、册、表、单等形式记载档案的收进、移出以及整理、鉴定、保管、提供利用等情况，以揭示其过程、现状和变化的档案统计调查方法。通过档案登记获取的数字、数据和资料是档案统计的原始资料，它们既是维护档案完整性和安全性的必要手段，也是档案统计调查乃至整个档案统计工作的基础。会计档案登记是会计档案统计工作中的一项具体业务，它是积累会计档案管理统计数据和资料的必要工作内容，包括会计档案数量和状况登记与会计档案利用情况登记两方面内容。

1. 会计档案数量和状况登记

（1）卷内文件目录和案卷目录。卷内文件目录是对各个案卷中会计文件有关事项进行登记的一种形式，它既是会计档案整理工作中的一种编目结果，也是对卷内会计文件起统计作用的一种记录形式。而案卷目录则是登记每一个会计档案案卷的题名和其他基本状况的表册，它是已编目会计档案的最基本的数量统计材料。由于案卷本身的厚薄不一，所以案卷目录所提供的案卷数量情况通常不能作为说明会计档案数量总体规模和水平的科学指标。

（2）会计档案收进登记簿。会计档案收进登记簿是档案馆为了记载会计档案增长情况所使用的一种登记形式。收进登记簿的登记是以收进档案的次数为单位编号登记的，每次收进的会计档案无论是一个全宗或几个全宗，或某一全宗的一部分，都只占一个顺序号，每个号下以全宗为单位进行登记。登记后将顺序号记在移交目录或其他交接文据上，以资对照查询。倘若所收进的会计档案所属的全宗系初次入馆，则须先在"全宗名册"上登记，以取得全宗号，然后再登入收进登记簿。其格式见表9-1。

表9-1 **会计档案收进登记表**

顺序号	收到日期	移交机关	会计文件名称	全宗号	所属年度	数量		档案状况说明	备注
						卷	米		

169

（3）会计档案案卷目录登记簿。在档案馆或其他类项的文档管理机构中，由于案卷目录反映案卷的基本内容具有一定的保密性，又是了解会计档案和其他种类档案实际数量的可靠根据，且数量较多，采用案卷目录登记簿来登记案卷目录并控制其数量是非常必要的一项登记工作，其内容见表9-2。

表9-2　　　　　　　　　　　**会计档案案卷目录登记簿**

顺序号	全宗号	目录号	目录名称	所属年度	案卷数量	目录页数	目录份数	移除说明	备注

（4）会计档案总登记簿。会计档案总登记簿是逐年陆续登记新收到的和移出的档案基本情况及其数量变化情况的一种登记形式。其具体登记项目包括：案卷目录号、案卷目录名称、所属年度、收入日期、目录之中的案卷数量、实收数量、移出日期、移往何处、移出原因和依据、移出数量等。除了上述4种基本的登记形式外，档案管理机构还可以根据自己的现代化管理水平，利用计算机进行会计文档的归档目录的编制工作，实现会计文档以件为单位进行统计的目标。其格式内容见表9-3。

表9-3　　　　　　　　　　　**会计档案总登记簿**

案卷目录号	案卷目录名称（组织机构名称）	所属年度	案卷收进			案卷移出或销毁				目录中现有数量	备注
			收进日期	目录中的数量	实收数量	移出日期	移往何处	移出原因和文据	移出数量		

2. 会计档案利用情况登记

会计档案利用情况登记是了解会计档案利用的一面镜子，它通过档案利用登记簿、利用者登记卡片、借出登记簿、复制与摘抄登记簿、利用效果跟踪登记卡（单）等形式记录和反映会计档案的利用情况。这些登记形式无疑是探究利用规律和特点，有效组织会计信息服务的重要数据基础。

（1）会计档案利用登记簿。会计档案利用登记簿是一种全面、系统地记录会计档案提供利用情况的综合性登记形式。它既是档案机构记录、掌握提供利用情况的一种登记形式，同时又是档案机构向利用者具体提供档案时履行的一种交接手续和书面证据。会计档案利用登记簿具体登记的项目包括：序号、日期、利用者姓名和职务、工作单位、利用目的、利用方式、会计档案号与数量、利用者签名、归还日期及经手人等。见表9-4。

表9-4　　　　　　　　　　会计档案利用登记簿

序号	日期	利用者姓名	职务	工作单位	利用目的	利用方式	会计档案号	数量	利用者签名	归还日期	经手人

（2）会计档案利用者登记卡。会计档案利用者登记卡是档案馆和规模较大的基层档案管理机构对利用者基本情况进行记录和了解的一种登记形式。每一个利用者在首次到某一档案管理机构利用会计档案时，档案机构应对其基本的个人数据进行必要的登记。其具体登记项目一般包括：姓名、性别、年龄、工作单位、职务、利用者签字项、填卡日期及阅览证号等。见表9-5。

表9-5　　　　　　　　　　档案利用者登记卡

档案利用者登记卡
姓名：_____　　性别：_____　　年龄：_____
阅览证：_____　　工作单位：_____　　职务：_____
签字：_____　　填卡日期：_____

（3）会计档案借出登记簿。会计档案借出登记簿是专用于对会计档案被借出档案机构之外的情况进行登记的一种登记形式，档案馆和基层档案机构均可选用。其具体登记项目包括：顺序号、借出日期、借阅单位（利用者）、利用目的与数量、借出档案的档号、借阅期限、归还情况及备注等。见表9-6。

表 9-6　　　　　　　　　　　会计档案借出登记簿

顺序号	借阅日期	利用者			利用目的与数量	档号	借阅期限	归还情况	备注
		姓名	职务	工作单位					

（4）会计档案复制、摘抄登记。会计档案复制、摘抄登记是用于对档案在利用中被复制、摘抄情况进行登记的一种登记形式。它是由利用者提出复制、摘抄申请，履行批准手续和确认复制、摘抄事实的凭证性质。这种登记一般应用于档案馆和规模较大的档案室、文件中心。复制、摘抄登记的具体形式一般为活页的表格。在每月或每年结束时可将其装订成册，从而形成相对系统的记录复制、摘抄情况的登记簿。其具体登记内容包括：顺序号，利用者的姓名、职务、工作单位，拟复制、摘抄档案的题名和档号，份数与用途，审批意见和审批人，复制摘抄人签名等。见表 9-7。

表 9-7　　　　　　　　　　会计档案复制、摘抄登记表

顺序号	借阅日期	利用者			拟复制、摘抄档案		份数	用途	审批		日期	签名
		单位	姓名	职务	文件题名	档号			意见	审批人		

（5）会计档案利用效果登记。利用效果登记是档案管理机构对利用者使用会计文档及其信息产品后所取得的成效结果进行登记的一种形式。对于利用效果的登记通常采用两种具体的工作方式。其一是注意现场记录，及时了解和掌握所提供的会计文档或其信息产品是否满足了用户的需要；其二是注意发放和回收利用效果跟踪调查表，了解和掌握用户在利用会计文档或信息产品后，在工作、生产、经营等方面所取得的经济效果和社会效益等方面的信息。这种跟踪调查性质的登记对于档案机构调整、改进自己的工作具有一定的实践价值。利用效果登记的具体形式有登记簿（多在馆室内使用）和活页式登记表（多在馆室外使用）。其内容项目应围绕利用效果这一中心

内容来设计。一般包括用户姓名、年龄、职业、职务、工作单位、利用目的、利用档案的数量和档号、利用方式、利用效果（可设具体评价指标），对档案机构利用服务的评价与建议等内容。各项目的设计还应充分考虑用户的心理需要，尽量使之具体化、指标化，方便填写。

在利用效果登记表的表头部分，可以用简洁的说明文字讲明该项登记的目的。比如为了了解利用效果和改进利用服务工作质量提供现实的素材和依据，并感谢利用者通过如实填报此表所给予的合作和支持，以融洽档案机构与利用者之间的关系等。这样可以有效地消除利用者的疑虑与戒备心理，从而保证搜集到真实有用的会计档案利用信息。另外，对"利用效果"一项内容的设计要尽可能详细、具体并易于填写，如可将其分解为"简要文字说明""很满意""较满意""满意""不满意""很不满意"或"完全达到目的""部分达到目的""未达到目的"等项目和指标，在"对利用服务工作的评价"及"希望与建议"等主要项目内容上也可作类似处理，给利用者更多开放式的机会去表达利用体验。

表 9-8 　　　　　　　　　　　　档案利用效果登记表

利用者基本情况						利用目的	利用数量	档号	利用方式					利用效果
姓名	性别	年龄	职业	职务	单位				阅览	借出	复制	摘抄	制发证明	
满意	较满意		一般	不满意		意见和建议：								

第四节　会计档案统计数据的应用原则

统计在会计档案管理中的作用相当于"显微镜"和"望远镜"。因为从表面上看，通过会计档案的统计工作所获得的数据的规律并不明显，但是一经统计分析的放大，规律即可显示无遗，同时也可以借其分析所得的结果远瞩将来，作为制订会计档案工作发展的依据。

一、执简驭繁，方便比较

会计档案统计数据为透过纷繁复杂的会计档案现象认清会计档案和会计

档案工作的实际状况和发展规律提供了有效的数据支持。正如前辈们所言：不得其数则管理无据。这里所讲的"数"，就是统计中所形成的数据信息。在管理中如果没有这种"数"，则任何管理都会陷于盲目的状态，到头来也只能是劳而无功或劳而少功。因此注意开展会计档案统计工作，积累必要的统计数据，是实现会计档案管理工作高效化的必要条件之一。另外，会计档案统计数据还为比较有关联的会计档案现象提供了可比性的材料。比较是认识事物及其本质和运动发展规律的前提性和基础性的方法之一。通过对有关会计档案现象数据的比较分析，不仅可以获得一定的规律性认识，同时也有助于发现问题、找到差距，确定今后的奋斗目标。

二、依据事实，找求真情

会计档案的统计数据可以据实说明会计档案管理所达到的实际水平和规模，以及管理所取得的实际工作成效。对于国家有关方针、政策的贯彻施行，统计数据也可以起到说明和促进的作用。因为一般在人们的意识中，一些政策和方针往往有浮而不实之印象，所以必须以一定的统计数据为依据才能使施行者洞若观火。档案管理机构在制定有关会计档案管理规则、管理制度和管理办法时最好用相关的会计档案统计数据加以说明，只有这样才能收到良好的实际效果。

此外，在会计档案管理实践中为了找出产生矛盾、出现问题的根源，有时也需要充分地利用有关的统计数据。当然这并不是数据决定论者，会计档案的统计数据也不是万能的，一些定性的现象就无法用数据来说明事实。

三、根据过去，预测未来

会计档案的统计数据是预测未来档案工作发展趋向和动态的重要依据。俗语讲：知来由往。要想使会计档案管理有计划、高效率地进行，就应该懂得自觉地利用会计档案统计数据资源。通过缜密的统计数据分析，往往有能力预测会计档案管理今后的发展道路。凡事预则立，不预则废。会计档案的管理应当选择一条什么样的建设和发展道路，应当编制一张什么样的发展图谱，都应当有充分的统计数据作为保证。随着电子计算机技术和数据处理技术的不断发展，档案部门驾驭统计数据的能力也正在不断地加强。因此积累和形成连续的、可靠的会计档案统计数据，可以为未来的档案事业的建设和发展提供必要的统计数据依据。值得注意的是，会计档案的统计数据可为正确的合理的工作所用，亦可以为歪理之注解，所以应当有效地控制一些统计数据的使用，防止产生不良的影响。

四、全盘考虑，实事求是

（1）切勿预先存有成见，即认为统计数据必能证明所要解决之事，而应当通过实践来加以证明。与使用者的愿望相违背的统计数据，切勿轻易地予以舍弃。

（2）对于需要解决的有关问题的各种可能原因均应加以综合考虑，分析有关的统计数据，切勿攻其一点，不及其余，切勿比较并无共同之点的统计数据。

（3）任意应用手边的统计数据材料，而不愿意做更多、更深入的统计工作的做法应当加以避免。会计档案统计数据的使用者也应特别注意，不能仅注意统计数据所提供的数字而忽视其来源和统计单位，摘取数字而忽略重要之详细情形，只注意统计结果中的结果性数据而不注意这些结果性数据所由获得之具体数值。

总之，在会计档案管理实践中，要采用正确的指导思想和行为规则来引导有效地使用会计档案统计数据，同时要尽可能避免上述在统计数据应用方面可能会出现的流弊。

附　　录

附录一　中华人民共和国档案法

（1987 年 9 月 5 日第六届全国人民代表大会常务委员会第二十二次会议通过，根据 1996 年 7 月 5 日第八届全国人民代表大会常务委员会第二十次会议《关于修改〈中华人民共和国档案法〉的决定》第一次修正，根据 2016 年 11 月 7 日第十二届全国人民代表大会常务委员会第二十四次会议《关于修改〈中华人民共和国对外贸易法〉等十二部法律的决定》第二次修正，2020 年 6 月 20 日第十三届全国人民代表大会常务委员会第十九次会议修订）

目　　录

第一章　总　　则

第一条　为了加强档案管理，规范档案收集、整理工作，有效保护和利用档案，提高档案信息化建设水平，推进国家治理体系和治理能力现代化，为中国特色社会主义事业服务，制定本法。

第二条　从事档案收集、整理、保护、利用及其监督管理活动，适用本法。

本法所称档案，是指过去和现在的机关、团体、企业事业单位和其他组织以及个人从事经济、政治、文化、社会、生态文明、军事、外事、科技等方面活动直接形成的对国家和社会具有保存价值的各种文字、图表、声像等不同形式的历史记录。

第三条　坚持中国共产党对档案工作的领导。各级人民政府应当加强档案工作，把档案事业纳入国民经济和社会发展规划，将档案事业发展经费列入政府预算，确保档案事业发展与国民经济和社会发展水平相适应。

第四条　档案工作实行统一领导、分级管理的原则，维护档案完整与安全，便于社会各方面的利用。

第五条　一切国家机关、武装力量、政党、团体、企业事业单位和公民都有保护档案的义务，享有依法利用档案的权利。

第六条　国家鼓励和支持档案科学研究和技术创新，促进科技成果在档案收集、整理、保护、利用等方面的转化和应用，推动档案科技进步。

国家采取措施，加强档案宣传教育，增强全社会档案意识。

国家鼓励和支持在档案领域开展国际交流与合作。

第七条　国家鼓励社会力量参与和支持档案事业的发展。

对在档案收集、整理、保护、利用等方面做出突出贡献的单位和个人，按照国家有关规定给予表彰、奖励。

第二章　档案机构及其职责

第八条　国家档案主管部门主管全国的档案工作，负责全国档案事业的统筹规划和组织协调，建立统一制度，实行监督和指导。

县级以上地方档案主管部门主管本行政区域内的档案工作，对本行政区域内机关、团体、企业事业单位和其他组织的档案工作实行监督和指导。

乡镇人民政府应当指定人员负责管理本机关的档案，并对所属单位、基层群众性自治组织等的档案工作实行监督和指导。

第九条　机关、团体、企业事业单位和其他组织应当确定档案机构或者档案工作人员负责管理本单位的档案，并对所属单位的档案工作实行监督和指导。

中央国家机关根据档案管理需要，在职责范围内指导本系统的档案业务工作。

第十条　中央和县级以上地方各级各类档案馆，是集中管理档案的文化事业机构，负责收集、整理、保管和提供利用各自分管范围内的档案。

第十一条　国家加强档案工作人才培养和队伍建设，提高档案工作人员业务素质。

档案工作人员应当忠于职守，遵纪守法，具备相应的专业知识与技能，其中档案专业人员可以按照国家有关规定评定专业技术职称。

第三章　档案的管理

第十二条　按照国家规定应当形成档案的机关、团体、企业事业单位和其他组织，应当建立档案工作责任制，依法健全档案管理制度。

第十三条　直接形成的对国家和社会具有保存价值的下列材料，应当纳入归档范围：

（一）反映机关、团体组织沿革和主要职能活动的；

（二）反映国有企业事业单位主要研发、建设、生产、经营和服务活动，以及维护国有企业事业单位权益和职工权益的；

（三）反映基层群众性自治组织城乡社区治理、服务活动的；

（四）反映历史上各时期国家治理活动、经济科技发展、社会历史面貌、文化习俗、生态环境的；

（五）法律、行政法规规定应当归档的。

非国有企业、社会服务机构等单位依照前款第二项所列范围保存本单位相关材料。

第十四条　应当归档的材料，按照国家有关规定定期向本单位档案机构或者档案工作人员移交，集中管理，任何个人不得拒绝归档或者据为己有。

国家规定不得归档的材料，禁止擅自归档。

第十五条　机关、团体、企业事业单位和其他组织应当按照国家有关规定，定期向档案馆移交档案，档案馆不得拒绝接收。

经档案馆同意，提前将档案交档案馆保管的，在国家规定的移交期限届满前，该档案所涉及政府信息公开事项仍由原制作或者保存政府信息的单位办理。移交期限届满的，涉及政府信息公开事项的档案按照档案利用规定办理。

第十六条　机关、团体、企业事业单位和其他组织发生机构变动或者撤销、合并等情形时，应当按照规定向有关单位或者档案馆移交档案。

第十七条　档案馆除按照国家有关规定接收移交的档案外，还可以通过接受捐献、购买、代存等方式收集档案。

第十八条　博物馆、图书馆、纪念馆等单位保存的文物、文献信息同时是档案的，依照有关法律、行政法规的规定，可以由上述单位自行管理。

档案馆与前款所列单位应当在档案的利用方面互相协作，可以相互交换重复件、复制件或者目录，联合举办展览，共同研究、编辑出版有关史料。

第十九条　档案馆以及机关、团体、企业事业单位和其他组织的档案机构应当建立科学的管理制度，便于对档案的利用；按照国家有关规定配置适宜档案保存的库房和必要的设施、设备，确保档案的安全；采用先进技术，实现档案管理的现代化。

档案馆和机关、团体、企业事业单位以及其他组织应当建立健全档案安全工作机制，加强档案安全风险管理，提高档案安全应急处置能力。

第二十条　涉及国家秘密的档案的管理和利用，密级的变更和解密，应当依照有关保守国家秘密的法律、行政法规规定办理。

第二十一条　鉴定档案保存价值的原则、保管期限的标准以及销毁档案的程序和办法，由国家档案主管部门制定。

禁止篡改、损毁、伪造档案。禁止擅自销毁档案。

第二十二条　非国有企业、社会服务机构等单位和个人形成的档案，对国家和社会具有重要保存价值或者应当保密的，档案所有者应当妥善保管。对保管条件不符合要求或者存在其他原因可能导致档案严重损毁和不安全的，省级以上档案主管部门可以给予帮助，或者经协商采取指定档案馆代为保管等确保档案完整和安全的措施；必要时，可以依法收购或者征购。

前款所列档案，档案所有者可以向国家档案馆寄存或者转让。严禁出卖、赠送给外国人或者外国组织。

向国家捐献重要、珍贵档案的，国家档案馆应当按照国家有关规定给予奖励。

第二十三条　禁止买卖属于国家所有的档案。

国有企业事业单位资产转让时，转让有关档案的具体办法，由国家档案主管部门制定。

档案复制件的交换、转让，按照国家有关规定办理。

第二十四条　档案馆和机关、团体、企业事业单位以及其他组织委托档案整理、寄存、开发利用和数字化等服务的，应当与符合条件的档案服务企业签订委托协议，约定服务的范围、质量和技术标准等内容，并对受托方进行监督。

受托方应当建立档案服务管理制度，遵守有关安全保密规定，确保档案的安全。

第二十五条　属于国家所有的档案和本法第二十二条规定的档案及其复制件，禁止擅自运送、邮寄、携带出境或者通过互联网传输出境。确需出境的，按照国家有关规定办理审批手续。

第二十六条　国家档案主管部门应当建立健全突发事件应对活动相关档案收集、整理、保护、利用工作机制。

档案馆应当加强对突发事件应对活动相关档案的研究整理和开发利用，为突发事件应对活动提供文献参考和决策支持。

第四章　档案的利用和公布

第二十七条　县级以上各级档案馆的档案，应当自形成之日起满二十五年向社会开放。经济、教育、科技、文化等类档案，可以少于二十五年向社会开放；涉及国家安全或者重大利益以及其他到期不宜开放的档案，可以多于二十五年向社会开放。国家鼓励和支持其他档案馆向社会开放档案。档案开放的具体办法由国家档案主管部门制定，报国务院批准。

第二十八条　档案馆应当通过其网站或者其他方式定期公布开放档案的目录，不断完善利用规则，创新服务形式，强化服务功能，提高服务水平，积极为档案的利用创造条件，简化手续，提供便利。

单位和个人持有合法证明，可以利用已经开放的档案。档案馆不按规定开放利用的，单位和个人可以向档案主管部门投诉，接到投诉的档案主管部门应当及时调查处理并将处理结果告知投诉人。

利用档案涉及知识产权、个人信息的，应当遵守有关法律、行政法规的规定。

第二十九条　机关、团体、企业事业单位和其他组织以及公民根据经济建设、国防建设、教学科研和其他工作的需要，可以按照国家有关规定，利用档案馆未开放的档案以及有关机关、团体、企业事业单位和其他组织保存的档案。

第三十条　馆藏档案的开放审核，由档案馆会同档案形成单位或者移交单位共同负责。尚未移交进馆档案的开放审核，由档案形成单位或者保管单位负责，并在移交时附具意见。

第三十一条　向档案馆移交、捐献、寄存档案的单位和个人，可以优先利用该档案，并可以对档案中不宜向社会开放的部分提出限制利用的意见，档案馆应当予以支持，提供便利。

第三十二条 属于国家所有的档案，由国家授权的档案馆或者有关机关公布；未经档案馆或者有关机关同意，任何单位和个人无权公布。非国有企业、社会服务机构等单位和个人形成的档案，档案所有者有权公布。

公布档案应当遵守有关法律、行政法规的规定，不得损害国家安全和利益，不得侵犯他人的合法权益。

第三十三条 档案馆应当根据自身条件，为国家机关制定法律、法规、政策和开展有关问题研究，提供支持和便利。

档案馆应当配备研究人员，加强对档案的研究整理，有计划地组织编辑出版档案材料，在不同范围内发行。

档案研究人员研究整理档案，应当遵守档案管理的规定。

第三十四条 国家鼓励档案馆开发利用馆藏档案，通过开展专题展览、公益讲座、媒体宣传等活动，进行爱国主义、集体主义、中国特色社会主义教育，传承发展中华优秀传统文化，继承革命文化，发展社会主义先进文化，增强文化自信，弘扬社会主义核心价值观。

第五章 档案信息化建设

第三十五条 各级人民政府应当将档案信息化纳入信息化发展规划，保障电子档案、传统载体档案数字化成果等档案数字资源的安全保存和有效利用。

档案馆和机关、团体、企业事业单位以及其他组织应当加强档案信息化建设，并采取措施保障档案信息安全。

第三十六条 机关、团体、企业事业单位和其他组织应当积极推进电子档案管理信息系统建设，与办公自动化系统、业务系统等相互衔接。

第三十七条 电子档案应当来源可靠、程序规范、要素合规。

电子档案与传统载体档案具有同等效力，可以以电子形式作为凭证使用。

电子档案管理办法由国家档案主管部门会同有关部门制定。

第三十八条 国家鼓励和支持档案馆和机关、团体、企业事业单位以及其他组织推进传统载体档案数字化。已经实现数字化的，应当对档案原件妥善保管。

第三十九条 电子档案应当通过符合安全管理要求的网络或者存储介质向档案馆移交。

档案馆应当对接收的电子档案进行检测，确保电子档案的真实性、完整性、可用性和安全性。

档案馆可以对重要电子档案进行异地备份保管。

第四十条　档案馆负责档案数字资源的收集、保存和提供利用。有条件的档案馆应当建设数字档案馆。

第四十一条　国家推进档案信息资源共享服务平台建设，推动档案数字资源跨区域、跨部门共享利用。

第六章　监　督　检　查

第四十二条　档案主管部门依照法律、行政法规有关档案管理的规定，可以对档案馆和机关、团体、企业事业单位以及其他组织的下列情况进行检查：

（一）档案工作责任制和管理制度落实情况；

（二）档案库房、设施、设备配置使用情况；

（三）档案工作人员管理情况；

（四）档案收集、整理、保管、提供利用等情况；

（五）档案信息化建设和信息安全保障情况；

（六）对所属单位等的档案工作监督和指导情况。

第四十三条　档案主管部门根据违法线索进行检查时，在符合安全保密要求的前提下，可以检查有关库房、设施、设备，查阅有关材料，询问有关人员，记录有关情况，有关单位和个人应当配合。

第四十四条　档案馆和机关、团体、企业事业单位以及其他组织发现本单位存在档案安全隐患的，应当及时采取补救措施，消除档案安全隐患。发生档案损毁、信息泄露等情形的，应当及时向档案主管部门报告。

第四十五条　档案主管部门发现档案馆和机关、团体、企业事业单位以及其他组织存在档案安全隐患的，应当责令限期整改，消除档案安全隐患。

第四十六条　任何单位和个人对档案违法行为，有权向档案主管部门和有关机关举报。

接到举报的档案主管部门或者有关机关应当及时依法处理。

第四十七条　档案主管部门及其工作人员应当按照法定的职权和程序开展监督检查工作，做到科学、公正、严格、高效，不得利用职权牟取利益，不得泄露履职过程中知悉的国家秘密、商业秘密或者个人隐私。

第七章 法 律 责 任

第四十八条 单位或者个人有下列行为之一，由县级以上档案主管部门、有关机关对直接负责的主管人员和其他直接责任人员依法给予处分：

（一）丢失属于国家所有的档案的；

（二）擅自提供、抄录、复制、公布属于国家所有的档案的；

（三）买卖或者非法转让属于国家所有的档案的；

（四）篡改、损毁、伪造档案或者擅自销毁档案的；

（五）将档案出卖、赠送给外国人或者外国组织的；

（六）不按规定归档或者不按期移交档案，被责令改正而拒不改正的；

（七）不按规定向社会开放、提供利用档案的；

（八）明知存在档案安全隐患而不采取补救措施，造成档案损毁、灭失，或者存在档案安全隐患被责令限期整改而逾期未整改的；

（九）发生档案安全事故后，不采取抢救措施或者隐瞒不报、拒绝调查的；

（十）档案工作人员玩忽职守，造成档案损毁、灭失的。

第四十九条 利用档案馆的档案，有本法第四十八条第一项、第二项、第四项违法行为之一的，由县级以上档案主管部门给予警告，并对单位处一万元以上十万元以下的罚款，对个人处五百元以上五千元以下的罚款。

档案服务企业在服务过程中有本法第四十八条第一项、第二项、第四项违法行为之一的，由县级以上档案主管部门给予警告，并处二万元以上二十万元以下的罚款。

单位或者个人有本法第四十八条第三项、第五项违法行为之一的，由县级以上档案主管部门给予警告，没收违法所得，并对单位处一万元以上十万元以下的罚款，对个人处五百元以上五千元以下的罚款；并可以依照本法第二十二条的规定征购所出卖或者赠送的档案。

第五十条 违反本法规定，擅自运送、邮寄、携带或者通过互联网传输禁止出境的档案或者其复制件出境的，由海关或者有关部门予以没收、阻断传输，并对单位处一万元以上十万元以下的罚款，对个人处五百元以上五千元以下的罚款；并将没收、阻断传输的档案或者其复制件移交档案主管部门。

第五十一条 违反本法规定，构成犯罪的，依法追究刑事责任；造成财产损失或者其他损害的，依法承担民事责任。

第八章　附　则

第五十二条　中国人民解放军和中国人民武装警察部队的档案工作，由中央军事委员会依照本法制定管理办法。

第五十三条　本法自 2021 年 1 月 1 日起施行。

附录二　中华人民共和国会计法

（1985 年 1 月 21 日第六届全国人民代表大会常务委员会第九次会议通过，根据 1993 年 12 月 29 日第八届全国人民代表大会常务委员会第五次会议《关于修改〈中华人民共和国会计法〉的决定》第一次修正，1999 年 10 月 31 日第九届全国人民代表大会常务委员会第十二次会议修订，根据 2017 年 11 月 4 日第十二届全国人民代表大会常务委员会第三十次会议《关于修改〈中华人民共和国会计法〉等十一部法律的决定》第二次修正）

第一章　总　则

第一条　为了规范会计行为，保证会计资料真实、完整，加强经济管理和财务管理，提高经济效益，维护社会主义市场经济秩序，制定本法。

第二条　国家机关、社会团体、公司、企业、事业单位和其他组织（以下统称单位）必须依照本法办理会计事务。

第三条　各单位必须依法设置会计账簿，并保证其真实、完整。

第四条　单位负责人对本单位的会计工作和会计资料的真实性、完整性负责。

第五条　会计机构、会计人员依照本法规定进行会计核算，实行会计监督。

任何单位或者个人不得以任何方式授意、指使、强令会计机构、会计人员伪造、变造会计凭证、会计账簿和其他会计资料，提供虚假财务会计报告。

任何单位或者个人不得对依法履行职责、抵制违反本法规定行为的会计人员实行打击报复。

第六条　对认真执行本法，忠于职守，坚持原则，做出显著成绩的会计人员，给予精神的或者物质的奖励。

第七条　国务院财政部门主管全国的会计工作。

县级以上地方各级人民政府财政部门管理本行政区域内的会计工作。

第八条　国家实行统一的会计制度。国家统一的会计制度由国务院财政部门根据本法制定并公布。

国务院有关部门可以依照本法和国家统一的会计制度制定对会计核算和会计监督有特殊要求的行业实施国家统一的会计制度的具体办法或者补充规定，报国务院财政部门审核批准。

中国人民解放军总后勤部可以依照本法和国家统一的会计制度制定军队实施国家统一的会计制度的具体办法，报国务院财政部门备案。

第二章　会 计 核 算

第九条　各单位必须根据实际发生的经济业务事项进行会计核算，填制会计凭证，登记会计账簿，编制财务会计报告。

任何单位不得以虚假的经济业务事项或者资料进行会计核算。

第十条　下列经济业务事项，应当办理会计手续，进行会计核算：

（一）款项和有价证券的收付；

（二）财物的收发、增减和使用；

（三）债权债务的发生和结算；

（四）资本、基金的增减；

（五）收入、支出、费用、成本的计算；

（六）财务成果的计算和处理；

（七）需要办理会计手续、进行会计核算的其他事项。

第十一条　会计年度自公历1月1日起至12月31日止。

第十二条　会计核算以人民币为记账本位币。

业务收支以人民币以外的货币为主的单位，可以选定其中一种货币作为记账本位币，但是编报的财务会计报告应当折算为人民币。

第十三条　会计凭证、会计账簿、财务会计报告和其他会计资料，必须符合国家统一的会计制度的规定。

使用电子计算机进行会计核算的，其软件及其生成的会计凭证、会计账簿、财务会计报告和其他会计资料，也必须符合国家统一的会计制度的规定。

任何单位和个人不得伪造、变造会计凭证、会计账簿及其他会计资料，不得提供虚假的财务会计报告。

第十四条　会计凭证包括原始凭证和记账凭证。

办理本法第十条所列的经济业务事项，必须填制或者取得原始凭证并及时送交会计机构。

会计机构、会计人员必须按照国家统一的会计制度的规定对原始凭证进行审核，对不真实、不合法的原始凭证有权不予接受，并向单位负责人报告；对记载不准确、不完整的原始凭证予以退回，并要求按照国家统一的会计制度的规定更正、补充。

原始凭证记载的各项内容均不得涂改；原始凭证有错误的，应当由出具单位重开或者更正，更正处应当加盖出具单位印章。原始凭证金额有错误的，应当由出具单位重开，不得在原始凭证上更正。

记账凭证应当根据经过审核的原始凭证及有关资料编制。

第十五条　会计账簿登记，必须以经过审核的会计凭证为依据，并符合有关法律、行政法规和国家统一的会计制度的规定。会计账簿包括总账、明细账、日记账和其他辅助性账簿。

会计账簿应当按照连续编号的页码顺序登记。会计账簿记录发生错误或者隔页、缺号、跳行的，应当按照国家统一的会计制度规定的方法更正，并由会计人员和会计机构负责人（会计主管人员）在更正处盖章。

使用电子计算机进行会计核算的，其会计账簿的登记、更正，应当符合国家统一的会计制度的规定。

第十六条　各单位发生的各项经济业务事项应当在依法设置的会计账簿上统一登记、核算，不得违反本法和国家统一的会计制度的规定私设会计账簿登记、核算。

第十七条　各单位应当定期将会计账簿记录与实物、款项及有关资料相互核对，保证会计账簿记录与实物及款项的实有数额相符、会计账簿记录与会计凭证的有关内容相符、会计账簿之间相对应的记录相符、会计账簿记录与会计报表的有关内容相符。

第十八条　各单位采用的会计处理方法，前后各期应当一致，不得随意变更；确有必要变更的，应当按照国家统一的会计制度的规定变更，并将变更的原因、情况及影响在财务会计报告中说明。

第十九条　单位提供的担保、未决诉讼等或有事项，应当按照国家统一的会计制度的规定，在财务会计报告中予以说明。

第二十条　财务会计报告应当根据经过审核的会计账簿记录和有关资料编制，并符合本法和国家统一的会计制度关于财务会计报告的编制要求、提供对象和提供期限的规定；其他法律、行政法规另有规定的，从其规定。

财务会计报告由会计报表、会计报表附注和财务情况说明书组成。向不同的会计资料使用者提供的财务会计报告，其编制依据应当一致。有关法律、行政法规规定会计报表、会计报表附注和财务情况说明书须经注册会计师审计的，注册会计师及其所在的会计师事务所出具的审计报告应当随同财务会计报告一并提供。

第二十一条　财务会计报告应当由单位负责人和主管会计工作的负责人、会计机构负责人（会计主管人员）签名并盖章；设置总会计师的单位，还须由总会计师签名并盖章。

单位负责人应当保证财务会计报告真实、完整。

第二十二条　会计记录的文字应当使用中文。在民族自治地方，会计记录可以同时使用当地通用的一种民族文字。在中华人民共和国境内的外商投资企业、外国企业和其他外国组织的会计记录可以同时使用一种外国文字。

第二十三条　各单位对会计凭证、会计账簿、财务会计报告和其他会计资料应当建立档案，妥善保管。会计档案的保管期限和销毁办法，由国务院财政部会同有关部门制定。

第三章　公司、企业会计核算的特别规定

第二十四条　公司、企业进行会计核算，除应当遵守本法第二章的规定外，还应当遵守本章规定。

第二十五条　公司、企业必须根据实际发生的经济业务事项，按照国家统一的会计制度的规定确认、计量和记录资产、负债、所有者权益、收入、费用、成本和利润。

第二十六条　公司、企业进行会计核算不得有下列行为：

（一）随意改变资产、负债、所有者权益的确认标准或者计量方法，虚列、多列、不列或者少列资产、负债、所有者权益；

（二）虚列或者隐瞒收入，推迟或者提前确认收入；

（三）随意改变费用、成本的确认标准或者计量方法，虚列、多列、不列或者少列费用、成本；

（四）随意调整利润的计算、分配方法，编造虚假利润或者隐瞒利润；

（五）违反国家统一的会计制度规定的其他行为。

第四章　会计监督

第二十七条　各单位应当建立、健全本单位内部会计监督制度。单位内

部会计监督制度应当符合下列要求：

（一）记账人员与经济业务事项和会计事项的审批人员、经办人员、财物保管人员的职责权限应当明确，并相互分离、相互制约；

（二）重大对外投资、资产处置、资金调度和其他重要经济业务事项的决策和执行的相互监督、相互制约程序应当明确；

（三）财产清查的范围、期限和组织程序应当明确；

（四）对会计资料定期进行内部审计的办法和程序应当明确。

第二十八条　单位负责人应当保证会计机构、会计人员依法履行职责，不得授意、指使、强令会计机构、会计人员违法办理会计事项。

会计机构、会计人员对违反本法和国家统一的会计制度规定的会计事项，有权拒绝办理或者按照职权予以纠正。

第二十九条　会计机构、会计人员发现会计账簿记录与实物、款项及有关资料不相符的，按照国家统一的会计制度的规定有权自行处理的，应当及时处理；无权处理的，应当立即向单位负责人报告，请求查明原因，作出处理。

第三十条　任何单位和个人对违反本法和国家统一的会计制度规定的行为，有权检举。收到检举的部门有权处理的，应当依法按照职责分工及时处理；无权处理的，应当及时移送有权处理的部门处理。收到检举的部门、负责处理的部门应当为检举人保密，不得将检举人姓名和检举材料转给被检举单位和被检举人个人。

第三十一条　有关法律、行政法规规定，须经注册会计师进行审计的单位，应当向受委托的会计师事务所如实提供会计凭证、会计账簿、财务会计报告和其他会计资料以及有关情况。

任何单位或者个人不得以任何方式要求或者示意注册会计师及其所在的会计师事务所出具不实或者不当的审计报告。

财政部门有权对会计师事务所出具审计报告的程序和内容进行监督。

第三十二条　财政部门对各单位的下列情况实施监督：

（一）是否依法设置会计账簿；

（二）会计凭证、会计账簿、财务会计报告和其他会计资料是否真实、完整；

（三）会计核算是否符合本法和国家统一的会计制度的规定；

（四）从事会计工作的人员是否具备专业能力、遵守职业道德。

在对前款第（二）项所列事项实施监督，发现重大违法嫌疑时，国务院财政部门及其派出机构可以向与被监督单位有经济业务往来的单位和被监督单位开立账户的金融机构查询有关情况，有关单位和金融机构应当给予支持。

第三十三条 财政、审计、税务、人民银行、证券监管、保险监管等部门应当依照有关法律、行政法规规定的职责，对有关单位的会计资料实施监督检查。

前款所列监督检查部门对有关单位的会计资料依法实施监督检查后，应当出具检查结论。有关监督检查部门已经作出的检查结论能够满足其他监督检查部门履行本部门职责需要的，其他监督检查部门应当加以利用，避免重复查账。

第三十四条 依法对有关单位的会计资料实施监督检查的部门及其工作人员对在监督检查中知悉的国家秘密和商业秘密负有保密义务。

第三十五条 各单位必须依照有关法律、行政法规的规定，接受有关监督检查部门依法实施的监督检查，如实提供会计凭证、会计账簿、财务会计报告和其他会计资料以及有关情况，不得拒绝、隐匿、谎报。

第五章 会计机构和会计人员

第三十六条 各单位应当根据会计业务的需要，设置会计机构，或者在有关机构中设置会计人员并指定会计主管人员；不具备设置条件的，应当委托经批准设立从事会计代理记账业务的中介机构代理记账。

国有的和国有资产占控股地位或者主导地位的大、中型企业必须设置总会计师。总会计师的任职资格、任免程序、职责权限由国务院规定。

第三十七条 会计机构内部应当建立稽核制度。

出纳人员不得兼任稽核、会计档案保管和收入、支出、费用、债权债务账目的登记工作。

第三十八条 会计人员应当具备从事会计工作所需要的专业能力。

担任单位会计机构负责人（会计主管人员）的，应当具备会计师以上专业技术职务资格或者从事会计工作三年以上经历。

本法所称会计人员的范围由国务院财政部门规定。

第三十九条 会计人员应当遵守职业道德，提高业务素质。对会计人员的教育和培训工作应当加强。

第四十条 因有提供虚假财务会计报告，做假账，隐匿或者故意销毁会计凭证、会计账簿、财务会计报告，贪污，挪用公款，职务侵占等与会计职务的有关违法行为被依法追究刑事责任的人员，不得再从事会计工作。

第四十一条　会计人员调动工作或者离职，必须与接管人员办清交接手续。

一般会计人员办理交接手续，由会计机构负责人（会计主管人员）监交；会计机构负责人（会计主管人员）办理交接手续，由单位负责人监交，必要时主管单位可以派人会同监交。

第六章　法 律 责 任

第四十二条　违反本法规定，有下列行为之一的，由县级以上人民政府财政部门责令限期改正，可以对单位并处三千元以上五万元以下的罚款；对其直接负责的主管人员和其他直接责任人员，可以处二千元以上二万元以下的罚款；属于国家工作人员的，还应当由其所在单位或者有关单位依法给予行政处分：

（一）不依法设置会计账簿的；

（二）私设会计账簿的；

（三）未按照规定填制、取得原始凭证或者填制、取得的原始凭证不符合规定的；

（四）以未经审核的会计凭证为依据登记会计账簿或者登记会计账簿不符合规定的；

（五）随意变更会计处理方法的；

（六）向不同的会计资料使用者提供的财务会计报告编制依据不一致的；

（七）未按照规定使用会计记录文字或者记账本位币的；

（八）未按照规定保管会计资料，致使会计资料毁损、灭失的；

（九）未按照规定建立并实施单位内部会计监督制度或者拒绝依法实施的监督或者不如实提供有关会计资料及有关情况的；

（十）任用会计人员不符合本法规定的。

有前款所列行为之一，构成犯罪的，依法追究刑事责任。

会计人员有第一款所列行为之一，情节严重的，五年内不得从事会计工作。

有关法律对第一款所列行为的处罚另有规定的，依照有关法律的规定办理。

第四十三条　伪造、变造会计凭证、会计账簿，编制虚假财务会计报告，构成犯罪的，依法追究刑事责任。

有前款行为，尚不构成犯罪的，由县级以上人民政府财政部门予以通报，可以对单位并处五千元以上十万元以下的罚款；对其直接负责的主管人员和其他直接责任人员，可以处三千元以上五万元以下的罚款；属于国家工作人员的，还应当由其所在单位或者有关单位依法给予撤职直至开除的行政处分；其中的会计人员，五年内不得从事会计工作。

第四十四条　隐匿或者故意销毁依法应当保存的会计凭证、会计账簿、财务会计报告，构成犯罪的，依法追究刑事责任。

有前款行为，尚不构成犯罪的，由县级以上人民政府财政部门予以通报，可以对单位并处五千元以上十万元以下的罚款；对其直接负责的主管人员和其他直接责任人员，可以处三千元以上五万元以下的罚款；属于国家工作人员的，还应当由其所在单位或者有关单位依法给予撤职直至开除的行政处分；其中的会计人员，五年内不得从事会计工作。

第四十五条　授意、指使、强令会计机构、会计人员及其他人员伪造、变造会计凭证、会计账簿，编制虚假财务会计报告或者隐匿、故意销毁依法应当保存的会计凭证、会计账簿、财务会计报告，构成犯罪的，依法追究刑事责任；尚不构成犯罪的，可以处五千元以上五万元以下的罚款；属于国家工作人员的，还应当由其所在单位或者有关单位依法给予降级、撤职、开除的行政处分。

第四十六条　单位负责人对依法履行职责、抵制违反本法规定行为的会计人员以降级、撤职、调离工作岗位、解聘或者开除等方式实行打击报复，构成犯罪的，依法追究刑事责任；尚不构成犯罪的，由其所在单位或者有关单位依法给予行政处分。对受打击报复的会计人员，应当恢复其名誉和原有职务、级别。

第四十七条　财政部门及有关行政部门的工作人员在实施监督管理中滥用职权、玩忽职守、徇私舞弊或者泄露国家秘密、商业秘密，构成犯罪的，依法追究刑事责任；尚不构成犯罪的，依法给予行政处分。

第四十八条　违反本法第三十条规定，将检举人姓名和检举材料转给被检举单位和被检举人个人的，由所在单位或者有关单位依法给予行政处分。

第四十九条　违反本法规定，同时违反其他法律规定的，由有关部门在各自职权范围内依法进行处罚。

第七章　附　则

第五十条　本法下列用语的含义：

单位负责人，是指单位法定代表人或者法律、行政法规规定代表单位行使职权的主要负责人。

国家统一的会计制度，是指国务院财政部门根据本法制定的关于会计核算、会计监督、会计机构和会计人员以及会计工作管理的制度。

第五十一条　个体工商户会计管理的具体办法，由国务院财政部门根据本法的原则另行规定。

第五十二条　本法自 2000 年 7 月 1 日起施行。

附录三　中华人民共和国电子签名法

（2004 年 8 月 28 日第十届全国人民代表大会常务委员会第十一次会议通过，根据 2015 年 4 月 24 日第十二届全国人民代表大会常务委员会第十四次会议《关于修改〈中华人民共和国电力法〉等六部法律的决定》第一次修正，根据 2019 年 4 月 23 日第十三届全国人民代表大会常务委员会第十次会议《关于修改〈中华人民共和国建筑法〉等八部法律的决定》第二次修正）

目　录

第一章　总　则

第一条　为了规范电子签名行为，确立电子签名的法律效力，维护有关各方的合法权益，制定本法。

第二条　本法所称电子签名，是指数据电文中以电子形式所含、所附用于识别签名人身份并表明签名人认可其中内容的数据。

本法所称数据电文，是指以电子、光学、磁或者类似手段生成、发送、接收或者储存的信息。

第三条 民事活动中的合同或者其他文件、单证等文书，当事人可以约定使用或者不使用电子签名、数据电文。

当事人约定使用电子签名、数据电文的文书，不得仅因为其采用电子签名、数据电文的形式而否定其法律效力。

前款规定不适用下列文书：

（一）涉及婚姻、收养、继承等人身关系的；

（二）涉及停止供水、供热、供气等公用事业服务的；

（三）法律、行政法规规定的不适用电子文书的其他情形。

第二章 数 据 电 文

第四条 能够有形地表现所载内容，并可以随时调取查用的数据电文，视为符合法律、法规要求的书面形式。

第五条 符合下列条件的数据电文，视为满足法律、法规规定的原件形式要求：

（一）能够有效地表现所载内容并可供随时调取查用；

（二）能够可靠地保证自最终形成时起，内容保持完整、未被更改。但是，在数据电文上增加背书以及数据交换、储存和显示过程中发生的形式变化不影响数据电文的完整性。

第六条 符合下列条件的数据电文，视为满足法律、法规规定的文件保存要求：

（一）能够有效地表现所载内容并可供随时调取查用；

（二）数据电文的格式与其生成、发送或者接收时的格式相同，或者格式不相同但是能够准确表现原来生成、发送或者接收的内容；

（三）能够识别数据电文的发件人、收件人以及发送、接收的时间。

第七条 数据电文不得仅因为其是以电子、光学、磁或者类似手段生成、发送、接收或者储存的而被拒绝作为证据使用。

第八条 审查数据电文作为证据的真实性，应当考虑以下因素：

（一）生成、储存或者传递数据电文方法的可靠性；

（二）保持内容完整性方法的可靠性；

（三）用以鉴别发件人方法的可靠性；

（四）其他相关因素。

第九条 数据电文有下列情形之一的，视为发件人发送：

（一）经发件人授权发送的；

（二）发件人的信息系统自动发送的；

（三）收件人按照发件人认可的方法对数据电文进行验证后结果相符的。

当事人对前款规定的事项另有约定的，从其约定。

第十条　法律、行政法规规定或者当事人约定数据电文需要确认收讫的，应当确认收讫。发件人收到收件人的收讫确认时，数据电文视为已经收到。

第十一条　数据电文进入发件人控制之外的某个信息系统的时间，视为该数据电文的发送时间。

收件人指定特定系统接收数据电文的，数据电文进入该特定系统的时间，视为该数据电文的接收时间；未指定特定系统的，数据电文进入收件人的任何系统的首次时间，视为该数据电文的接收时间。

当事人对数据电文的发送时间、接收时间另有约定的，从其约定。

第十二条　发件人的主营业地为数据电文的发送地点，收件人的主营业地为数据电文的接收地点。没有主营业地的，其经常居住地为发送或者接收地点。

当事人对数据电文的发送地点、接收地点另有约定的，从其约定。

第三章　电子签名与认证

第十三条　电子签名同时符合下列条件的，视为可靠的电子签名：

（一）电子签名制作数据用于电子签名时，属于电子签名人专有；

（二）签署时电子签名制作数据仅由电子签名人控制；

（三）签署后对电子签名的任何改动能够被发现；

（四）签署后对数据电文内容和形式的任何改动能够被发现。

当事人也可以选择使用符合其约定的可靠条件的电子签名。

第十四条　可靠的电子签名与手写签名或者盖章具有同等的法律效力。

第十五条　电子签名人应当妥善保管电子签名制作数据。电子签名人知悉电子签名制作数据已经失密或者可能已经失密时，应当及时告知有关各方，并终止使用该电子签名制作数据。

第十六条　电子签名需要第三方认证的，由依法设立的电子认证服务提供者提供认证服务。

第十七条　提供电子认证服务，应当具备下列条件：

（一）取得企业法人资格；

（二）具有与提供电子认证服务相适应的专业技术人员和管理人员；

（三）具有与提供电子认证服务相适应的资金和经营场所；

（四）具有符合国家安全标准的技术和设备；

（五）具有国家密码管理机构同意使用密码的证明文件；

（六）法律、行政法规规定的其他条件。

第十八条　从事电子认证服务，应当向国务院信息产业主管部门提出申请，并提交符合本法第十七条规定条件的相关材料。国务院信息产业主管部门接到申请后经依法审查，征求国务院商务主管部门等有关部门的意见后，自接到申请之日起四十五日内作出许可或者不予许可的决定。予以许可的，颁发电子认证许可证书；不予许可的，应当书面通知申请人并告知理由。

取得认证资格的电子认证服务提供者，应当按照国务院信息产业主管部门的规定在互联网上公布其名称、许可证号等信息。

第十九条　电子认证服务提供者应当制定、公布符合国家有关规定的电子认证业务规则，并向国务院信息产业主管部门备案。

电子认证业务规则应当包括责任范围、作业操作规范、信息安全保障措施等事项。

第二十条　电子签名人向电子认证服务提供者申请电子签名认证证书，应当提供真实、完整和准确的信息。

电子认证服务提供者收到电子签名认证证书申请后，应当对申请人的身份进行查验，并对有关材料进行审查。

第二十一条　电子认证服务提供者签发的电子签名认证证书应当准确无误，并应当载明下列内容：

（一）电子认证服务提供者名称；

（二）证书持有人名称；

（三）证书序列号；

（四）证书有效期；

（五）证书持有人的电子签名验证数据；

（六）电子认证服务提供者的电子签名；

（七）国务院信息产业主管部门规定的其他内容。

第二十二条　电子认证服务提供者应当保证电子签名认证证书内容在有效期内完整、准确，并保证电子签名依赖方能够证实或者了解电子签名认证证书所载内容及其他有关事项。

第二十三条　电子认证服务提供者拟暂停或者终止电子认证服务的，应当在暂停或者终止服务九十日前，就业务承接及其他有关事项通知有关各方。

电子认证服务提供者拟暂停或者终止电子认证服务的，应当在暂停或者终止服务六十日前向国务院信息产业主管部门报告，并与其他电子认证服务提供者就业务承接进行协商，作出妥善安排。

电子认证服务提供者未能就业务承接事项与其他电子认证服务提供者达成协议的，应当申请国务院信息产业主管部门安排其他电子认证服务提供者承接其业务。

电子认证服务提供者被依法吊销电子认证许可证书的，其业务承接事项的处理按照国务院信息产业主管部门的规定执行。

第二十四条　电子认证服务提供者应当妥善保存与认证相关的信息，信息保存期限至少为电子签名认证证书失效后五年。

第二十五条　国务院信息产业主管部门依照本法制定电子认证服务业的具体管理办法，对电子认证服务提供者依法实施监督管理。

第二十六条　经国务院信息产业主管部门根据有关协议或者对等原则核准后，中华人民共和国境外的电子认证服务提供者在境外签发的电子签名认证证书与依照本法设立的电子认证服务提供者签发的电子签名认证证书具有同等的法律效力。

第四章　法律责任

第二十七条　电子签名人知悉电子签名制作数据已经失密或者可能已经失密未及时告知有关各方、并终止使用电子签名制作数据，未向电子认证服务提供者提供真实、完整和准确的信息，或者有其他过错，给电子签名依赖方、电子认证服务提供者造成损失的，承担赔偿责任。

第二十八条　电子签名人或者电子签名依赖方因依据电子认证服务提供者提供的电子签名认证服务从事民事活动遭受损失，电子认证服务提供者不能证明自己无过错的，承担赔偿责任。

第二十九条　未经许可提供电子认证服务的，由国务院信息产业主管部门责令停止违法行为；有违法所得的，没收违法所得；违法所得三十万元以上的，处违法所得一倍以上三倍以下的罚款；没有违法所得或者违法所得不足三十万元的，处十万元以上三十万元以下的罚款。

第三十条　电子认证服务提供者暂停或者终止电子认证服务，未在暂停或者终止服务六十日前向国务院信息产业主管部门报告的，由国务院信息产业主管部门对其直接负责的主管人员处一万元以上五万元以下的罚款。

第三十一条　电子认证服务提供者不遵守认证业务规则、未妥善保存与认证相关的信息，或者有其他违法行为的，由国务院信息产业主管部门责令限期改正；逾期未改正的，吊销电子认证许可证书，其直接负责的主管人员和其他直接责任人员十年内不得从事电子认证服务。吊销电子认证许可证书的，应当予以公告并通知工商行政管理部门。

第三十二条　伪造、冒用、盗用他人的电子签名，构成犯罪的，依法追究刑事责任；给他人造成损失的，依法承担民事责任。

第三十三条　依照本法负责电子认证服务业监督管理工作的部门的工作人员，不依法履行行政许可、监督管理职责的，依法给予行政处分；构成犯罪的，依法追究刑事责任。

第五章　附　　则

第三十四条　本法中下列用语的含义：

（一）电子签名人，是指持有电子签名制作数据并以本人身份或者以其所代表的人的名义实施电子签名的人；

（二）电子签名依赖方，是指基于对电子签名认证证书或者电子签名的信赖从事有关活动的人；

（三）电子签名认证证书，是指可证实电子签名人与电子签名制作数据有联系的数据电文或者其他电子记录；

（四）电子签名制作数据，是指在电子签名过程中使用的，将电子签名与电子签名人可靠地联系起来的字符、编码等数据；

（五）电子签名验证数据，是指用于验证电子签名的数据，包括代码、口令、算法或者公钥等。

第三十五条　国务院或者国务院规定的部门可以依据本法制定政务活动和其他社会活动中使用电子签名、数据电文的具体办法。

第三十六条　本法自 2005 年 4 月 1 日起施行。

附录四　会计档案管理办法

（中华人民共和国财政部 国家档案局令第 79 号 2015 年 12 月 11 日）

第一条　为了加强会计档案管理，有效保护和利用会计档案，根据

《中华人民共和国会计法》《中华人民共和国档案法》等有关法律和行政法规，制定本办法。

第二条　国家机关、社会团体、企业、事业单位和其他组织（以下统称单位）管理会计档案适用本办法。

第三条　本办法所称会计档案是指单位在进行会计核算等过程中接收或形成的，记录和反映单位经济业务事项的，具有保存价值的文字、图表等各种形式的会计资料，包括通过计算机等电子设备形成、传输和存储的电子会计档案。

第四条　财政部和国家档案局主管全国会计档案工作，共同制定全国统一的会计档案工作制度，对全国会计档案工作实行监督和指导。

县级以上地方人民政府财政部门和档案行政管理部门管理本行政区域内的会计档案工作，并对本行政区域内会计档案工作实行监督和指导。

第五条　单位应当加强会计档案管理工作，建立和完善会计档案的收集、整理、保管、利用和鉴定销毁等管理制度，采取可靠的安全防护技术和措施，保证会计档案的真实、完整、可用、安全。

单位的档案机构或者档案工作人员所属机构（以下统称单位档案管理机构）负责管理本单位的会计档案。单位也可以委托具备档案管理条件的机构代为管理会计档案。

第六条　下列会计资料应当进行归档：

（一）会计凭证，包括原始凭证、记账凭证；

（二）会计账簿，包括总账、明细账、日记账、固定资产卡片及其他辅助性账簿；

（三）财务会计报告，包括月度、季度、半年度、年度财务会计报告；

（四）其他会计资料，包括银行存款余额调节表、银行对账单、纳税申报表、会计档案移交清册、会计档案保管清册、会计档案销毁清册、会计档案鉴定意见书及其他具有保存价值的会计资料。

第七条　单位可以利用计算机、网络通信等信息技术手段管理会计档案。

第八条　同时满足下列条件的，单位内部形成的属于归档范围的电子会计资料可仅以电子形式保存，形成电子会计档案：

（一）形成的电子会计资料来源真实有效，由计算机等电子设备形成和传输；

（二）使用的会计核算系统能够准确、完整、有效接收和读取电子会计资料，能够输出符合国家标准归档格式的会计凭证、会计账簿、财务会计报表等会计资料，设定了经办、审核、审批等必要的审签程序；

（三）使用的电子档案管理系统能够有效接收、管理、利用电子会计档案，符合电子档案的长期保管要求，并建立了电子会计档案与相关联的其他纸质会计档案的检索关系；

（四）采取有效措施，防止电子会计档案被篡改；

（五）建立电子会计档案备份制度，能够有效防范自然灾害、意外事故和人为破坏的影响；

（六）形成的电子会计资料不属于具有永久保存价值或者其他重要保存价值的会计档案。

第九条　满足本办法第八条规定条件，单位从外部接收的电子会计资料附有符合《中华人民共和国电子签名法》规定的电子签名的，可仅以电子形式归档保存，形成电子会计档案。

第十条　单位的会计机构或会计人员所属机构（以下统称单位会计管理机构）按照归档范围和归档要求，负责定期将应当归档的会计资料整理立卷，编制会计档案保管清册。

第十一条　当年形成的会计档案，在会计年度终了后，可由单位会计管理机构临时保管一年，再移交单位档案管理机构保管。因工作需要确需推迟移交的，应当经单位档案管理机构同意。

单位会计管理机构临时保管会计档案最长不超过三年。临时保管期间，会计档案的保管应当符合国家档案管理的有关规定，且出纳人员不得兼管会计档案。

第十二条　单位会计管理机构在办理会计档案移交时，应当编制会计档案移交清册，并按照国家档案管理的有关规定办理移交手续。

纸质会计档案移交时应当保持原卷的封装。电子会计档案移交时应当将电子会计档案及其元数据一并移交，且文件格式应当符合国家档案管理的有关规定。特殊格式的电子会计档案应当与其读取平台一并移交。

单位档案管理机构接收电子会计档案时，应当对电子会计档案的准确性、完整性、可用性、安全性进行检测，符合要求的才能接收。

第十三条　单位应当严格按照相关制度利用会计档案，在进行会计档案查阅、复制、借出时履行登记手续，严禁篡改和损坏。

单位保存的会计档案一般不得对外借出。确因工作需要且根据国家有关规定必须借出的，应当严格按照规定办理相关手续。

会计档案借用单位应当妥善保管和利用借入的会计档案，确保借入会计档案的安全完整，并在规定时间内归还。

第十四条　会计档案的保管期限分为永久、定期两类。定期保管期限一般分为 10 年和 30 年。

会计档案的保管期限，从会计年度终了后的第一天算起。

第十五条　各类会计档案的保管期限原则上应当按照本办法附表执行，本办法规定的会计档案保管期限为最低保管期限。

单位会计档案的具体名称如有同本办法附表所列档案名称不相符的，应当比照类似档案的保管期限办理。

第十六条　单位应当定期对已到保管期限的会计档案进行鉴定，并形成会计档案鉴定意见书。经鉴定，仍需继续保存的会计档案，应当重新划定保管期限；对保管期满，确无保存价值的会计档案，可以销毁。

第十七条　会计档案鉴定工作应当由单位档案管理机构牵头，组织单位会计、审计、纪检监察等机构或人员共同进行。

第十八条　经鉴定可以销毁的会计档案，应当按照以下程序销毁：

（一）单位档案管理机构编制会计档案销毁清册，列明拟销毁会计档案的名称、卷号、册数、起止年度、档案编号、应保管期限、已保管期限和销毁时间等内容。

（二）单位负责人、档案管理机构负责人、会计管理机构负责人、档案管理机构经办人、会计管理机构经办人在会计档案销毁清册上签署意见。

（三）单位档案管理机构负责组织会计档案销毁工作，并与会计管理机构共同派员监销。监销人在会计档案销毁前，应当按照会计档案销毁清册所列内容进行清点核对；在会计档案销毁后，应当在会计档案销毁清册上签名或盖章。

电子会计档案的销毁还应当符合国家有关电子档案的规定，并由单位档案管理机构、会计管理机构和信息系统管理机构共同派员监销。

第十九条　保管期满但未结清的债权债务会计凭证和涉及其他未了事项的会计凭证不得销毁，纸质会计档案应当单独抽出立卷，电子会计档案单独转存，保管到未了事项完结时为止。

单独抽出立卷或转存的会计档案，应当在会计档案鉴定意见书、会计档案销毁清册和会计档案保管清册中列明。

第二十条　单位因撤销、解散、破产或其他原因而终止的，在终止或办理注销登记手续之前形成的会计档案，按照国家档案管理的有关规定处置。

第二十一条　单位分立后原单位存续的，其会计档案应当由分立后的存续方统一保管，其他方可以查阅、复制与其业务相关的会计档案。

单位分立后原单位解散的，其会计档案应当经各方协商后由其中一方代管或按照国家档案管理的有关规定处置，各方可以查阅、复制与其业务相关的会计档案。

单位分立中未结清的会计事项所涉及的会计凭证，应当单独抽出由业务相关方保存，并按照规定办理交接手续。

单位因业务移交其他单位办理所涉及的会计档案，应当由原单位保管，承接业务单位可以查阅、复制与其业务相关的会计档案。对其中未结清的会计事项所涉及的会计凭证，应当单独抽出由承接业务单位保存，并按照规定办理交接手续。

第二十二条　单位合并后原各单位解散或者一方存续其他方解散的，原各单位的会计档案应当由合并后的单位统一保管。单位合并后原各单位仍存续的，其会计档案仍应当由原各单位保管。

第二十三条　建设单位在项目建设期间形成的会计档案，需要移交给建设项目接受单位的，应当在办理竣工财务决算后及时移交，并按照规定办理交接手续。

第二十四条　单位之间交接会计档案时，交接双方应当办理会计档案交接手续。

移交会计档案的单位，应当编制会计档案移交清册，列明应当移交的会计档案名称、卷号、册数、起止年度、档案编号、应保管期限和已保管期限等内容。

交接会计档案时，交接双方应当按照会计档案移交清册所列内容逐项交接，并由交接双方的单位有关负责人负责监督。交接完毕后，交接双方经办人和监督人应当在会计档案移交清册上签名或盖章。

电子会计档案应当与其元数据一并移交，特殊格式的电子会计档案应当与其读取平台一并移交。档案接受单位应当对保存电子会计档案的载体及其技术环境进行检验，确保所接收电子会计档案的准确、完整、可用和安全。

第二十五条　单位的会计档案及其复制件需要携带、寄运或者传输至境外的，应当按照国家有关规定执行。

第二十六条　单位委托中介机构代理记账的，应当在签订的书面委托合同中，明确会计档案的管理要求及相应责任。

第二十七条　违反本办法规定的单位和个人，由县级以上人民政府财政部门、档案行政管理部门依据《中华人民共和国会计法》《中华人民共和国档案法》等法律法规处理处罚。

第二十八条　预算、计划、制度等文件材料，应当执行文书档案管理规定，不适用本办法。

第二十九条　不具备设立档案机构或配备档案工作人员条件的单位和依法建账的个体工商户，其会计档案的收集、整理、保管、利用和鉴定销毁等参照本办法执行。

第三十条　各省、自治区、直辖市、计划单列市人民政府财政部门、档案行政管理部门，新疆生产建设兵团财务局、档案局，国务院各业务主管部门，中国人民解放军总后勤部，可以根据本办法制定具体实施办法。

第三十一条　本办法由财政部、国家档案局负责解释，自 2016 年 1 月 1 日起施行。1998 年 8 月 21 日财政部、国家档案局发布的《会计档案管理办法》（财会字〔1998〕32 号）同时废止。

附表：1. 企业和其他组织会计档案保管期限表

2. 财政总预算、行政单位、事业单位和税收会计档案保管期限表

附表 1　　　　　企业和其他组织会计档案保管期限表

序号	档案名称	保管期限	备注
一	会计凭证		
1	原始凭证	30 年	
2	记账凭证	30 年	
二	会计账簿		
3	总账	30 年	
4	明细账	30 年	
5	日记账	30 年	
6	固定资产卡片		固定资产报废清理后保管 5 年
7	其他辅助性账簿	30 年	
三	财务会计报告		
8	月度、季度、半年度财务会计报告	10 年	
9	年度财务会计报告	永久	

序号	档案名称	保管期限	备注
四	其他会计资料		
10	银行存款余额调节表	10 年	
11	银行对账单	10 年	
12	纳税申报表	10 年	
13	会计档案移交清册	30 年	
14	会计档案保管清册	永久	
15	会计档案销毁清册	永久	
16	会计档案鉴定意见书	永久	

附表 2　财政总预算、行政单位、事业单位和税收会计档案保管期限表

序号	档案名称	保管期限			备注
		财政总预算	行政单位事业单位	税收会计	
一	会计凭证				
1	国家金库编送的各种报表及缴库退库凭证	10 年		10 年	
2	各收入机关编送的报表	10 年			
3	行政单位和事业单位的各种会计凭证		30 年		包括：原始凭证、记账凭证和传票汇总表
4	财政总预算拨款凭证和其他会计凭证	30 年			包括：拨款凭证和其他会计凭证
二	会计账簿				
5	日记账		30 年	30 年	
6	总账	30 年	30 年	30 年	
7	税收日记账（总账）			30 年	
8	明细分类、分户账或登记簿	30 年	30 年	30 年	

序号	档案名称	保管期限			备注
		财政总预算	行政单位事业单位	税收会计	
9	行政单位和事业单位固定资产卡片				固定资产报废清理后保管5年
三	财务会计报告				
10	政府综合财务报告	永久			下级财政、本级部门和单位报送的保管2年
11	部门财务报告		永久		所属单位报送的保管2年
12	财政总决算	永久			下级财政、本级部门和单位报送的保管2年
13	部门决算		永久		所属单位报送的保管2年
14	税收年报（决算）			永久	
15	国家金库年报（决算）	10年			
16	基本建设拨、贷款年报（决算）	10年			
17	行政单位和事业单位会计月、季度报表		10年		所属单位报送的保管2年
18	税收会计报表			10年	所属税务机关报送的保管2年
四	其他会计资料				
19	银行存款余额调节表	10年	10年		
20	银行对账单	10年	10年	10年	
21	会计档案移交清册	30年	30年	30年	
22	会计档案保管清册	永久	永久	永久	
23	会计档案销毁清册	永久	永久	永久	
24	会计档案鉴定意见书	永久	永久	永久	

注：税务机关的税务经费会计档案保管期限，按行政单位会计档案保管期限规定办理。

附录五　企业会计信息化工作规范

财政部关于印发《企业会计信息化工作规范》的通知

财会〔2013〕20 号

各省、自治区、直辖市、计划单列市财政厅（局），新疆生产建设兵团财务局，有关企业：

为推动企业会计信息化，节约社会资源，提高会计软件和相关服务质量，规范信息化环境下的会计工作，我部制定了《企业会计信息化工作规范》（以下简称工作规范）。现予印发，请遵照执行。工作规范施行前已经投入使用的会计软件不符合工作规范要求的，应当自工作规范施行之日起 3 年内进行升级完善，达到要求。

财 政 部
2013 年 12 月 6 日

第一章　总　　则

第一条　为推动企业会计信息化，节约社会资源，提高会计软件和相关服务质量，规范信息化环境下的会计工作，根据《中华人民共和国会计法》、《财政部关于全面推进我国会计信息化工作的指导意见》（财会〔2009〕6 号），制定本规范。

第二条　本规范所称会计信息化，是指企业利用计算机、网络通信等现代信息技术手段开展会计核算，以及利用上述技术手段将会计核算与其他经营管理活动有机结合的过程。

本规范所称会计软件，是指企业使用的，专门用于会计核算、财务管理的计算机软件、软件系统或者其功能模块。会计软件具有以下功能：

（一）为会计核算、财务管理直接采集数据；

（二）生成会计凭证、账簿、报表等会计资料；

（三）对会计资料进行转换、输出、分析、利用。

本规范所称会计信息系统，是指由会计软件及其运行所依赖的软硬件环境组成的集合体。

第三条　企业（含代理记账机构，下同）开展会计信息化工作，软件

205

供应商（含相关咨询服务机构，下同）提供会计软件和相关服务，适用本规范。

第四条　财政部主管全国企业会计信息化工作，主要职责包括：

（一）拟订企业会计信息化发展政策；

（二）起草、制定企业会计信息化技术标准；

（三）指导和监督企业开展会计信息化工作；

（四）规范会计软件功能。

第五条　县级以上地方人民政府财政部门管理本地区企业会计信息化工作，指导和监督本地区企业开展会计信息化工作。

第二章　会计软件和服务

第六条　会计软件应当保障企业按照国家统一会计准则制度开展会计核算，不得有违背国家统一会计准则制度的功能设计。

第七条　会计软件的界面应当使用中文并且提供对中文处理的支持，可以同时提供外国或者少数民族文字界面对照和处理支持。

第八条　会计软件应当提供符合国家统一会计准则制度的会计科目分类和编码功能。

第九条　会计软件应当提供符合国家统一会计准则制度的会计凭证、账簿和报表的显示和打印功能。

第十条　会计软件应当提供不可逆的记账功能，确保对同类已记账凭证的连续编号，不得提供对已记账凭证的删除和插入功能，不得提供对已记账凭证日期、金额、科目和操作人的修改功能。

第十一条　鼓励软件供应商在会计软件中集成可扩展商业报告语言（XBRL）功能，便于企业生成符合国家统一标准的 XBRL 财务报告。

第十二条　会计软件应当具有符合国家统一标准的数据接口，满足外部会计监督需要。

第十三条　会计软件应当具有会计资料归档功能，提供导出会计档案的接口，在会计档案存储格式、元数据采集、真实性与完整性保障方面，符合国家有关电子文件归档与电子档案管理的要求。

第十四条　会计软件应当记录生成用户操作日志，确保日志的安全、完整，提供按操作人员、操作时间和操作内容查询日志的功能，并能以简单易懂的形式输出。

第十五条　以远程访问、云计算等方式提供会计软件的供应商，应当在技术上保证客户会计资料的安全、完整。对于因供应商原因造成客户会计资料泄露、毁损的，客户可以要求供应商承担赔偿责任。

第十六条　客户以远程访问、云计算等方式使用会计软件生成的电子会计资料归客户所有。

软件供应商应当提供符合国家统一标准的数据接口供客户导出电子会计资料，不得以任何理由拒绝客户导出电子会计资料的请求。

第十七条　以远程访问、云计算等方式提供会计软件的供应商，应当做好本厂商不能维持服务情况下，保障企业电子会计资料安全以及企业会计工作持续进行的预案，并在相关服务合同中与客户就该预案做出约定。

第十八条　软件供应商应当努力提高会计软件相关服务质量，按照合同约定及时解决用户使用中的故障问题。

会计软件存在影响客户按照国家统一会计准则制度进行会计核算问题的，软件供应商应当为用户免费提供更正程序。

第十九条　鼓励软件供应商采用呼叫中心、在线客服等方式为用户提供实时技术支持。

第二十条　软件供应商应当就如何通过会计软件开展会计监督工作，提供专门教程和相关资料。

第三章　企业会计信息化

第二十一条　企业应当充分重视会计信息化工作，加强组织领导和人才培养，不断推进会计信息化在本企业的应用。

除本条第三款规定外，企业应当指定专门机构或者岗位负责会计信息化工作。

未设置会计机构和配备会计人员的企业，由其委托的代理记账机构开展会计信息化工作。

第二十二条　企业开展会计信息化工作，应当根据发展目标和实际需要，合理确定建设内容，避免投资浪费。

第二十三条　企业开展会计信息化工作，应当注重信息系统与经营环境的契合，通过信息化推动管理模式、组织架构、业务流程的优化与革新，建立健全适应信息化工作环境的制度体系。

第二十四条　大型企业、企业集团开展会计信息化工作，应当注重整体规划，统一技术标准、编码规则和系统参数，实现各系统的有机整合，消除信息孤岛。

第二十五条　企业配备的会计软件应当符合本规范第二章要求。

第二十六条　企业配备会计软件，应当根据自身技术力量以及业务需求，考虑软件功能、安全性、稳定性、响应速度、可扩展性等要求，合理选择购买、定制开发、购买与开发相结合等方式。

定制开发包括企业自行开发、委托外部单位开发、企业与外部单位联合开发。

第二十七条　企业通过委托外部单位开发、购买等方式配备会计软件，应当在有关合同中约定操作培训、软件升级、故障解决等服务事项，以及软件供应商对企业信息安全的责任。

第二十八条　企业应当促进会计信息系统与业务信息系统的一体化，通过业务的处理直接驱动会计记账，减少人工操作，提高业务数据与会计数据的一致性，实现企业内部信息资源共享。

第二十九条　企业应当根据实际情况，开展本企业信息系统与银行、供应商、客户等外部单位信息系统的互联，实现外部交易信息的集中自动处理。

第三十条　企业进行会计信息系统前端系统的建设和改造，应当安排负责会计信息化工作的专门机构或者岗位参与，充分考虑会计信息系统的数据需求。

第三十一条　企业应当遵循企业内部控制规范体系要求，加强对会计信息系统规划、设计、开发、运行、维护全过程的控制，将控制过程和控制规则融入会计信息系统，实现对违反控制规则情况的自动防范和监控，提高内部控制水平。

第三十二条　对于信息系统自动生成、且具有明晰审核规则的会计凭证，可以将审核规则嵌入会计软件，由计算机自动审核。未经自动审核的会计凭证，应当先经人工审核再进行后续处理。

第三十三条　处于会计核算信息化阶段的企业，应当结合自身情况，逐步实现资金管理、资产管理、预算控制、成本管理等财务管理信息化。

处于财务管理信息化阶段的企业，应当结合自身情况，逐步实现财务分析、全面预算管理、风险控制、绩效考核等决策支持信息化。

第三十四条　分公司、子公司数量多、分布广的大型企业、企业集团应当探索利用信息技术促进会计工作的集中，逐步建立财务共享服务中心。

实行会计工作集中的企业以及企业分支机构，应当为外部会计监督机构及时查询和调阅异地储存的会计资料提供必要条件。

第三十五条　外商投资企业使用的境外投资者指定的会计软件或者跨国企业集团统一部署的会计软件，应当符合本规范第二章要求。

第三十六条　企业会计信息系统数据服务器的部署应当符合国家有关规定。数据服务器部署在境外的，应当在境内保存会计资料备份，备份频率不得低于每月一次。境内备份的会计资料应当能够在境外服务器不能正常工作时，独立满足企业开展会计工作的需要以及外部会计监督的需要。

第三十七条　企业会计资料中对经济业务事项的描述应当使用中文，可以同时使用外国或者少数民族文字对照。

第三十八条　企业应当建立电子会计资料备份管理制度，确保会计资料的安全、完整和会计信息系统的持续、稳定运行。

第三十九条　企业不得在非涉密信息系统中存储、处理和传输涉及国家秘密，关系国家经济信息安全的电子会计资料；未经有关主管部门批准，不得将其携带、寄运或者传输至境外。

第四十条　企业内部生成的会计凭证、账簿和辅助性会计资料，同时满足下列条件的，可以不输出纸面资料：

（一）所记载的事项属于本企业重复发生的日常业务；

（二）由企业信息系统自动生成；

（三）可及时在企业信息系统中以人类可读形式查询和输出；

（四）企业信息系统具有防止相关数据被篡改的有效机制；

（五）企业对相关数据建立了电子备份制度，能有效防范自然灾害、意外事故和人为破坏的影响；

（六）企业对电子和纸面会计资料建立了完善的索引体系。

第四十一条　企业获得的需要外部单位或者个人证明的原始凭证和其他会计资料，同时满足下列条件的，可以不输出纸面资料：

（一）会计资料附有外部单位或者个人的、符合《中华人民共和国电子签名法》的可靠的电子签名；

（二）电子签名经符合《中华人民共和国电子签名法》的第三方认证；

（三）满足第四十条第（一）项、第（三）项、第（五）项和第（六）项规定的条件。

第四十二条　企业会计资料的归档管理，遵循国家有关会计档案管理的规定。

第四十三条　实施企业会计准则通用分类标准的企业，应当按照有关要求向财政部报送 XBRL 财务报告。

第四章　监　　督

第四十四条　企业使用会计软件不符合本规范要求的，由财政部门责令限期改正。限期不改的，财政部门应当予以公示，并将有关情况通报同级相关部门或其派出机构。

第四十五条　财政部采取组织同行评议，向用户企业征求意见等方式对软件供应商提供的会计软件遵循本规范的情况进行检查。

省、自治区、直辖市人民政府财政部门发现会计软件不符合本规范规定的，应当将有关情况报财政部。

任何单位和个人发现会计软件不符合本规范要求的，有权向所在地省（自治区、直辖市）人民政府财政部门反映，财政部门应当根据反映开展调查，并按本条第二款规定处理。

第四十六条　软件供应商提供的会计软件不符合本规范要求的，财政部可以约谈该供应商主要负责人，责令限期改正。限期内未改正的，由财政部予以公示，并将有关情况通报相关部门。

第五章　附　　则

第四十七条　省、自治区、直辖市人民政府财政部门可以根据本规范制定本地区具体实施办法。

第四十八条　自本规范施行之日起，《会计核算软件基本功能规范》（财会字〔1994〕27号）、《会计电算化工作规范》（财会字〔1996〕17号）不适用于企业及其会计软件。

第四十九条　本规范自2014年1月6日起施行，1994年6月30日财政部发布的《商品化会计核算软件评审规则》（财会字〔1994〕27号）、《会计电算化管理办法》（财会字〔1994〕27号）同时废止。

附录六　会计档案案卷格式

DA/T 39—2008《会计档案案卷格式》

1　范围

本标准规定了会计档案卷盒及其有关表格的项目设置、规格、质量要求。

本标准适用于各级各类机关、团体、企业事业单位和其他组织。

2　规范性引用文件

下列文件中的条款通过本标准的引用而成为本标准的条款。凡是注日期的引用文件，其随后所有的修改单（不包括勘误的内容）或修订版均不适用于本标准，然而，鼓励根据本标准达成协议的各方研究是否可使用这些文件的最新版本。凡是不注日期的引用文件，其最新版本适用于本标准。

GB/T 9705—88 文书档案案卷格式

财会字〔1998〕32 号《会计档案管理办法》

3　会计凭证封面格式

3.1　会计凭证封面外形尺寸

封面尺寸规格采用 245mm×130mm（长×宽）或 245mm×150mm（长×宽）。

封底尺寸同封面尺寸。

3.2　会计凭证封面项目

封面项目包括单位名称、会计凭证名称、时间、册数、册次、记账凭证起止号、记账凭证数、附件数、会计凭证总数、会计主管、装订人、装订时间、备注。各项目具体位置、尺寸〔见附录 A 图 A1（a）、图 A1（b）〕。

3.3　封面项目的填写方法

3.3.1　单位名称：填写形成会计档案的单位名称，必须用全称或通用简称。如"中国共产党中央委员会"简称为"中共中央"；"中华人民共和国卫生部"简称为"卫生部"；"云南省人民政府财政厅"简称为"云南省财政厅"。不得简称"本部""本委""本省财政厅"等。

3.3.2　会计凭证名称：填写能够反映会计凭证用途或内容的名称，如："收款会计凭证""付款会计凭证""转账会计凭证"或"基建会计凭证""工会会计凭证""预算外会计凭证"等。

3.3.3　时间：填写本册会计凭证的起止年月日。

3.3.4　册数：填写会计凭证的册数。

3.3.5　册次：填写本册会计凭证的序号。

3.3.6　记账凭证起止号：填写本册记账凭证起号和止号。

3.3.7　记账凭证数：填写记账凭证的张数。

3.3.8　附件数：填写本册会计凭证的附件张数。

3.3.9　会计凭证总数：填写本册所有凭证的合计张数。

3.3.10　会计主管：填写单位内部具体负责会计工作的中层领导人员。

3.3.11 装订人：填写负责该本会计凭证装订的人员。

3.3.12 装订时间：填写该本会计凭证装订结束的时间。

3.3.13 备注：填写该本凭证需要说明的事项。

3.4 制成材料质量

记账凭证封面和封底宜采用 126 克以上牛皮纸制作。

4 会计凭证盒格式

4.1 会计凭证盒外形尺寸

会计凭证盒的外形尺寸采用 275mm×155mm（长×宽），盒脊厚度可根据需要设置 30mm、40mm、60mm 等。［见附录 A 图 A2（a）］

4.2 会计凭证盒项目及填写方法

4.2.1 会计凭证盒正面项目

会计凭证盒正面项目包括单位名称、凭证名称、时间、册数、册次、记账凭证起止号、附件数、会计凭证总数、起止时间、归档时间、立卷人、保管期限、全宗号、目录号、案卷号。各项具体位置、尺寸［见附录 A 图 A2（b）］。

4.2.2 正面项目的填写方法

4.2.2.1 单位名称、凭证名称、时间、册数、册次、记账凭证起止号、附件数、会计凭证总数、起止时间根据记账凭证封面的有关项目对应填写，填写方法与记账凭证封面一致。

4.2.2.2 归档时间：填写单位内财务部门向档案部门移交会计档案的年月日。

4.2.2.3 立卷人：填写整理本盒会计凭证的人员姓名。

4.2.2.4 保管期限：根据财政部和国家档案局 1998 年颁布的《会计档案保管期限表》确定填写该案卷的保管期限。

4.2.2.5 全宗号：填写档案馆给立档单位编制的代号。企业可填写表达单位的汉语拼音代字。

4.2.2.6 目录号：填写全宗内案卷所属目录的编号，在同一个全宗内不允许出现重复的案卷目录号，企业或参照《工业企业档案分类试行规则》编制分类方案的单位，可填写类别特征代码。

4.2.2.7 案卷号：目录内案卷的顺序编号，在同一个案卷目录（或分类体系的最低一级类目）内不允许出现重复的案卷号。

4.2.3 会计凭证盒盒脊项目及填写方法

会计凭证盒盒脊项目包括全宗号、目录号、案卷号、年度、月份、册数、册次、保管期限，其排列格式尺寸［见附录 A 图 A2（c）］。

盒脊项目与正面有关项目对应填写。

4.3　制成材料质量

会计凭证盒宜采用 340 克以上箱板纸制作。

5　会计档案盒格式

5.1　会计档案盒外形尺寸

会计档案盒的外形尺寸采用 310mm×220mm 或 310mm×260mm（长×宽），盒脊厚度可根据需要设置 20mm、30mm、40mm 等。［见附录 A 图 A3（a）］

5.2　会计档案盒项目及填写方法

5.2.1　会计档案盒正面项目

会计档案盒正面项目包括全宗名称、案卷题名、时间、卷数、张数、保管期限、全宗号、目录号、案卷号、盒号。各项目具体位置、尺寸［见附录 A 图 A3（b）、图 A3（c）］。

5.2.2　正面项目的填写方法

5.2.2.1　全宗名称：全宗名称相当于立档单位的名称，填写时和会计凭证盒正面上的"单位名称"要求一致。

5.2.2.2　案卷题名：由整理会计凭证的人员自拟。案卷题名应准确概括本盒会计档案的形成单位、时间、内容、类别，如："曲靖市财政局二〇〇二年度（或上半年、下半年、季度）财务报告"、"曲靖市财政局二〇〇二年基金管理总账"、"曲靖市乡镇企业局二〇〇二年行政（或事业、或工会）现金日记账"。文字力求简练、明确。

5.2.2.3　时间：填写形成本盒会计档案的起止年月日。

5.2.2.4　卷数、张数：填写本盒内会计档案的卷数和张数。

5.2.2.5　保管期限：按照《会计档案保管期限表》填写该盒会计档案的保管期限。

5.2.2.6　全宗号、目录号：填写方法与会计凭证盒上的"全宗号""目录号"的要求相同。

5.2.2.7　案卷号：填写本盒内会计档案的案卷号或案卷起止号，在案卷起号和止号之间用"-"隔开。

5.2.2.8　盒号：盒号是同一全宗、同一目录内按照案卷顺序号装盒的编号。

5.2.3　会计档案盒盒脊项目的填写方法

会计档案盒盒脊项目包括年度、全宗号、目录号、案卷号、盒号、保管期限。其排列格式尺寸［见附录 A 图 A3（d）］。

年度填写本盒会计档案所属年度，其他项目与正面相应项目填写一致。

5.3 制成材料质量

会计档案盒宜采用 700 克以上无酸纸制作。

6 账簿启用及接交表格式

6.1 账簿启用及接交表用纸尺寸及质量要求

6.1.1 用纸尺寸

账簿启用及接交表用纸幅面尺寸采用国际标准 A4 型（长×宽为 297mm×210mm）。非国际标准纸账簿可根据实际需要另外确定用纸尺寸。

6.1.2 质量要求

账簿启用及接交表宜采用 70 克以上白色书写纸制作。

6.2 账簿启用及接交表项目和填写方法

6.2.1 账簿启用及接交表正面项目和填写方法

6.2.1.1 正面项目

账簿启用及接交表正面项目包括单位名称、账簿名称及编号、账簿页数、账簿起止日期、经管人员、接交记录、备注、档号、贴印花税。各项目具体位置、尺寸［见附录 A 图 A4（a）］。

6.2.1.2 正面项目的填写方法

6.2.1.2.1 单位名称：填写形成会计档案的单位名称，并加盖公章，填写要求与记账凭证封面上的"单位名称"相同。

6.2.1.2.2 账簿名称及编号：填写该账簿所属的类别及其排列顺序号。

6.2.1.2.3 账簿页数：填写该账簿中有内容记载的账簿页数（空白账页除外）。

6.2.1.2.4 账簿起止时期：填写该账簿启用和终止的年月日。

6.2.1.2.5 经管人员：填写单位内管理财务的负责人姓名、会计姓名、复核姓名、出纳姓名。

6.2.1.2.6 接交记录：该账簿在使用过程中人员发生变化时，由接管和交出双方分别签名，并填写接交日期，同时，经管人员要填写职别并签名。

6.2.1.2.7 备注：填写该账簿中需要特别说明的情况。

6.2.1.2.8 印花税：在印有"贴印花税"的空格处贴上印花税票。

6.2.1.2.9 档号：按照本单位档案分类编号方案的要求填写该账簿的

编号。

6.2.2　账簿启用及接交表背面项目和填写方法

6.2.2.1　背面项目

账簿启用及接交表背面项目包括科目名称、页次。各项目具体位置尺寸［见附录 A A4（b）］。非国际标准纸账簿可根据实际需要另外确定用纸尺寸。

6.2.2.2　背面项目的填写方法

6.2.2.2.1　科目名称：根据该账簿设置的科目名称依次填写。

6.2.2.2.2　页次：在编写该账簿页码总流水顺序号的基础上，分别填写各个科目在该账簿中的页码位置。

7　会计档案目录格式

7.1　会计档案目录用纸尺寸及质量要求

会计档案目录的用纸尺寸采用国际标准 A4 型（长宽为 297mm×210mm），纸张质量宜采用 70 克以上白色书写纸制作。

7.2　会计档案目录项目

会计档案目录项目包括案卷号、类别、题名、起止时间、保管期限、卷内张数、备注。各项目具体位置、尺寸（见附录 A 图 A5）。

7.3　项目的填写方法

7.3.1　案卷号：根据整理会计档案时会计凭证盒或会计档案盒上的对应项目填写。

7.3.2　类别：填写该卷会计档案所属的类别，如："会计凭证类""会计账簿类""财务报告类"等。

7.3.3　题名：题名即案卷题名，填写要求与会计档案盒上的"案卷题名"相同。

7.3.4　起止时间：填写该卷档案启用和终止的年月。

7.3.5　保管期限：根据整理会计档案时确定的会计凭证盒或会计档案盒上的保管期限填写。

7.3.6　卷内张数：指会计凭证总数、账页总数或财务报告的总张数，根据该卷会计档案的具体张数填写。

7.3.7　备注：填写记账凭证起止号或其他需要说明的事项。

8　卷内目录格式

8.1　卷内目录用纸尺寸及质量要求

卷内目录用纸尺寸及质量要求与会计档案目录相同。

8.2　卷内目录项目包括顺序号、责任者、文号、题名、日期、页号、备注、各项目具体位置、尺寸（见附录 A 图 A6）。

8.3　项目的填写方法

8.3.1　顺序号：以卷内文件材料排列先后顺序填写序号，亦即件号。

8.3.2　责任者：填写对档案内容进行创造或负有责任的团体和个人，即文件材料的署名者。

8.3.3　文号：填写文件制发机关的发文字号。

8.3.4　题名：即文件材料标题，一般应照实抄录，没有标题或标题不规范的，可自拟标题，外加"［］"号。

8.3.5　日期：填写文件材料的形成时间，以 8 位阿拉伯数字标注年月日，如 20070619。

8.3.6　页号：填写卷内文件材料所在之页的编号。

8.3.7　备注：在需要说明情况的文件材料栏内打"＊"号，并将需说明的情况填写在备考表中。

9　卷内备考表格式

9.1　卷内备考表用纸尺寸及质量要求

卷内备考表用纸尺寸及质量要求与会计档案目录相同。

9.2　卷内备考表项目

卷内备考表项目包括本卷情况说明、立卷人、检查人、立卷时间、检查时间，各项目具体位置、尺寸（见附录 A 图 A7）。

9.3　项目的填写方法

9.3.1　本卷情况说明：填写卷内文件材料（财务报告类和其他类）缺损、修改补充、移出、销毁等情况。案卷立好后发生或发现的问题由有关的管理人员填写并签名，标注时间。

9.3.2　立卷人：由负责立卷者签名。

9.3.3　检查人：由案卷质量审查者签名。

9.3.4　立卷时间：填写完成立卷工作的年月日。

9.3.5　检查时间：填写审查案卷质量的年月日。

10　会计档案移交清单格式

10.1　会计档案移交清单用纸尺寸及质量要求

与会计档案目录相同。

10.2　会计档案移交清单项目

会计档案移交清单项目包括年度、种类及数量、移交部门及移交人、接收部门及接收人、监交人、移交时间、备注。各项具体位置、尺寸（见附录 A 图 A8）。

10.3　项目填写方法

10.3.1　年度：填写需要移交的会计档案所属年度，用 4 位阿拉伯数字填写。

10.3.2　移交部门及移交人：由单位内财务部门及其管理人员填写并盖章签字。

10.3.3　接收部门及接收人：由单位内档案部门或接收会计档案的有关部门及其管理人员填写并盖章签字。

10.3.4　监交人：由监督办理接交档案手续的人员签名。

10.3.5　移交时间：填写办理会计档案移交手续的年月日。

10.3.6　备注：填写移交范围的会计档案中需标明的情况。

附录A
（规范性附录）
会计档案用盒及表表格格式

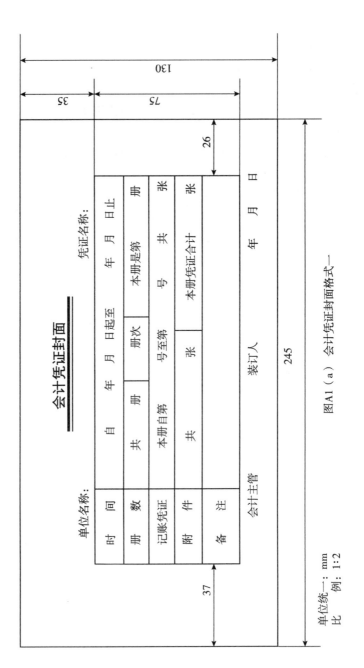

图A1（a）　会计凭证封面格式一

单位统一：mm
比　例：1:2

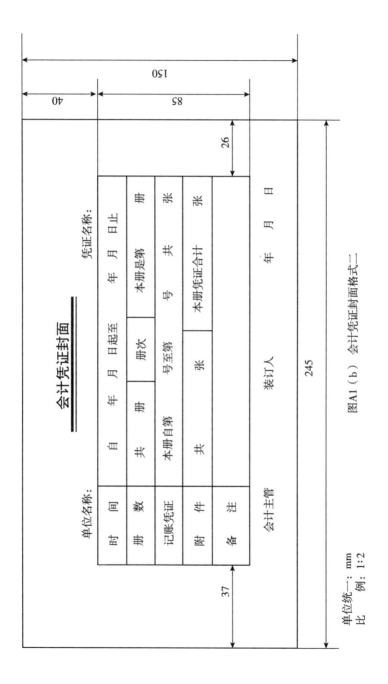

图A1（b）会计凭证封面格式二

单位统一：mm
比　　例：1:2

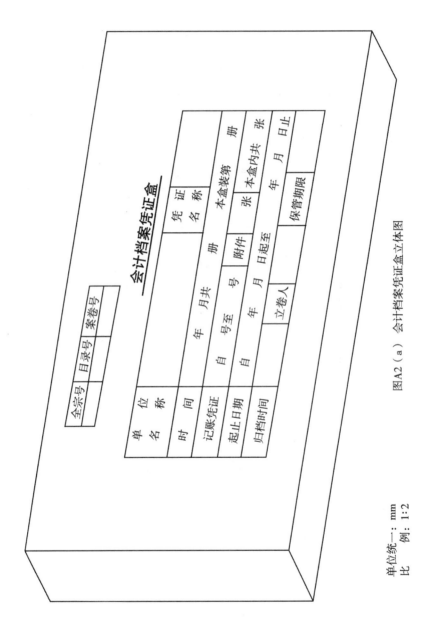

图A2（a）　会计档案凭证盒立体图

单位统一：mm
比　　例：1:2

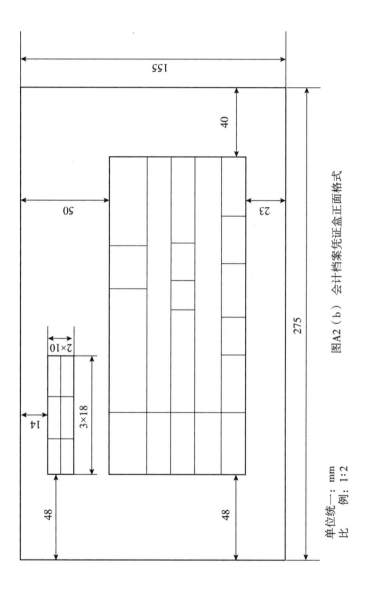

图A2（b）会计档案凭证盒正面格式

单位统一：mm
比 例：1:2

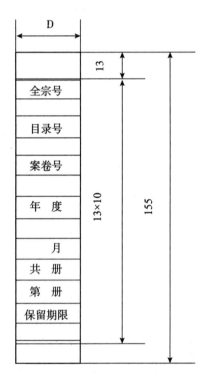

D=30、40、60

单位统一：mm　　图A2（c）会计档案凭证盒脊格式

比　　例：1∶2

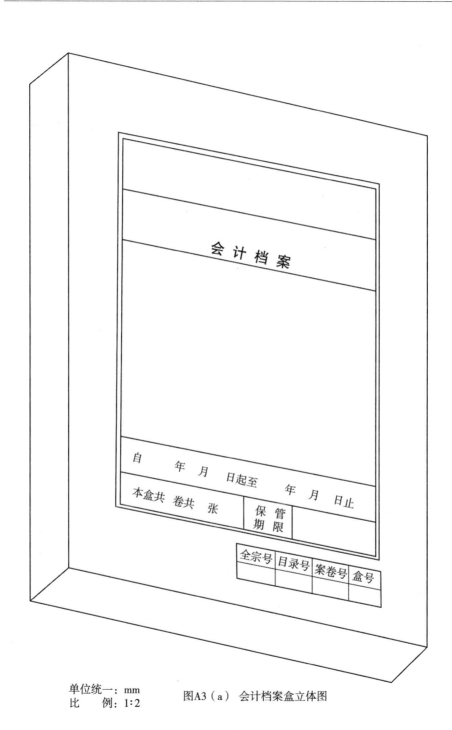

单位统一：mm
比　　例：1:2

图A3（a）　会计档案盒立体图

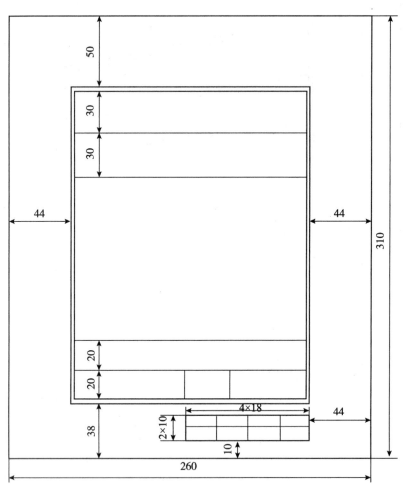

单位统一：mm
比　　例：1:2

图A3（b）　会计档案盒正面格式一

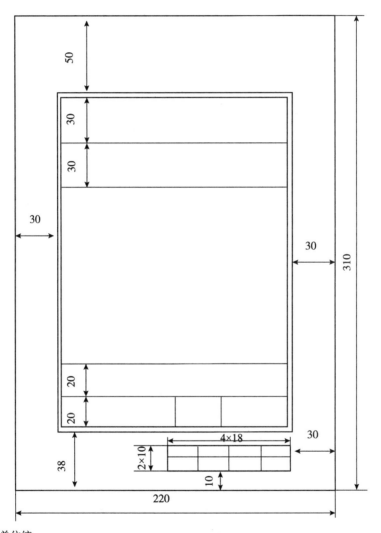

单位统一：mm　　　　图A3（c）　会计档案盒正面格式二
比　　例：1:2

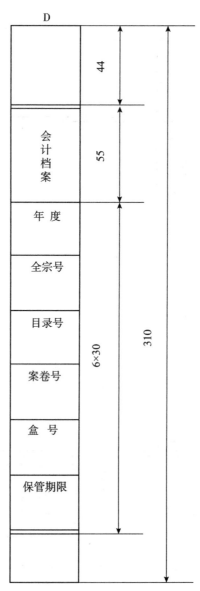

D=20、30、40
单位统一：mm
比　　例：1：2

图A3（d）会计档案盒脊格式

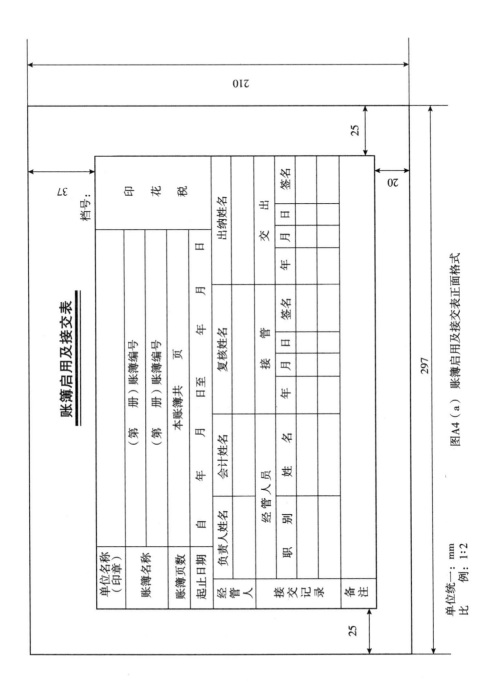

图A4（a）　账簿启用及接交表正面格式

单位统一：mm
比　例：1:2

227

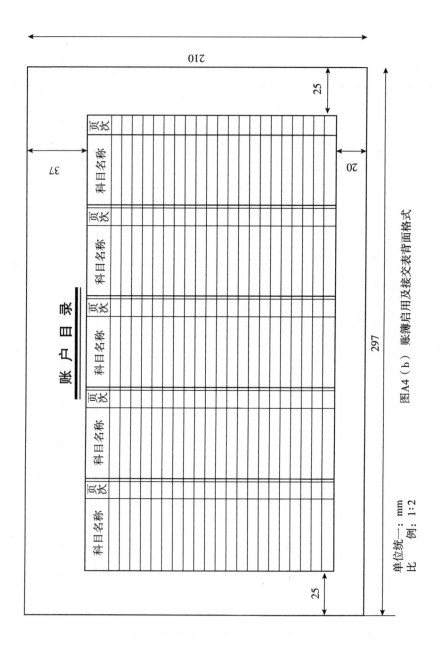

账　户　目　录

图A4（b）账簿启用及接交表背面格式

单位统一：mm
比　例：1:2

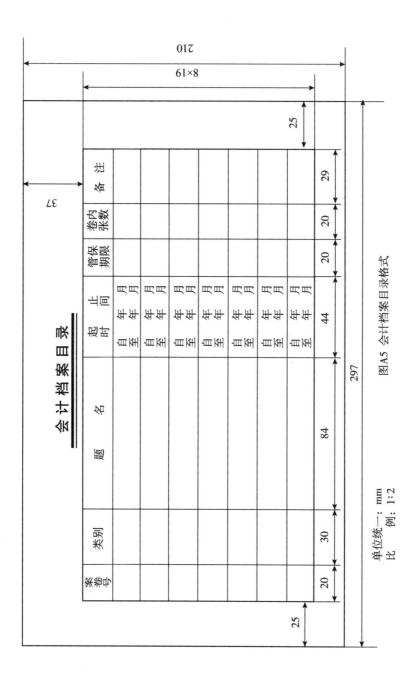

图A5　会计档案目录格式

単位统一：mm　比例：1:2

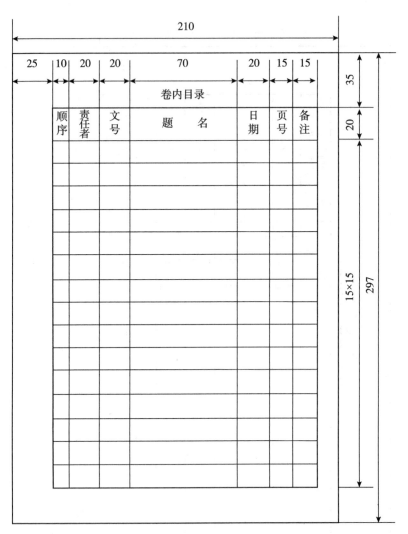

单位统一：mm
比　　例：1:2

图A6 卷内目录格式

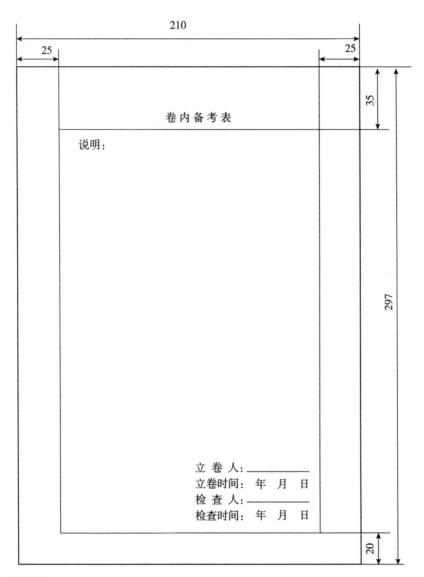

单位统一：mm
比 例：1:2

图A7 卷内备考表格式

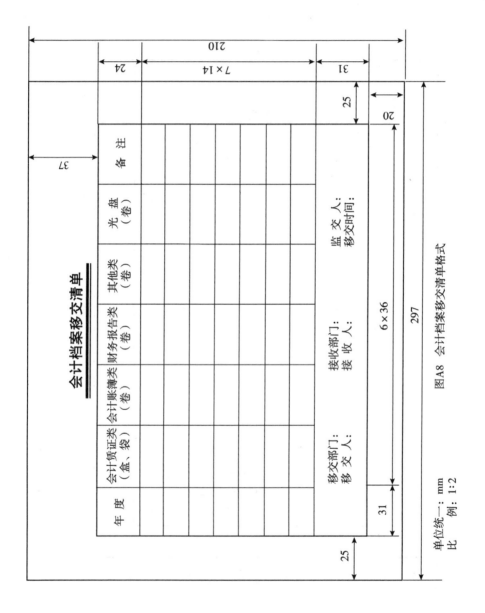

图A8　会计档案移交清单格式

附录七　关于新旧《会计档案管理办法》有关衔接规定的通知

财会〔2016〕3 号

党中央有关部门，国务院各部委、各直属机构，军委后勤保障部、武警总部，各省、自治区、直辖市、计划单列市财政厅（局）、档案局，新疆生产建设兵团财务局、档案局，有关中央管理企业：

财政部、国家档案局联合印发的《会计档案管理办法》（财政部 国家档案局令第 79 号，以下简称新《管理办法》）自 2016 年 1 月 1 日起施行，原《会计档案管理办法》（财会字〔1998〕32 号，以下简称原《管理办法》）同时废止。为确保新《管理办法》的有效贯彻实施，实现新旧管理办法平稳过渡，现就有关衔接规定通知如下。

一、关于保管期限的衔接规定

（一）新《管理办法》与原《管理办法》规定的最低保管期限不一致的，按照新《管理办法》的规定执行。

（二）已到原《管理办法》规定的最低保管期限，并已于 2015 年 12 月 31 日前鉴定可以销毁但尚未进行销毁的会计档案，应按照新《管理办法》的规定组织销毁；已到原《管理办法》规定的最低保管期限，并已于 2015 年 12 月 31 日前鉴定予以继续保管的会计档案，应按照新《管理办法》确定继续保管期限（最低继续保管期限等于新《管理办法》规定的最低保管期限减去已保管期限，下同）。

（三）已到原《管理办法》规定的最低保管期限，但 2015 年 12 月 31 日前尚未进行鉴定的会计档案，应按照新《管理办法》的规定进行鉴定，确定销毁或继续保管。确定销毁的，应按照新《管理办法》的规定组织销毁；确定继续保管的，应按照新《管理办法》确定继续保管期限。

（四）未到原《管理办法》规定的最低保管期限的会计档案，应按照新《管理办法》的规定重新划定保管期限。

二、关于电子会计资料归档的衔接规定

（一）单位如在新《管理办法》施行前已利用现代信息技术手段开展会

计核算和会计档案管理，其有关工作符合《企业会计信息化工作规范》（财会〔2013〕20 号）的要求，所形成的、尚未移交本单位档案机构统一保管的会计资料符合新《管理办法》第八条、第九条规定的电子会计档案归档条件的，可仅以电子形式归档保管。2014 年以前形成的会计资料一律按照原《管理办法》的规定归档保管。

（二）各单位根据新《管理办法》仅以电子形式保存会计档案的，原则上应从一个完整会计年度的年初开始执行，以保证其年度会计档案保管形式的一致性。

财政部　国家档案局
2016 年 3 月 8 日

附录八　关于规范电子会计凭证报销入账归档的通知

财会〔2020〕6 号

党中央有关部门财务部门、档案部门，各省、自治区、直辖市、计划单列市财政厅（局）、档案局，新疆生产建设兵团财政局、档案局，国务院各部委财务部门、档案部门，财政部各地监管局，有关人民团体财务部门、档案部门，中央企业财务部门、档案部门：

为适应电子商务、电子政务发展，规范各类电子会计凭证的报销入账归档，根据国家有关法律、行政法规，现就有关事项通知如下：

一、本通知所称电子会计凭证，是指单位从外部接收的电子形式的各类会计凭证，包括电子发票、财政电子票据、电子客票、电子行程单、电子海关专用缴款书、银行电子回单等电子会计凭证。

二、来源合法、真实的电子会计凭证与纸质会计凭证具有同等法律效力。

三、除法律和行政法规另有规定外，同时满足下列条件的，单位可以仅使用电子会计凭证进行报销入账归档：

（一）接收的电子会计凭证经查验合法、真实；

（二）电子会计凭证的传输、存储安全、可靠，对电子会计凭证的任何篡改能够及时被发现；

（三）使用的会计核算系统能够准确、完整、有效接收和读取电子会计凭证及其元数据，能够按照国家统一的会计制度完成会计核算业务，能够按照国家档案行政管理部门规定格式输出电子会计凭证及其元数据，设定了经办、审核、审批等必要的审签程序，且能有效防止电子会计凭证重复入账；

（四）电子会计凭证的归档及管理符合《会计档案管理办法》（财政部国家档案局令第 79 号）等要求。

四、单位以电子会计凭证的纸质打印件作为报销入账归档依据的，必须同时保存打印该纸质件的电子会计凭证。

五、符合档案管理要求的电子会计档案与纸质档案具有同等法律效力。除法律、行政法规另有规定外，电子会计档案可不再另以纸质形式保存。

六、单位和个人在电子会计凭证报销入账归档中存在违反本通知规定行为的，县级以上人民政府财政部门、档案行政管理部门应当依据《中华人民共和国会计法》《中华人民共和国档案法》等有关法律、行政法规处理处罚。

七、本通知由财政部、国家档案局负责解释，并自发布之日起施行。

附录九　版式电子文件长期保存格式需求

DA/T 47—2009

Format Requirements for Long-term
Preservation of Fixed-layout Electronic Records

前　　言

本标准由安徽省档案局（馆）提出。

本标准由国家档案局归口。

本标准起草单位：安徽省档案局（馆）、北京北大方正技术研究院有限公司。

本标准主要起草人：李学香、黄玉明、王学武、周建武、胡华平、邓晓文、段丽琼、吴彬松、华婷、陈姗姗、朱霖露。

引　　言

版式电子文件是一种用页面化的形式固定呈现文本、图形、图像等信息的文件。出于交换、发布、存档的目的，越来越多的电子文件被制作或转换为版式文件。

本标准基于长期保存和利用的需求确定版式电子文件应具有的格式特征，为制订版式电子文件格式标准，开发相应的制作、阅读、打印等软件提供依据。保证电子文件的长期可读、可解析、可理解。

1　范围

本标准明确了版式电子文件长期保存格式的特征。

本标准适用于各级各类档案馆、机关、团体、企业事业单位和其他社会组织遴选归档保存版式电子文件格式，也适用于版式电子文件格式标准的制订与相关软件开发。

2　规范性引用文件

下列文件对于本文件的应用是必不可少的。凡是注日期的引用文件，仅注日期的版本适用于本文件。凡是不注日期的引用文件，其最新版本（包括所有的修改单）适用于本文件。

GB/T 16964.1—1997 信息技术字型信息交换第 1 部分：体系结构

GB/T 18894—2002 电子文件归档与管理规范

ISO 14721：2003 空间数据和信息传输系统 开放档案信息系统 参考模型（Space data and information transfer systems — Open archival information system-Reference model）

ISO 15489 — 1：2001 信息与文献 文件管理 第 1 部分：通则（Information and documentation— Records management — Part 1：General）

3　术语和定义

GB/T 18894—2002 和 ISO 15489 — 1：2001 界定的以及下列术语和定义适用于本文件。

3.1　版式电子文件 fixed-layout electronic records

内容信息被排版在预定义页面中，具有显示一致性的版面固定的电子文件。

3.2　长期 long-term

虑及技术变化（包括支持新载体、新数据格式）和用户群体变化对典藏信息影响的足够长的时间段。这个时间段延伸到无限未来。

［ISO 14721：2003］

3.3　长期保存 long-term preservation

用一种可靠的、科学合理的方式长期（3.2）维护电子文件真实、完整、有效的行为。

3.4　字体 font

具有同一的基本设计的字形图像集合。如：黑斜体。

3.5　字形 glyph

一个可辨认的抽象的图形符号，它不依赖于任何特定的设计［GB/T 16964.1—1997，定义 3.12］

3.6　光栅图像 raster image

由一组按栅格图案排列的像素形成的图像。

3.7　矢量图形 vector graphics

以给定方向与长度数值的线表示的图形。

3.8　稳健 robustness

表现在容错、格式兼容和避免数据缺失等方面的能力。

4　版式电子文件长期保存格式应满足的需求

4.1　格式开放

4.1.1　有公开发表的相应标准和技术规范。

4.1.2　格式标准和技术规范简洁明了，页面描述语言不应仅为少数厂商认知和掌握。

4.1.3　没有专利和许可的限制。

4.1.4　厂商中立。

4.1.5　有与产品无关的专家组、标准化组织和产业联盟等维护和支持该格式。

4.2　不绑定软硬件

4.2.1　被多种操作系统和硬件平台支持。

4.2.2　文件的阅读不依赖于特定的阅读软件。

4.2.3　使用与设备无关的颜色规范实现准确打印和再现。

4.3　文件自包含

4.3.1　文件呈现的全部信息完全自包含。

4.3.2　文件中必须包括全部字体的字形描述信息或嵌入字体程序信息。

4.3.3　文件中还应包括光栅图像、矢量图形、颜色信息等其他需要呈现的信息。

4.3.4　文件的呈现不依赖于外部对象。

4.3.5　当文件或文件中的部分信息由模拟源转换而来时，有编码保存其重要属性的能力。

4.4　格式自描述

4.4.1　设置规范的元数据集（可以与国际、国内相关标准建立映射），以文本方式（通常为 XML）内嵌于文件中，用于描述文件和对象的属性特征，并易于提取和检索。

4.4.2　文件中应声明遵循的格式标准和版本。

4.4.3　文件中允许封装用户自定义的元数据。

4.4.4　文件中的字符对象应声明编码标准。

4.4.5　文件有必要且充分的结构信息和语义信息，用于解析数字对象。

4.5　显示一致性

4.5.1　固定呈现文件页面、章节、段落、字体、图形、图像、色彩等，呈现效果不因软硬件平台和阅读软件变化而变化。

4.5.2　禁止由条件触发的显示或打印的内容。

4.5.3　禁用音频、视频等多媒体对象。

4.5.4　禁用交互式表单和内部可执行代码。

4.5.5　当使用某些技术将导致显示、打印不一致时应禁止使用；如透明、隐藏和开放式印前接口（OPI）等。

DA/T 47—2009

4.6　持续可解释

4.6.1　允许用户对文件和文件中的对象添加注释，注释应符合 4.5 规定。

4.6.2　不允许设置口令保护。

4.6.3　禁止对文件或文件中的对象实施加密。

4.6.4　文件中运用的算法应该是公开的算法。

4.6.5　文件中引用的字体和运用的算法不应是知识产权保护对象。

4.7　稳健

4.7.1　文件格式稳定，版本升级更新有序，前后兼容。

4.7.2　设置有效的容错机制。

4.7.3　不采用有损压缩、子采样、缩减采样或者其他任何有可能改变文件内容或降低原始数据质量的操作。

4.8　可转换

4.8.1　支持其他格式与版式电子文件长期保存格式相互转换。

4.8.2　支持过时的版式电子文件长期保存格式转换为新的版式电子文件长期保存格式。

238

4.9　利于存储

4.9.1　格式紧凑，数据结构合理，数据占用字节数少。

4.9.2　支持在一个文件中容纳大量对象和数据。

4.9.3　具有聚合能力，可以把几个相同格式的文件聚合到一个文件中。

4.10　支持技术认证机制

4.10.1　支持数字签名。

4.10.2　使用的数字签名被多种操作系统和硬件平台支持。

4.10.3　数字签名的全部信息完全自包含，包括签名日期、摘要算法、签名算法、签名值、证书信息等。

4.10.4　数字签名必须视觉呈现。

4.10.5　呈现数字签名的电子印章、手写签名等必须自包含。

4.11　易于利用

4.11.1　支持增值服务，方便提取数据的子集，如分割页面、提取文本串、图像等。

4.11.2　支持全文检索。

4.11.3　文件中包含的文本信息符合自然阅读顺序。

5　测试与评估

依据本标准制订版式电子文件长期保存格式和开发软件产品，必须按相关规定经过测试和评估后，才能确认与本标准的一致性。

附录十　电子会计档案管理规范

1　范围

本文件规定了电子会计资料形成、收集、整理、归档和电子会计档案保管、统计、利用、鉴定、处置等工作的要求。

本文件适用于机关、团体、企业事业单位和其他组织（以下简称"单位"）开展电子会计档案管理活动。

2　规范性引用文件

下列文件中的内容通过文中的规范性引用而构成本文件必不可少的条款。其中，注日期的引用文件，仅该日期对应的版本适用于本文件；不注日期的引用文件，其最新版本（包括所有的修改单）适用于本文件。

DA/T 15 磁性载体档案管理与保护规范

D A/T 38 档案级可录类光盘 CD-R、DVD-R、DVD+R 技术要求和应用

规范

DA/T 39 会计档案案卷格式

DA/T70 文书类电子档案检测一般要求

3　术语和定义

下列术语和定义适用于本文件。

3.1　电子会计资料　electronic accounting document

单位在进行会计核算过程中通过计算机等电子设备形成、传输、存储的记录和反映单位经济业务事项的电子形式的各种会计信息记录。

注：电子会计资料包括以电子形式存在的会计凭证、会计账簿、财务会计报告和其他会计资料。其中，财务会计报告包括企业财务会计报告、政府会计主体的财务报告和决算报告、民间非营利组织财务会计报告，以及其他会计主体的财务会计报告。

3.2　电子会计档案　electronic accounting archive

在会计核算工作中由电子计算机直接形成或接收、传输、存储并归档，记录和反映单位经济业务事项，具有凭证、查考和保存价值的电子会计资料。

3.3　会计核算系统　accounting system

单位为进行会计核算而使用的，用于直接采集数据，处理会计业务，生成会计凭证、会计账簿、财务会计报告等会计资料，并对会计资料进行转换、输出、分析和利用的计算机软件、软件系统或软件功能模块。

3.4　业务系统　business system

除会计核算系统外，其他产生电子会计凭证的办公自动化系统、报销系统、合同管理系统、企业资源计划系统等计算机信息系统。

3.5　电子会计档案管理信息系统　electronic accounting archives management information system

单位用于电子会计资料收集、整理、归档以及电子会计档案保管、统计、利用、鉴定、处置等业务的电子档案管理信息系统或软件功能模块。

4　管理原则和要求

4.1　单位应加强电子会计档案管理工作，建立和完善电子会计资料的形成、收集、整理、归档和电子会计档案保管、统计、利用、鉴定、处置等管理制度，采取可靠的安全防护技术和措施，保证电子会计档案在传递及存储过程中的真实性、完整性、可用性和安全性。

4.2　单位应将电子会计档案管理工作纳入会计人员、档案人员、相关业务人员岗位职责和绩效考核。

4.3　单位的会计机构或会计人员所属机构（以下统称单位会计管理机构）负责应归档的电子会计资料收集、整理、归档等工作，定期向单位的档案管理机构或者档案工作人员所属机构（以下统称单位档案管理机构）移交。

4.4　单位档案管理机构负责电子会计档案保管、统计、利用、鉴定、处置等工作，并对电子会计资料的收集、整理、归档等进行指导和监督。单位也可以委托具备档案管理条件的机构代为管理电子会计档案。

4.5　单位的信息技术机构应在相关会计核算系统及业务系统规划、分析、设计、实施、运维等过程中落实电子会计资料归档要求，将电子会计资料归档要求在会计核算系统及业务系统中予以实现，提供信息技术支持，并负责电子会计档案管理信息系统的运行维护。

4.6　单位应加强电子会计档案的安全保密管理，涉密电子会计资料和电子会计档案管理按照国家有关规定执行。

4.7　符合国家有关规定形成（或接收）并按照本文件管理的电子会计资料，可仅以电子形式归档保存。

5　电子会计档案管理流程

电子会计档案管理由会计人员、档案人员分工负责，涉及会计核算系统、业务系统、电子会计档案管理信息系统等信息系统，管理过程包括电子会计资料的形成、收集、整理、归档和电子会计档案的保管、统计、利用、鉴定、处置等，管理流程见图1。

6　电子会计资料的形成

6.1　内部形成的电子会计资料应经过经办、审核、审批等必要的审签程序，内容及元数据齐全完整。元数据的结构、内容等见附录A。

6.2　电子会计资料应形成相应格式的独立的电子文件进行归档。

6.3　内部形成的电子会计资料应按一定的时间和单元输出归档电子会计资料，文件大小应便于管理和利用，各类电子会计资料输出时间及格式应符合以下要求。

a）内部形成的电子会计凭证应在办理完毕后输出成归档电子会计凭证，并在输出信息中体现相关联电子会计凭证间的关联关系。从外部接收的电子会计凭证一般以原格式归档。如原格式不符合归档要求，应将专用软件一并归档，或将原格式转换为符合归档要求的格式，原格式与符合归档要求格式的电子会计资料一并归档。

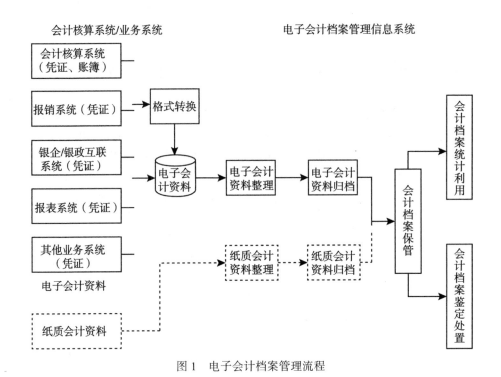

图 1 电子会计档案管理流程

　　b）电子会计账簿可按月、季、年等周期定期输出归档电子会计账簿，输出周期可根据数据量大小确定。

　　c）电子财务会计报告可按会计期间输出归档电子财务会计报告。

　　6.4 版式电子会计资料归档推荐使用 OFD 格式，不具备应用 OFD 格式条件的单位可使用 PDF 格式或其他符合长期保存要求的版式格式。为方便解析和统计，可同步输出类 XML 描述文件归档。

　　7 电子会计资料的收集

　　7.1 电子会计资料归档范围见附录 B，各单位可参考但不限于附录 B确定本单位电子会计资料归档范围。

　　7.2 属于归档范围的电子会计资料及其元数据应由会计核算系统、业务系统传输至电子会计档案管理信息系统，传输过程安全可控。电子会计档案元数据方案见附录 A。

　　7.3 电子会计资料收集一般通过接口在线自动收集，接口方案见附录C。

7.4 电子会计资料收集时应梳理电子会计资料的来源，归档电子会计资料与来源系统对照关系可参照表1。

表1 　　　　　　　　归档电子会计资料与来源系统对照表

归档电子会计资料			来源系统（企业）	来源系统（行政、事业）
电子会计凭证类	原始凭证	销售订单	企业资源计划系统	—
		出库单		
		销售发票	税务系统	票据管理系统
		采购订单	企业资源计划系统	—
		入库单		
		采购发票	税务系统	票据管理系统
		报销单	报销系统	报销系统
		银行回单	银企互联系统/网上银行系统	银政互联系统/网上银行系统
		合同	合同管理系统	合同管理系统
		报告	办公自动化系统	办公自动化系统
		其他原始单据	票据管理系统	票据管理系统
	记账凭证	记账凭证	会计核算系统	会计核算系统
电子会计账簿		总账、明细账、现金日记账、银行存款日记账等		
		固定资产卡片		
		其他辅助性账簿		
电子财务会计报告		年报		
		月、季、半年报		
其他电子会计资料		银行存款余额调节表、银行对账单	银企互联系统	银政互联系统
		纳税申报表	税务系统	—

7.5 电子会计资料收集时应按照 DA/T70 有关要求进行真实性、完整性、可用性和安全性检测。经检测合格的电子会计资料方可登记进入电子会

计档案管理信息系统。检测不合格的，应重新收集并在检测合格后登记进入电子会计档案管理信息系统。

7.6　检测合格的电子会计资料应根据附录 B 划定保管期限。电子会计档案保管期限分为永久和定期，定期一般为 10 年和 30 年，从会计年度结束后的第一天算起。附录 B 中的电子会计档案保管期限为最低保管期限，各单位可根据工作需要选择更高的保管期限。

7.7　各单位电子会计档案的具体名称如有同附录 B 所列名称不一致的，应比照类似档案的保管期限办理。

8　电子会计资料的整理

8.1　整理时间

电子会计资料收集完成后应及时整理。其中，电子会计凭证、电子会计账簿、电子固定资产卡片、电子财务会计报告及其他电子会计资料应分别在会计年度结束后 1 个月内、会计决算后 1 个月内、固定资产报废后 1 年内、电子财务会计报告生成后 1 个月内、会计年度结束后 3 个月内完成整理。

8.2　原则

整理电子会计资料应按照其自然形成规律和固有特点，保持电子会计资料之间的有机联系，区别不同的保存价值，便于保管和利用。形成电子会计资料数量较少的单位，将电子会计资料按照 8.3 进行分类后可按件整理。

8.3　分类

8.3.1　制定分类方案

电子会计资料整理时应按照电子会计档案分类方案进行分类。电子会计档案分类方案参照 8.3.3 进行编制，并嵌入电子会计档案管理信息系统中。

8.3.2　电子会计档案分类原则

电子会计档案分类原则如下。

a）按会计资料形式分类：即按会计资料的内容形式分类。一般分为会计凭证、会计账簿、财务会计报告、其他会计资料 4 类。

b）按会计年度分类：即按会计档案针对的会计年度分类。

c）按保管期限分类：即按会计档案的保管期限分类。

d）按组织机构分类：即按会计档案形成的组织机构分类。一般用于总预算会计单位的会计档案分类。

e）按会计类型分类：即按会计档案反映的会计类型分类。一般用于税务机关的会计档案分类。

8.3.3　分类方法

推荐使用的分类方法及适用性如下。

a) 会计资料形式·会计年度·保管期限分类法，具体见附录 D 的 D.1，适用于中、小型单位，即会计档案的年形成量不大的单位，也是目前大多数单位采用的方法。

b) 会计年度·会计资料形式·保管期限分类法，具体见 D.2，适用于预算单位。

c) 会计年度·组织机构·会计资料形式·保管期限分类法，具体见 D.3，适用于多个部门产生会计档案的单位以及各级总预算单位。

d) 会计年度·会计类型·会计资料形式·保管期限分类法，具体见 D.4，适用于专业性强的各级税务机关。

8.3.4　分类号设置

电子会计档案类别号的设置应科学、简洁，可根据实际扩展。会计年度采用 4 位阿拉伯数字，会计资料形式、保管期限、组织机构、会计类型等类目一般采用大写汉语拼音字母、阿拉伯数字或二者组合编制，不应有重号。上、下级类目编号间用"·"分隔。

8.4　电子会计凭证的组件、组卷及排列

8.4.1　电子会计凭证按记账凭证号组件，记账凭证及其附带的原始凭证、其他附件等组成一件。件内按记账凭证、原始凭证、其他附件的顺序排列。

8.4.2　电子会计凭证一般按时间组卷，即将电子会计凭证按适当的时间周期组卷，卷内电子会计凭证按凭证号先后顺序排列。实行电子会计凭证分类的，按类型结合时间组卷，不同类型的电子会计凭证不应组成一卷。

8.4.3　电子会计凭证案卷按时间先后顺序排列。实行电子会计凭证分类的，电子会计凭证案卷按类型结合时间顺序排列。

8.4.4　同一记账凭证号的会计凭证存在不同记录形式时，可分别按照不同记录形式进行整理，并以元数据的方式记录其关联关系。如记账凭证为电子形式、原始凭证为纸质形式时，记账凭证按电子档案形式整理，成为一件电子档案；原始凭证以纸质档案形式整理，成为一件纸质档案。同时，在记账凭证的相应元数据中注明其原始凭证号，在原始凭证适当位置注明其对应记账凭证号。

8.5　电子会计账簿的组件、组卷及排列

8.5.1　电子会计账簿根据 6.3 按科目、会计周期，结合单个电子文件可存储的数据量组件。其中，电子固定资产卡片按固定资产编号组件，同一固定资产编号的电子固定资产卡片组成一件。

8.5.2　电子会计账簿应在一个会计年度内按类型定期组卷。卷内电子会计账簿按形成时间先后顺序排列。

8.5.3　不同类型的电子会计账簿按总账、明细分类账、银行存款日记账、现金日记账、固定资产卡片、其他辅助账簿的顺序排列，同一类型的电子会计账簿按时间顺序排列。

8.6　电子财务会计报告及其他电子会计资料的组件、组卷及排列

8.6.1　电子财务会计报告按类型结合周期组件。不同类型、不同周期的报告不应组成一件。

8.6.2　电子财务会计报告按月报、季报、半年报、年报分别组卷。卷内电子财务会计报告按形成时间先后顺序排列。

8.6.3　电子财务会计报告案卷按月报、季报、半年报、年报的顺序排列，同一类型电子财务会计报告案卷按时间先后顺序排列。

8.6.4　除前述外的其他电子会计资料按类别结合时间整理组卷，不同类别和保管期限的电子会计资料不应组成一卷。卷内电子会计资料按形成时间顺序排列。

8.7　编号

排列好的电子会计资料应编制档号，档号格式为"［全宗号-］类别号-案卷号-件号（卷内序号）"。类别号由分类方案给定；案卷号和件号（卷内序号）由4位阿拉伯数字标识，不足4位的，前面用"0"补足。

9　电子会计资料的归档

9.1　经整理的电子会计资料在会计年度终了后，可由单位会计管理机构临时保管1年，再移交单位档案管理机构保管。因工作需要确需推迟移交的，应经单位档案管理机构同意，但最长不超过3年。临时保管期间，电子会计档案的保管应符合国家档案管理的有关规定，且出纳人员不应兼管电子会计档案。

9.2　单位档案管理机构在接收电子会计档案时应按照DA/T70有关要求进行检测，检测合格后方可接收。

9.3　电子会计档案移交与接收时，双方应通过线上或线下及时办理交接手续。

10　电子会计档案的保管

10.1　定期评估

单位档案管理机构应每年对电子会计档案的可读性进行评估，形成评估

报告；如存在因系统软硬件或其他技术升级、更新导致电子会计档案不可读取的风险，应对电子会计档案进行迁移。

10.2　迁移评估

电子会计档案迁移前应进行迁移可行性评估，包括目标载体、系统、格式的可持续性、安全性、经济性等评估，并保证迁移过程中电子会计档案真实、完整，过程可控，防止迁移过程中电子会计档案信息丢失或被非法篡改。

10.3　存储

10.3.1　电子会计档案应实施在线和离线存储。在线存储按电子会计档案管理系统运行要求实施。离线存储载体应具有较好的耐久性，按优先顺序依次为一次性写光盘、磁带、硬磁盘等。

10.3.2　重要电子会计档案应进行一式三套离线存储，三套离线存储载体宜分开保管，有条件的单位应进行异地备份。

10.3.3　离线存储载体管理按照 DA/T15 和 DA/T38 给出的要求进行。

10.3.4　离线存储应按照保管单位和存储载体容量进行信息组织。应支持导入后形成交接凭据，交接凭据的要求参见《电子档案移交与接收办法》，不能用运维备份的信息组织方式进行离线存储，更不能用系统备份文件代替离线存储文件。

10.3.5　对离线存储电子会计档案的磁性载体每满 2 年、光盘每满 4 年进行一次抽样机读检验，抽样率不低于 10%，发现问题应及时采取措施。

10.3.6　对磁性载体上的电子档案，应每 4 年转存一次。原载体同时保留时间不少于 4 年。

11　电子会计档案的统计

单位应按照国家档案统计要求及本单位实际需要，对电子会计档案进行统计。

12　电子会计档案的利用

12.1　单位应制定利用电子会计档案的权限规定，权限设置应科学、合理，并在电子会计档案管理信息系统中实施。当超出权限利用档案时，应进行审批。

12.2　单位应保证电子会计档案在利用过程中不被篡改。

12.3　电子会计档案可根据授权提供在线或离线利用，利用过程应通过日志或其他方式形成记录，记录信息包括利用人、利用时间、利用方式、利用电子会计档案名称、档号等。利用过程信息应作为电子会计档案元数据进行保存。

13　电子会计档案的定期鉴定及处置

13.1　单位应定期对已到保管期限的电子会计档案进行鉴定，形成鉴定意见书。

13.2　电子会计档案鉴定工作应由单位档案管理机构牵头，组织单位会计、信息技术、审计、纪检监察等机构或人员共同进行。

13.3　经鉴定，仍需继续保存的电子会计档案，应重新划定保管期限；经鉴定可以销毁的电子会计档案，按照以下程序销毁。

a）由单位档案管理机构输出电子会计档案销毁清册，列明拟销毁电子会计档案的名称、册数、起止年度、档号、应保管期限、已保管期限、应销毁时间等内容。

b）单位负责人、档案管理机构负责人、档案管理机构经办人在电子会计档案销毁清册上签署意见。

c）单位档案管理机构负责组织电子会计档案销毁工作，并与会计管理机构共同派员监销，销毁完成后监销在销毁清单上签字。电子会计档案销毁应通过物理删除的方式进行，并进行不可恢复性验证，销毁清册及记录宜输出纸质文件永久保存。

13.4　保管期满但未结清债权债务或涉及其他未了事项的电子会计档案不应销毁，应单独抽出立卷或转存，直至未了事项完结为止。单独抽出立卷或转存的电子会计档案，应在电子会计档案鉴定意见书、电子会计档案销毁清册和电子会计档案保管清册中列明。

13.5　单位按照国家有关规定及时将应进馆的电子档案及其元数据移交进馆。移交方法参见《电子档案移交与接收办法》。

14　元数据管理

14.1　在电子会计资料归档和电子会计档案管理过程中应同时捕获、归档和管理元数据。

14.2　系统开发时应对元数据捕获节点进行规划，明确会计核算系统、业务系统、电子会计档案管理信息系统需捕获的元数据项及其捕获方式，具体见附录 A。

14.3　应对电子会计档案元数据进行完善，具体见附录 A，确保元数据能够规范、客观、准确地描述电子会计档案的主题内容与形式特征。电子会计档案背景、结构和管理过程元数据不应修改。

15　会计核算系统、业务系统及电子会计档案管理信息系统建设

15. 1　单位会计核算系统、业务系统建设要求

单位在会计核算系统、业务系统建设时应充分考虑电子会计资料以下归档要求。

a）选择适宜的电子会计资料存储格式，以便于向电子会计档案存储格式转换。为保证电子会计资料的顺利归档，系统实施时尽可能采用符合归档要求的数据结构和文件存储格式作为系统运行时的文件存储格式。如确无法采用符合归档要求的格式，应在系统实施时对所使用的数据结构和文件格式进行可转换性评估，评估为无法转换或风险较大的业务系统应谨慎使用。

b）对电子会计资料在会计核算系统、业务系统中的元数据捕获节点与元素进行规划，将应由会计核算系统、业务系统捕获的电子会计资料元数据全部形成并捕获。有关要求见附录 A。

c）根据系统技术架构选择可行的电子会计资料输出方式，具体见附录 C。

d）确定会计核算系统、业务系统生成电子会计资料归档时的数据包格式。

15. 2　电子会计档案管理信息系统功能

电子会计档案管理信息系统功能应符合附录 E 的规定。

15. 3　会计核算系统、业务系统与电子会计档案管理信息系统衔接

电子会计资料归档和电子会计档案管理一般通过电子会计档案管理信息系统实现，也可通过在会计核算系统、业务系统中设计电子会计资料归档和电子会计档案管理功能实现，还可通过将相应功能分别设计在会计核算系统、业务系统和电子会计档案管理信息系统中实现。

16　未实施电子会计档案管理信息系统单位电子会计档案保存方法

16. 1　通过会计核算系统进行会计核算单位的电子会计档案保存方法

为落实《财政部国家档案局关于规范电子会计凭证报销入账归档的通知》中"四、单位以电子会计凭证的纸质打印件作为报销入账归档依据的，必须同时保存打印该纸质件的电子会计凭证"要求，未实施电子会计档案管理信息系统，但通过会计核算系统进行会计核算的单位，电子会计档案应由会计人员按照以下方法进行保存。

a）从会计核算系统下载电子会计资料，按照附录 F 的表 F. 1 填写电子会计档案登记表，对电子会计资料进行登记。

b）对下载后的电子会计资料进行真实性、完整性、可用性和安全性检测，检测合格后方可接收。

c）对电子会计资料进行组件。将同一凭证号的电子会计凭证拷贝至同一文件夹，并在文件夹内按记账凭证、报销单、发票、其他附件的顺序排列，一个文件夹视为一件；电子会计账簿按科目、会计周期，结合单个电子文件可存储的数据量组件，每个会计周期为一件；电子财务会计报告按会计周期组件，一个会计周期为一件。存储格式应符合本标准6的要求。

d）划定保管期限。

e）排列电子会计资料。根据分类方案和电子会计资料号顺序以件为单位依次排列电子会计资料，编制档号，并将档号、保管期限等信息填入电子会计档案登记表。

f）编制说明文件，包括电子会计档案内容（会计期间＋会计文件形式）、电子会计档案数量、移交人、其他需要说明的情况（如非通用格式文件说明）等。例如：2020年1月—12月电子会计凭证，共555件，张三移交。

g）电子会计资料、目录（电子会计资料登记表）及说明文件的存储见图 F.1。

h）将目录（电子会计资料登记表）输出纸质文件。

i）将电子会计资料、目录（电子会计资料登记表）及其纸质文件、说明文件和其他纸质档案在规定时限内移交档案人员。

j）采用多重备份、定期检测等方法，保证电子会计档案在保管期限内真实、完整、安全、可用。

16.2　未通过会计核算系统进行会计核算单位的电子会计凭证保存方法

为落实《财政部国家档案局关于规范电子会计凭证报销入账归档的通知》中"四、单位以电子会计凭证的纸质打印件作为报销入账归档依据的，必须同时保存打印该纸质件的电子会计凭证"要求，未实施电子会计档案管理信息系统且未通过会计核算系统进行会计核算的单位，会计资料主要为纸质载体，从外部接收的电子会计凭证应由会计人员按以下方法进行保存。

a）接收电子会计凭证，填写电子会计资料登记表，对电子会计资料进行登记。

b）对接收的电子会计凭证进行真实性、完整性、可用性、安全性检测，检测合格后方可接收。

c）根据相应纸质载体会计凭证所在案卷（或册）号在存储载体中建立卷（或册）文件夹，将电子会计凭证拷贝至相应卷（或册）文件夹。

d）根据相应纸质载体会计凭证所在案卷（或册）号，将档号、保管期限等信息填入电子会计档案登记表中。

e）编制说明文件，包括会计期间、电子会计凭证名称、数量、移交人、其他需要说明的情况（如非通用格式文件说明）等。例如：2020 年 1 月—12 月电子发票，共 555 件，张三移交。

f）电子会计凭证、目录（电子会计档案登记表）及说明文件的存储见图 F.2。

g）将目录（电子会计档案登记表）输出纸质文件。

h）将整理好的电子会计凭证、目录（电子会计档案登记表）及其纸质文件、说明文件和其他纸质档案在规定时限内移交档案人员。

i）采用多重备份、定期检测等方法，保证电子会计档案在保管期限内真实、完整、安全、可用。

附 录 A

（规范性）电子会计档案管理元数据方案

本方案参考 DA/T46，结合目前电子会计资料归档和电子会计档案管理的实际制定，表 A.1 给出了文件实体元数据项，表 A.2 给出了机构人员实体元数据项，表 A.3 给出了业务实体元数据项，表 A.4 给出了实体关系元数据项。

表 A.1　　　　　　　　　　文件实体元数据

编号	元数据	编号	元数据	来　源　系　统
M1	聚合层次			
M2	来源	M3	档案馆名称	电子会计档案管理信息系统
		M4	档案馆代码	电子会计档案管理信息系统
		M5	全宗名称	电子会计档案管理信息系统
		M6	立档单位名称	电子会计档案管理信息系统
M7	电子文件号			电子会计档案管理信息系统
M8	档号	M9	全宗号	电子会计档案管理信息系统
		M10	目录号	电子会计档案管理信息系统
		M11	年度	电子会计档案管理信息系统
		M12	保管期限	电子会计档案管理信息系统

编号	元数据	编号	元数据	来　源　系　统
M8	档号	M13	机构或问题	会计核算系统/电子会计档案管理信息系统
		M14	类别号	会计核算系统/电子会计档案管理信息系统
		M15	室编案卷号	电子会计档案管理信息系统
		M16	馆编案卷号	电子会计档案管理信息系统
		M17	室编件号	电子会计档案管理信息系统
		M18	馆编件号	电子会计档案管理信息系统
		M19	文档序号	电子会计档案管理信息系统
		M20	页号	电子会计档案管理信息系统
M21	内容描述	M22	题名	会计核算系统
		M23	并列题名	会计核算系统
		M24	副题名	会计核算系统
		M25	说明题名文字	会计核算系统
		M26	主题词	会计核算系统/电子会计档案管理信息系统
		M27	关键词	会计核算系统/电子会计档案管理信息系统
		M28	人名	会计核算系统/电子会计档案管理信息系统
		M29	摘要	电子会计档案管理信息系统
		M30	分类号	会计核算系统/电子会计档案管理信息系统
		M31	文件编号	会计核算系统
		M32	责任者	会计核算系统
		M33	日期	会计核算系统
		M34	文种	会计核算系统
		M35	紧急程度	会计核算系统
		M36	主送	会计核算系统
		M37	抄送	会计核算系统
		M38	密级	会计核算系统
		M39	保密期限	会计核算系统

续表

编号	元数据	编号	元数据	来 源 系 统
M21	内容描述	M40	会计年度	会计核算系统
		M41	会计月份	会计核算系统
		M42	本位币	会计核算系统
		M43	编制人	会计核算系统
		M44	编制日期	会计核算系统
		M45	审核人	会计核算系统
		M46	审核日期	会计核算系统
M47	形式特征	M48	文件组合类型	会计核算系统
		M49	件数	会计核算系统
		M50	页数	会计核算系统
		M51	语种	会计核算系统
		M52	稿本	会计核算系统
M53	电子属性	M54	格式信息	会计核算系统
		M55	计算机文件名	会计核算系统
		M56	计算机文件大小	会计核算系统
		M57	文档创建程序	会计核算系统
		M58	信息系统描述	会计核算系统
M60	数字化属性	M61	数字化对象形态	会计核算系统
		M62	扫描分辨率	会计核算系统
		M63	扫描色彩模式	会计核算系统
		M64	图像压缩方案	会计核算系统
M65	电子签名	M65	签名规则	会计核算系统
		M66	签名时间	会计核算系统
		M67	签名人	会计核算系统
		M68	签名结果	会计核算系统
		M69	证书	会计核算系统
		M70	证书引证	会计核算系统
		M71	签名算法标识	会计核算系统

续表

编号	元数据	编号	元数据	来　源　系　统
M72	存储位置	M78	当前位置	电子会计档案管理信息系统
		M79	脱机载体编号	电子会计档案管理信息系统
		M80	脱机载体存址	电子会计档案管理信息系统
		M81	缩微号	电子会计档案管理信息系统
M77	权限管理	M78	知识产权说明	会计核算系统/电子会计档案管理信息系统
		M79	授权对象	会计核算系统/电子会计档案管理信息系统
		M80	授权行为	会计核算系统/电子会计档案管理信息系统
		M81	控制标识	会计核算系统/电子会计档案管理信息系统
M82	附注			

表 A.2　　　　　　　　　　　　**机构人员实体元数据**

编号	元数据	来　源　系　统
M83	机构人员类型	会计核算系统/电子会计档案管理信息系统
M84	机构人员名称	会计核算系统/电子会计档案管理信息系统
M85	组织机构代码	会计核算系统/电子会计档案管理信息系统
M86	个人职位	会计核算系统/电子会计档案管理信息系统

表 A.3　　　　　　　　　　　　**业务实体元数据**

编号	元数据	来　源　系　统
M87	业务状态	会计核算系统/电子会计档案管理信息系统
M88	业务行为	会计核算系统/电子会计档案管理信息系统
M89	行为时间	会计核算系统/电子会计档案管理信息系统
M90	行为依据	会计核算系统/电子会计档案管理信息系统
M91	行为描述	会计核算系统/电子会计档案管理信息系统

表 A.4　　　　　　　　　　　　　实体关系元数据

编号	元数据	来源系统
M92	实体标识符	会计核算系统/电子会计档案管理信息系统
M93	关系类型	会计核算系统/电子会计档案管理信息系统
M94	关系	会计核算系统/电子会计档案管理信息系统
M95	关系描述	会计核算系统/电子会计档案管理信息系统

附 录 B
（规范性）
会计档案归档范围与保管期限表

表 B.1 规定了企业和其他组织会计档案保管期限，表 B.2 规定了财政总预算、行政单位、事业单位和税收会计档案保管期限。税务机关的税务经费会计档案保管期限，按照行政单位会计档案保管期限规定办理。

表 B.1　　　　　　　企业和其他组织会计档案保管期限表

序号	档案名称	保管期限	备注
一	会计凭证		
1	原始凭证	30 年	
2	记账凭证	30 年	
二	会计账簿		
3	总账	30 年	
4	明细账	30 年	
5	日记账	30 年	
6	固定资产卡片		固定资产报废清理后再保管 5 年
7	其他辅助性账簿	30 年	
三	财务会计报告		
8	月度、季度、半年度财务会计报告	10 年	
9	年度财务会计报告	永久	

续表

序号	档案名称	保管期限	备注
四	其他会计资料		
10	银行存款余额调节表	10 年	
11	银行对账单	10 年	
12	纳税申报表	10 年	
13	会计档案移交清册	30 年	
14	会计档案保管清册	永久	
15	会计档案销毁清册	永久	
16	会计档案鉴定意见书	永久	

表 B.2　财政总预算、行政单位、事业单位和税收会计档案保管期限表

序号	档案名称	保管期限			备　　注
		财政总预算	行政单位事业单位	税收会计	
一	会计凭证				
1	国家金库编送的各种报表及缴库退库凭证	10 年		10 年	
2	各收入机关编送的报表	10 年			
3	行政单位和事业单位的各种会计凭证		30 年		包括：原始凭证、记账凭证和传票汇总表
4	财政总预算拨款凭证和其他会计凭证	30 年			包括：拨款凭证和其他会计凭证
二	会计账簿				
5	日记账		30 年	30 年	
6	总账	30 年	30 年	30 年	
7	税收日记账（总账）			30 年	
8	明细分类、分户账或登记簿	30 年	30 年	30 年	

续表

序号	档案名称	保管期限			备　　注
		财政总预算	行政单位事业单位	税收会计	
9	行政单位和事业单位固定资产卡片				固定资产报废清理后保管5年
三	财务会计报告				
10	政府综合财务报告	永久			下级财政、本级部门和单位报送的保管2年
11	部门财务报告		永久		所属单位报送的保管2年
12	财政总决算	永久			下级财政、本级部门和单位报送的保管2年
13	部门决算		永久		所属单位报送的保管2年
14	税收年报（决算）			永久	
15	国家金库年报（决算）	10年			
16	基本建设拨、贷款年报（决算）	10年			
17	行政单位和事业单位会计月、季度报表		10年		所属单位报送的保管2年
18	税收会计报表			10年	所属税务机关报送的保管2年
四	其他会计资料				
19	银行存款余额调节表	10年	10年		
20	银行对账单	10年	10年	10年	
21	会计档案移交清册	30年	30年	30年	
22	会计档案保管清册	永久	永久	永久	
23	会计档案销毁清册	永久	永久	永久	
24	会计档案鉴定意见书	永久	永久	永久	

附 录 C

（资料性）会计核算系统、业务系统与电子会计档案管理信息系统接口方案

C.1　接口方式

C.1.1　Web Service 服务调用方式

基于 Web Service 服务调用的归档接口示意见图 C.1。

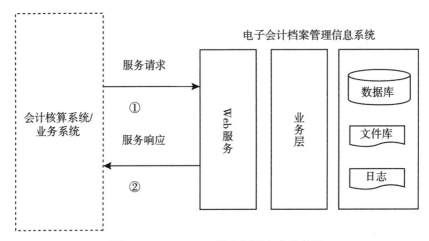

图 C.1　Web Service 服务调用方式示意图

数据流说明：

①服务请求：会计核算系统、业务系统发起服务请求；

②服务响应：电子会计档案管理信息系统接收服务请求，处理完成后返回结果并反馈至会计核算系统、业务系统。

C.1.2　中间库方式

基于中间库的归档接口示意见图 C.2。

数据流说明：

①数据上传：会计核算系统、业务系统将待归档数据传输至中间库；

②数据提取：电子会计档案管理信息系统从中间库提取待归档数据；

③结果反馈：电子会计档案管理信息系统完成待归档数据提取处理后，将处理结果反馈至中间库；

④结果反馈：会计核算系统、业务系统从中间库提取处理结果。

C.2　接口功能

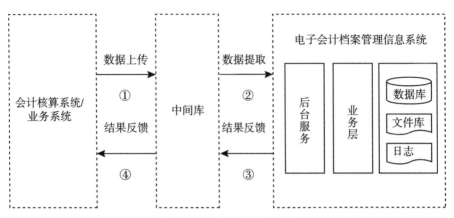

图 C.2　中间库方式示意图

C.2.1　会计核算系统、业务系统接口功能

会计核算系统、业务系统接口功能参照下列要求：

a）归档前将待归档电子会计资料及其元数据按推荐格式封装成归档信息包；

b）将归档信息包传输至指定位置（或者调用对方接口），传输过程中归档信息包信息不丢失、不被非法更改；

c）接收归档信息包接收方的反馈消息，包括归档成功或失败消息、失败故障代码等；

d）对归档成功的电子会计资料进行已归档标记，以防止重复归档，并能取消标记，在人工干预下重新归档；

e）记录归档电子会计资料类型、归档时间、归档状态，并能够实现按照归档电子会计资料类型、归档时间、归档状态组合查询。

C.2.2　电子会计档案管理信息系统接口功能

电子会计档案管理信息系统接口功能参照下列要求：

a）接收会计核算系统、业务系统传递来的数据包（或者从指定位置提取数据），并正确解析；

b）对会计核算系统、业务系统提交归档的电子会计资料及其元数据的真实性、完整性、可用性、安全性进行检测，检测不合格的拒绝接收；

c）将解析后的电子会计资料及其元数据存储在数据库、文件库，并保存过程日志；

d）向会计核算系统、业务系统发送电子会计资料归档成功或失败消息，以及失败故障代码；

e）在归档信息包接收、解析和数据存储等过程中，信息不丢失、不被非法更改；

f）记录归档电子会计资料类型、归档时间、归档状态，并能够按照归档电子会计资料类型、归档时间、归档状态组合查询。

C.3　接口建设管理要求

接口建设管理参照下列要求：

a）归档接口应与会计核算系统、业务系统，同设计、同开发、同测试和同实施，实施时未开发归档接口的会计核算系统、业务系统应及时通过二次开发实现；

b）为保证电子会计资料真实性、完整性、可用性、安全性，应将检测功能嵌入归档接口，减少人工干预；

c）归档接口开发时应进行充分测试，并经专家评审，以确认功能要求达到设计目标要求；

d）归档接口投入运行后，应安排专人对接口运行情况进行持续跟踪，发现问题及时处理；

e）对于现存会计核算系统、业务系统，应联系会计核算系统、业务系统原开发商或组织自有力量进行接口开发；

f）对于新开发会计核算系统、业务系统，应在开发初期将档案部门纳入实施团队，提出会计核算系统、业务．系统电子会计资料归档功能要求，并对归档功能进行测试确认；

g）会计核算系统、业务系统和电子会计档案管理信息系统更新应充分论证对归档接口功能的影响，确保归档接口能够正常运行；

h）应制定应急机制，在会计核算系统、业务系统和电子会计档案管理信息系统因升级、系统故障、病毒感染等原因影响接口功能时立即启动应急响应。

附　录　D

（规范性）

电子会计档案分类方案

D.1　会计资料形式·会计年度·保管期限分类法

具体分类方法如下：

1　会计凭证

2009 年

30 年（收款凭证、付款凭证、转账凭证）

2010 年

30 年（收款凭证、付款凭证、转账凭证）

2　会计账簿

2009 年

1.30 年（总账、明细分类账、银行存款日记账、现金日记账、其他辅助账簿）

2.30 年或固定资产报废后 5 年（固定资产卡片）

2010 年

1. 30 年（总账、明细分类账、银行存款日记账、现金日记账、其他辅助账簿）

2. 30 年或固定资产报废后 5 年（固定资产卡片）

3　财务会计报告

2009 年

1. 永久（年度财务会计报告<决算>）

2. 10 年（月度财务会计报告、季度财务会计报告、半年财务会计报告）

2010 年年

1. 永久（年度财务会计报告<决算>）

2. 10 年（月度财务会计报告、季度财务会计报告、半年财务会计报告）

4　其他会计资料

2009 年

1. 永久（年度内部控制评价报告、年度内部控制审计报告、会计档案保管清册、会计档案 销毁清册）

2. 30 年（会计档案移交清册）

3. 10 年（银行余额调节表、银行对账单）

2010 年

……

本分类方法适用于大多数的中、小型单位，即会计档案的年形成量不大的单位。它也是目前大多数单位采用的方法。

D.2　会计年度·会计资料形式·保管期限分类法

具体分类方法如下：

2009 年

1　会计凭证

30 年（收款凭证、付款凭证、转账凭证）

2　会计账簿

1. 30 年（总账、明细分类账、银行存款日记账、现金日记账、其他辅助账簿）

2. 30 年或固定资产报废后 5 年（固定资产卡片）

3　财务会计报告

1. 永久（年度财务会计报告<决算>）

2.10 年（月度财务会计报告、季度财务会计报告、半年财务会计报告）

4　其他会计资料

1. 永久（年度内部控制评价报告、年度内部控制审计报告、会计档案保管清册、会计档案销毁 清册）

2. 30 年（会计档案移交清册）

3. 10 年（银行余额调节表、银行对账单）

2010 年

1　会计凭证

30 年（收款凭证、付款凭证、转账凭证）

2　会计账簿

1.30 年（总账、明细分类账、银行存款日记账、现金日记账、其他辅助账簿）

2.30 年或固定资产报废后 5 年（固定资产卡片）

3　财务会计报告

1. 永久（年度财务会计报告<决算>）

2. 10 年（月度财务会计报告、季度财务会计报告、半年财务会计报告）

4　其他会计资料

1. 永久（年度内部控制评价报告、年度内部控制审计报告、会计档案保管清册、会计档案销毁清册）

2. 30 年（会计档案移交清册）

3. 10 年（银行余额调节表、银行对账单）本分类方法适用于预算单位会计。

D.3　会计年度·组织机构·会计资料形式·保管期限分类法

具体分类方法如下：

2009 年

1　国库处

1. 会计凭证（30 年）

2. 会计账簿（30 年）

a）30 年（总账、明细分类账、银行存款日记账、现金日记账、其他辅助账簿）

b）30 年或固定资产报废后 5 年（固定资产卡片）

3. 财务会计报告

a）永久（年度财务会计报告<决算>）

b）10 年（月度财务会计报告、季度财务会计报告、半年财务会计报告）

4. 其他会计资料

a）永久（年度内部控制评价报告、年度内部控制审计报告、会计档案保管清册、会计档案销毁清册）

b）30 年（会计档案移交清册）

c）10 年（银行余额调节表、银行对账单）

2　预算处

a）30 年（总账、明细分类账、银行存款日记账、现金日记账、其他辅助账簿）

b）30 年或固定资产报废后 5 年（固定资产卡片）

3　会计处

1. 财务会计报告

……

2. 其他会计资料

2010 年

……

本分类方法适用于多个部门产生会计档案的单位以及各级总预算单位会计。

D.4　会计年度·会计类型·会计资料形式·保管期限分类法

具体分类方法如下：

2009 年

1　税收会计

1. 会计凭证

2. 会计账簿

3. 财务会计报告

a）永久（年报）

b）10 年（季报、月报）

4. 其他会计资料

2　经费会计

1. 会计凭证

2. 会计账簿

3. 财务会计报告

a）永久（年报）

b）10 年（季报、月报）2010 年

4. 其他会计资料

……本分类方法适用于专业性强的各级税务机关的会计档案。

附 录 E

（规范性）

电子会计档案管理信息系统功能需求

E.1　收集功能

E.1.1　电子会计资料手工登记

电子会计资料手工登记参照下列需求：

a）应支持手工输入电子会计资料元数据及上传电子会计资料并赋予唯一编号；

b）应支持所输入的元数据项在满足国家有关标准的前提下，可根据需要增减；

c）应支持元数据校验功能，可对元数据根据权限进行更改、删除、检索等操作。

E.1.2　在线接收

在线接收参照下列需求。

a）应支持与业务系统的集成，能够从报销系统、核算系统、报表系统、税务系统等会计业务系统接收电子会计资料及其元数据，并对所接收的电子会计资料赋予唯一编号。

b）应支持接收立档单位移交的，符合国家档案局、财政部相关标准规定的电子会计资料，包括但不限于：

1）文本文件；

2）版式文件；

3）数据文件；

4）图像文件；

5）音视频文件。

c）应支持对接收的电子会计资料全文进行格式转换的功能，生成符合国家、行业相关标准的电子文件格式。EXCEL 等格式文件转换为版式文件后涉及跨页等问题，不能完整阅读的，宜支持原始格式在线查看。

d）应支持电子会计资料元数据与纸质会计资料同步接收，支持自动建立电子会计资料元数据与会计资料全文的关联关系。

e）应支持不限制接收电子会计档案的数量，支持对电子会计档案的接收数量、不合格退回数量等的统计与查询。

f）宜支持在接收或捕获时，对重复接收或捕获的电子会计档案进行识别，系统应发出警告。

g）应能够生成与移交清单对应的电子档案接收单，并自动赋予责任人、时间以及相关信息，提供输出等功能。

E.1.3 电子会计资料和电子会计档案离线接收

电子会计资料和电子会计档案离线接收参照下列需求：

a）应支持电子会计资料、电子会计档案数据的离线批量导入功能，支持常见的 EXCEL、DBF、MDB、XML、TXT、ET 等格式文件的导入接收，并实现元数据和电子全文的自动关联；

b）应支持接收导入过程中数据的校验，如是否唯一、是否可以为空、日期格式是否正确等；

c）应支持如出现部分数据导入失败时，提供报告说明；如出现中断（如断电、断网、死机等），应支持再次导入时，断点续传功能；

d）应支持导入后形成交接凭据，交接凭据的要求参见《电子档案移交与接收办法》。

E.1.4 接收检测

接收检测参照下列需求：

a）应支持对归档接收的电子会计资料按照 DA/T70 进行真实性、完整性、可用性、安全性的检测；

b）应支持检测后显示详细检测结果及问题说明；

c）应支持检测完成后以件为单位形成检测业务实体元数据，保存在元数据中；

d）应支持对接收的电子会计资料全文进行格式转换，包括按件转换和批量转换。

E.2　归档文件整理功能

E.2.1　划定保管期限

应支持按照电子会计档案保管期限表对归档电子会计资料划定保管期限。

E.2.2　组件

组件参照下列需求：

a）应支持对来自于同一业务系统或不同业务系统的归档电子会计资料按照 8.4、8.5、8.6 给出的要求将归档电子会计资料组成件，并保持会计事项文件之间的有机联系；

b）应支持对件内电子会计资料的子件进行排序；

c）应支持组件后的撤销组件、重新组件等。

E.2.3　分类

应支持按照设定的会计档案分类方案，将电子会计资料进行分类，并给定类别号。

E.2.4　组成保管单位

组成保管单位参照下列需求。

a）应支持对归档电子会计资料按照 DA/T 39 规则自动或在人工干预下组成卷或盒，并能按规则将卷（盒）内电子会计资料排序定位，包括但不限制：

1）应支持电子会计资料元数据和档案标引信息的自动生成功能；

2）应支持电子会计资料目录的自动生成功能。

b）应支持在人工干预下调整归档会计资料所属卷（盒）并重新排序定位。

E.2.5　编号

应支持依据档号编制规则形成档号，所形成档号唯一、合理、稳定、可扩充、简单。

E.2.6　编目

编目参照下列需求：

a）应支持提供规范的会计档案目录模板，能按照 DA/T 39 套打出案卷封面、卷内目录或归档文件目录、全引目录、备考表、卷（盒）封面和脊背等；

b）应支持进行目录模板制作，可以对模板中的字体、打印内容、排序方式等进行调整；

c）应支持打印预览功能，宜支持多模板批量生成和打印功能；

d）应支持根据模板对选定的归档电子会计资料或电子会计档案形成相应的目录；

e）应支持按照 DA/T 39 格式将案卷封面、卷内目录、归档文件目录或全引目录、案卷目录、备考表等通用格式文件导出功能；

f）应支持会计档案编目操作过程有审计跟踪日志，可追踪、审计和审查。

E.2.7　关联关系建立

关联关系建立参照下列需求。

a）应支持建立同一会计档案及其子件间关联关系的功能，包括但不限于：

1）应支持建立电子记账凭证与电子原始凭证的关联关系；

2）应支持归档电子会计资料主件与附件之间的关联关系；

3）应支持电子会计资料全文与元数据间建立关联关系；

4）应支持同一核算单位的电子会计档案之间建立关联关系。

b）应支持电子会计档案元数据在档案移动、修改、处置后能够自动及时更新，确保关联关系的正确性。

c）应支持电子会计档案之间的关联关系在档案移动、修改、处置后能够自动及时更新，确保关联的正确性。

d）关联功能的操作应有审计跟踪日志，可追踪、审计和审查。

e）宜支持存在纸质会计档案时，可维护纸质会计档案与电子会计档案的关联关系。

E.3　电子档案存储功能

电子档案存储功能参照下列需求：

　　a）应支持电子会计档案的集中存储、分布式存储、集中+分布式存储，完全在线存储、部分在线存储+部分离线存储等存储方式；

　　b）应支持可按离线存储载体容量进行信息组织，将组织好的会计档案存至相应的离线存储载体上，信息组织要求参见《电子档案移交与接收办法》；

　　c）应支持文件存储应与数据存储分离，不允许数据库中存储文件字节码。

　　E.4　电子档案保管功能

　　E.4.1　电子档案长期保存

　　电子档案长期保存参照下列需求：

　　a）应支持电子档案存储格式的转换，将存入系统的电子档案转换为符合长期保存要求的存储格式；

　　b）应支持对转为长期保存的电子会计档案及其元数据按照 DA/T70 进行真实性、完整性、安全性、可用检查；

　　c）应支持长期保存的电子会计档案有日志记录，可追踪、审计和审查；

　　d）系统应支持按离线存储载体容量进行信息组织，将组织好的档案存至相应的离线存储载体上，信息组织要求参见《电子档案移交与接收办法》；

　　e）应支持采用迁移、仿真、封装、检测等方式保障数字档案信息的长期保管；能对非通用格式电子档案阅读所需要的原始软硬件在系统中进行标识；

　　f）应支持关键业务实体元数据记录到长期保存的电子会计档案元数据中。

　　E.4.2　电子档案存储格式转换与信息组织

　　电子档案存储格式转换与信息组织参照下列需求：

　　a）应支持电子会计资料、档案的格式转换功能，如批量格式转换、单个转换、人工定制转换或通过外部解决方案实现转换，并生成符合国家、行业相关标准的用于利用和长期保存的电子会计档案；

　　b）应支持能够将格式转换结束的电子会计档案个别或批量存储至存储载体；

　　c）应支持对格式转换过程中发生的问题或错误，进行提示或发出警告，并记录未转换成功的相关信息；

d）应提供对格式转换前后的电子会计档案进行真实性、完整性、可用性的检测功能；

e）应支持在格式转换过程中添加可记录电子档案原始状态的信息。

E.4.3 备份

备份参照下列需求：

a）应支持对电子会计档案的元数据、全文数据，进行完全、增量、差分备份等功能；

b）应支持系统中出现故障后恢复电子会计档案全文数据及其元数据；

c）应具备备份、恢复策略的配置和维护功能；

d）应对备份的数据、介质和信息，进行登记、检测与管理；

e）应记录备份、恢复的业务过程日志信息。

E.4.4 定期鉴定

定期鉴定参照下列需求：

a）应支持对电子会计档案鉴定与处置的定义、配置和实施功能，按照电子会计档案的处置规则，建立和配置鉴定与处置条件、策略和流程；

b）应支持会计档案保管期限到期自动提醒功能；

c）应支持根据鉴定意见调整电子会计档案保管期限、密级等功能；

d）系统应保存鉴定与处置的过程信息，如记录鉴定情况、责任人员、意见和时间等信息，可统计查询；

e）鉴定行为应记录日志，关键操作信息应记入电子会计档案元数据中，并可跟踪审查。

E.4.5 销毁管理

销毁管理参照下列需求：

a）应支持对需要销毁的会计档案进行销毁申请、审批等流程定制；

b）应支持从在线存储设备、异地容灾备份系统中彻底删除被销毁的电子会计档案，同时应留存已销毁电子会计档案的元数据信息，并在管理过程元数据、日志中自动记录鉴定销毁活动；

c）宜将销毁档案的相关记录单独建立数据库进行安全保存，与当前有效的电子会计档案进行分别管理；

d）应支持对销毁的电子会计档案编制销毁清册，记录文件名称、数量、销毁原因等信息。

269

E.4.6　移交

移交参照下列需求：

a）应支持电子会计档案到期移交提醒的功能；

b）应支持电子会计档案移交的在线申请、审批等流程设置；

c）应支持移交接收前对电子会计档案进行真实性、完整性、可用性、安全性检测；

d）应支持符合移交要求的电子会计档案移交完整会计档案信息包，移交过程中产生的关键业务信息需记录到档案元数据中；

e）应支持档案移交接收后形成会计档案移交清册；

f）应支持移交过程中的业务操作记录日志，可跟踪审查。

E.4.7　介质管理

介质管理参照下列需求：

a）应支持对存放电子会计档案存储介质的统一管理，系统管理员可根据介质保管的实际需求为会计档案设置相应的存储介质；

b）宜支持介质预警功能，当存储介质不稳定、存储空间不足等情况出现时，通知系统管理员。

E.5　统计与报表

统计与报表参照下列需求：

a）应支持对电子会计档案数量与容量的统计功能，可按照档案的会计分类、文件格式、时间等维度进行统计；

b）应支持对一定时间期限内的电子会计档案的接收、整理、保存、鉴定、利用等关键业务工作情况进行统计的功能；

c）应支持统计结果的输出及打印；

d）宜支持内置常用电子档案工作统计报表模版，并能够基于模板根据输入条件生成统计结果；

e）宜支持报表制作工具，支持用户自定义统计报表。

E.6　利用功能

E.6.1　检索查询

检索查询参照下列需求：

a）应支持按会计分类检索档案，具备模糊检索、组合检索、筛选检索、关联检索等多种检索方式；

b）应支持对会计档案元数据、全文数据检索的访问权限控制。

E.6.2　浏览

浏览参照下列需求：

a）应支持对常见格式的电子会计档案信息进行浏览，如元数据浏览、全文浏览等；

b）应支持对电子会计档案浏览的访问权限控制；

c）应支持授权范围内的在线浏览、下载、打印等操作；

d）宜支持在电子会计档案浏览时增加防盗水印等保护措施。

E.6.3　借阅

借阅参照下列需求：

a）应支持对电子会计档案借阅申请、审批、催还、归还功能；

b）应支持电子会计档案在线借阅申请、审批和流程定制等操作，支持自动授权功能；

c）应支持借阅审批流程符合会计档案管理利用制度；

d）应支持授权范围内的在线阅读、下载、打印等操作；

e）应支持对下载的电子会计档案原文权限的使用控制，可包括但不限于：

1）全文在线浏览控制；

2）全文在线打印控制；

3）全文下载浏览次数、时间的控制；

4）全文防拷贝、防扩散、防篡改。

E.7　系统管理功能

E.7.1　日志管理

日志管理参照下列需求：

a）应支持日志记载功能，记录用户操作信息、系统启动关闭信息、用户登录等行为和信息；

b）应支持对电子会计档案管理关键业务过程操作行为和系统非授权访问等事项进行审计、跟踪的功能，录发现的问题；

c）应支持日志自动生成的功能，并实施分类管理。系统日志应包括系统运行日志、用户操作日志、电子会计档案数据处理日志等类别；

d）应支持用户行为监控和预警工具，通过系统消息、邮件、短信等方式告知系统安全保密员；

e）宜支持日志的检索、查询功能，通过可视化的界面展示日志的检索结果。

E.7.2　系统设置

系统设置参照下列需求。

a）应支持对电子会计档案进行流程化管理，可根据不同的电子会计档案类别的管理要求设置相应管理流程，可对流程进行跟踪和回溯。

b）应支持对电子会计档案元数据结构进行定义和维护的功能，规定电子会计档案分类的等级层次及关联关系，具体功能可包括但不限于：

1）使用系统提供的功能对分类体系进行逐级定义；

2）从外部接口文件中导入分类体系；

3）从外部系统中自动导入分类体系；

4）系统开始使用后，会计分类目录结构的修改、调整应在审批后方可进行，并采用安全可靠的方法确保电子会计档案不被修改。

c）应支持代码表的设置与维护，如，会计年度代码、密级代码、保管期限代码等信息的设置与维护；应支元数据及其关联关系的设置维护，可以定义元数据的名称、类型、是否为空、是否唯一、字符串长度限制、缺省值、最大值、最小值、组合字段、关联关系等属性信息。

d）应支持"四性检测"的设置维护，可进行检测规则、检测元数据项目等设置。

E.7.3　用户管理

用户管理参照下列需求：

a）应支持用户信息的直接录入，或通过接口方式同步其他系统中的用户信息：

b）应支持系统管理员、系统安全保密员和系统安全审计员的三员分立的安全控制功能；

c）应支持用户信息的管理，对用户信息可以进行查看、新增、修改、删除、启用、禁用、分组、分类等功能操作，用户信息的删除、启用、禁用可以支持批量操作；

d）应支持用户密码强度管理，可以设置、调整用户密码强度策略，对于多次登录验证失败的用户账号信息，支持用户锁定处理；

e）宜具备用户身份安全认证服务或用户信息绑定固定 IP 地址和 MAC 地址等功能，实现控制用户登录，保信息安全。

E.7.4　组织管理

组织管理参照下列需求：

a）应支持组织机构信息的直接录入，或通过接口方式同步其他系统中的组织机构信息；

b）应支持组织机构的多级管理功能；

c）应支持组织机构信息的管理，对组织机构信息可以进行查看、新增、修改、删除等功能操作，可实现用户与组织机构的映射。

E.7.5　权限管理

权限管理参照下列需求：

a）应支持电子会计档案权限管理功能，保证授权用户能够在其权限范围内进行合法操作；

b）应支持权限精细控制，如指定用户、角色、岗位、单位等授权档案记录的访问和使用权限；

c）应支持权限有效期的设置，到期后系统自动取消权限；

d）应支持根据职责和岗位的不同以功能和数据授权方式赋权。

附　录　F
（资料性）
电子会计档案保存用表（图）

表 F.1 给出了电子会计档案保存时所用的目录文件（电子会计档案登记表）格式，图 F.1 给出了电子会计档案存储结构的示意，图 F.2 给出了电子会计凭证存储结构的示意。

表 F.1　　　　　　　目录文件（电子会计档案登记表）

序号	档号	文件号	题名	形成日期	保管期限	电子文件名	数量	备注

注：档号、保管期限在编号后填写。文件号根据电子会计资料的类别分别填写电子会计凭证号、电子会计账簿号或电子财务会计报告号。电子会计凭证的题名填写"摘要"；电子会计账簿的题名填写"会计期间+账簿类别"；其他电子会计资料题名填写其实际题名。电子文件名填写电子会计档案的计算机文件名（含扩展名）；数量填写电子会计档案包含电子文档的个数。

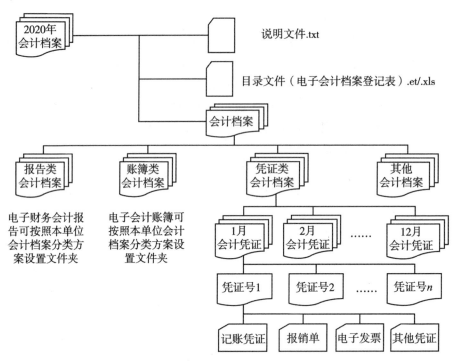

图 F.1　电子会计档案存储结构示意图

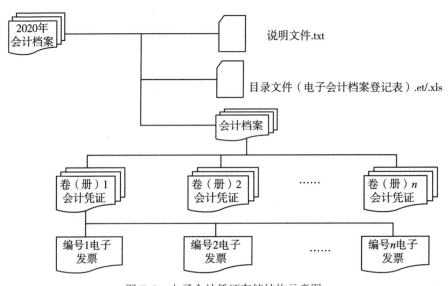

图 F.2　电子会计凭证存储结构示意图

参 考 文 献

［1］企业电子文件归档和电子档案管理指南．档办发〔2015〕4 号．

［2］会计档案管理办法．中华人民共和国财政部国家档案局令第 79 号．

［3］关于规范电子会计凭证报销入账归档的通知．财会〔2020〕6 号．

［4］电子档案移交与接收办法．档发〔2012〕7 号．

［5］DA/T46—2009 文书类电子文件元数据方案．

参 考 文 献

1. 《中华人民共和国会计法》（2017 年修订）。

2. 《中华人民共和国会计法实施细则》。

3. 《中华人民共和国税收征收管理法实施细则》（2016 修订）。

4. 王英玮，陈智为，刘越男．档案管理学［M］．北京：中国人民大学出版社，2015．

5. 王英玮．会计档案管理的原理与应用［M］．北京：中国档案出版社，2003．

6. 冯惠玲，张绪哲．档案学概论［M］．北京：中国人民大学出版社，2006．

7. 蔡盈芳．互联网＋会计档案管理［M］．北京：电子工业出版社，2019．

8. 喻颖．互联网时代会计档案的信息化管理研究［M］．长春：东北师范大学出版社，2018．

9. 王英玮．专门档案管理［M］．北京：中国人民大学出版社，2010．

10. 财政部基层财政干部培训教材编审委员会．村集体经济组织会计档案管理实务［M］．北京：经济科学出版社，2018．

11. 杨东红．会计档案管理概论［M］．邯郸市档案局，1993．

12. 上海市会计人员继续教育培训教材编写组编．会计人员继续教育教程［M］．上海：上海科技教育出版社，2008．

13. 重庆市会计学会．会计基础［M］．成都：西南交通大学出版社，2009．

14. 李航星．基础会计学［M］．成都：四川大学出版社，2012．

15. 沈家庆，周展．会计基础［M］．北京：中国铁道出版社，2014．

16. 成静，袁敏，张涛．会计基础与操作［M］．武汉：华中科技大学出版社，2015．

17. 国家财政部, 国家档案局第 79 号令. 会计档案管理办法 [S]. 2015.

18. 国家档案局 DA/T39—2008. 会计档案案卷格式 [S]. 2008.

19. 王英玮. 会计档案管理的原理与应用 [M]. 北京：中国档案出版社, 2003.

20. 吴娜, 王媛. 会计档案管理实务 [M]. 北京：当代中国出版社, 2020.

21. 《会计档案管理办法讲解》编写组. 会计档案管理办法讲解 [M]. 北京：中国财政经济出版社, 2016.

22. 蔡盈芳. 互联网+会计档案管理 [M]. 北京：电子工业出版社, 2019.

23. 彭小琳, 王亚斌. 村集体经济组织会计 [M]. 北京：中国财政经济出版社, 2013.

后　记

　　作者一直以来从事档案学专业的学习与教学工作，2004 年，经过 3 年的业余学习，有幸通过了注册会计师（CPA）考试，从而对会计知识有了比较全面的了解与掌握，为自己长期以来从事会计档案管理的教学工作提供了必要的知识支撑。在长期的教学中，明显感觉到我国会计档案管理类教材偏少且知识体系不够完整，特别是最近几年，我国陆续出台了系列相关管理规范，如新的《会计档案管理办法》《关于新旧〈会计档案管理办法〉衔接问题的通知》《关于规范电子会计凭证报销入账归档的通知》等。并且，随着会计电算化技术的日益完善，电子票据越来越广泛的使用，电子发票"单套制"正式推行，对电子会计档案管理的需求越来越明显。因此，为了适应社会对会计档案管理工作的需求，特此编撰出版此书。

　　本书第一章、第九章由孙艳秋执笔；第二章、第五章、第六章由周林兴执笔；第三章由张文元执笔；第四章由钟万梅执笔；第七章由毕敏执笔；第八章由姚红叶执笔。全书由周林兴统稿并作部分内容的修改。

　　本书在撰写过程中，作者参阅并引用（可能还有遗漏）了诸多前人相关文献与成果，为本书内容的丰富深化奠定了理论与实践基础；出版中，得到了武汉大学出版社詹蜜老师的大力支持！付梓之际，一并感谢！

　　由于作者水平有限，定会留下一些疏忽与舛错，自感遗憾之余，谨望同仁与读者多多指正，以期今后提一步提高与完善。